财务高效管理实务方案

想成为高效能的财务管理高手，选这一本就够了！

李永正　常洪瑜　常　诚 / 著

聚焦实务　模块高效　最佳方案

财务实战经验分享

财务实战管理难题

财务管理从入门到精通

熟练驾驭财务工具

SPM 南方传媒
广东人民出版社
·广州·

图书在版编目（CIP）数据

财务高效管理实务方案 / 李永正，常洪瑜，常诚著.
—广州：广东人民出版社，2022.12
ISBN 978-7-218-16097-9

Ⅰ. ①财… Ⅱ. ①李… ②常… ③常… Ⅲ. ①财务管理
Ⅳ. ①F275

中国版本图书馆CIP数据核字(2022)第184733号

CAIWU GAOXIAO GUANLI SHIWU FANG'AN
财务高效管理实务方案

李永正　常洪瑜　常　诚　著

出 版 人：肖风华

选题策划：周大伟
责任编辑：马妮璐
责任技编：吴彦斌　周星奎
装帧设计：北京凤苑阁文化

出版发行：广东人民出版社
地　　址：广州市越秀区大沙头四马路10号（邮政编码：510199）
电　　话：（020）85716809（总编室）
传　　真：（020）83289585
网　　址：http:// www.gdpph.com
印　　刷：河北盛世彩捷印刷有限公司
开　　本：787mm×1092mm　1/16
印　　张：18　　　　字　数：230千
版　　次：2022年12月第1版
印　　次：2022年12月第1次印刷
定　　价：80.00元

如发现印装质量问题，影响阅读，请与出版社（020-85716849）联系调换。
售书热线：（020）85716826

前言

财务管理是企业管理的核心，搞好财务管理，许多问题就能迎刃而解。不论是财务部门还是业务部门、人事部门等部门的管理人员，都应掌握财务管理的相关知识，为企业带来更多的财富，赢得更大的市场。

了解财务管理，可以为企业设计合理的资本结构，选择合理的筹资方式和筹资策略；为企业选择正确的投资方向和项目；更好地控制企业的营运资金，提高资金利用率；同时还可以帮助企业进行税务筹划。

目前，关于企业财务管理的书籍非常多，但是适合小企业管理人员学习使用的还很少。许多小企业的管理人员没有系统地学习过财务管理方面的知识，对许多财务、会计方面的理论性和概念性的知识不太清楚，因此在理解财务管理的知识点上比较困难。《财务高效管理实务方案》正是针对小企业管理人员的这一“苦衷”，集会计与财务管理的基本理论知识和实用知识为一体，力求为小企业管理人员带来经营管理方面的便利。

本书阐述的主要内容有六大方面：

一、会计相关知识，它是小企业财务管理人员进行财务管理的基础；

二、财务报表分析，它可以帮助你读懂财务报表，了解企业经营状况方面的信息；

三、小企业进行财务内部控制，它可以帮助你降低企业管理风险，提高管理水平；

四、小企业营运资金的控制与管理，它可以帮助你有效利用企业资源，降低管理风险，获得企业效益最大化；

五、企业投资与融资的管理与控制，它可以帮助你进行投资和融资决策，确定投资和融资策略；

六、企业的税收筹划，它可以帮助你运用税收政策，实现企业利益最大化。

想你所想，急你所急，是我们唯一的宗旨。希望本书能协助你对小企业财务管理有更进一步的了解，并使你的企业在激烈的市场竞争中快速健康地发展，赢得丰厚的利润。

诚挚希望本书能给您的工作或企业带来收益，为您的财务管理和运行带来帮助。

2022. 3. 9

目 录

第一章　财务高效管理的相关要素

第一节　会计知识的理论框架

会计框架的形成有两个前提条件。首先，人们可以区分开会计主体（指某个企业，它们是会计记账的服务对象）和与之有联系的其他个人和企业。其次，对任意一个会计主体而言，其拥有的资产刚好等于债权人提供和所有人投入的总和。这个假设常常被称作“会计平衡”，记为：资产 = 权益。在进行登记记录、确认会计要素和编制报表这些会计程序时，总要注意保持资产和权益的基本平衡关系。

资产

总的说来，资产被认为是企业有权使用的预期能给企业带来经济利益的一切有价值的东西。其中包括金融资产、机器设备和其他实物资产，以及别的对会计主体有价值的资产。大多数企业的资产范围很广，可以按其共有的特性进行分类。主要的金融资产包括现金、银行存款、企业应收账款和企业持有的易变现证券。经营性资产通常包括用于企业经营活动的土地、建筑物和机器设备，以及尚未出售的存货。其他资产可能还包括知识产权（如版权或专利权），企业会从这些权利的使用中获得收益。

权益

企业的权益表示对企业资产享有的权利。粗略地讲，权益揭示了一个企业资源的提供者。一些权益人提供资产，期望获得回报，他们就是债权人。另一些人投入资产，然后参与到企业活动中去，他们就是所有者。非所有者的权益包括应付给雇员或供应商的账款、短期负债、其他形式的借款。所有者权益包括他们最初投入企业的资产，以及后来他们没有提取的收益中的一部分。

资产 = 权益

这个会计平衡式要求一个企业开展会计工作时，必须保持资产和权益相等。换句话说，如果一个会计主体拥有的资产增加了，这些新的资产必定有其来源，而这个来源就对资产享有相应的权利。假如一个企业的资产价值增加了，就必须确认是负债还是所有者权益相应增加。同样的，如果会计主体拥有的资产价值下降了，那么，或许是因为偿还了非所有者的债务，或许是所有者权益减少了。

资产和权益的分类

尽管在某些决策环境中，关于总资产和总权益的信息有助于决策，但是，在大多数情况下，人们需要大量的、详尽的信息。正如我们已经指出的那样，资产和权益各自按其不同的特性，可以有不同的形式。因此，会计的习惯做法是采用一种划分资产和权益类别的体系。这种分类可以较粗，也可以较细，只要符合确认和报告的目的即可。随着分类方法不断地增多，确认、记录和报告会议信息的成本也相应增加，因此，经济上的束缚常常限制了真正被人们使用的分类方法的数目。

基本的会计平衡式通常可以扩展开来，把权益分为两大类：资产 = 负债 + 所有者权益。这个扩展式体现了企业对其外部相关人士，或者说对非企业成员、非企业所有者所负的债务与企业对其所有者所负的债务是完全不同的。假如企业解体，那么，所有者分得资产之前，先要将资产用于偿还所欠债权人的债务。这种区分在法律上，为这种分类提供了基础。人们之所以使用会计平衡式的这一扩展式，原因之一是企业或会计主体与所有者之间有本质区别。所有者向企业投入资产，但他们并不是会计主体。假如资产超过负债部分越来越多，那么所有者权益就会增加。如果所有者不再向企业追加投资，或是从企业资产中抽回资本，那么所有者权益的增加通常与企业的获利行为相关，而所有者权益的减少则通常与企业亏损有关。

第二节　会计科目与会计账户

在企业的生产经营过程中，会有各种经济业务发生，经济业务的发生必然引起资产或所有者权益的增减变动。如果单纯地从会计六要素——资产、

负债、所有者权益、收入、费用、利润上来反映经济业务对企业的影响，就难以满足企业具体的生产经营管理的需要。会计需要对这六种会计要素进行细化和分类。

为了对会计对象的具体内容进行会计核算和监督，就需要根据各自不同的特点，分门别类地确定项目。例如，房屋建筑物、机器设备、运输设备都是企业的劳动资料，都具有单位价值较高、使用期限较长的特点，应把它们归为一类，叫作固定资产。又如，钢材、铜材、铝材、电子元器件等同为企业产品的实体，都是企业的劳动对象，应把它们归为一类，称作原材料。再如，投资者对企业的投资和银行对企业的各种期限的贷款都属于权益，但前者属于所有者权益，后者属于债权人权益，所以应归为两类，分别称为实收资本和短期借款。这里的固定资产、原材料、实收资本、短期借款就是会计科目。

设置会计科目的原则

设置会计科目必须结合企业会计对象的种类和特点，像某些简单工具在一些中小企业可能作为固定资产处理，而在大型企业内仅仅作为低值易耗品核算。

设置会计科目必须符合经济管理的要求。

会计科目的设置要将统一性与灵活性结合起来。《企业会计制度》对各行业的会计科目有标准的规定，企业可以根据自己所处的行业和企业的自身情况选择适合自己的会计科目体系来建账。

会计科目要保持相对的稳定性，不可以朝令夕改。这是为了保持会计信息的可比性和一致性。会计信息的作用是为使用者提供关于企业运营方面的信息，是历史资料。如果会计科目不具有相对的稳定性，那么由此提供的会计信息的价值也很小。

会计科目按其提供会计指标的详细程度可分为总分类科目和明细分类科目。

会计账户

现在我们已经知道了什么是会计科目，然而会计科目仅仅是分类核算的项目或标志，无法对各项经济业务分类记录，因此核算指标的具体数据资料，则要通过账户记录取得。账户是按照规定的会计科目在账簿中对各项经济业务进行分类，并系统、连续记录的一种手段。

每个账户都有专门的格式，严格反映一定的经济内容，随着经济业务不断地发生，这些内容随之发生变化，这种变化需要在账户中反映出来。账户一般可分为左、右两方，一方反映增加，另一方反映减少。如果规定在左方记录增加额，就应该在右方记录减少额；反之，如果规定在右方记录增加额，就应该在左方记录减少额。在具体工作中应规定在账户的左、右两方中究竟哪一方记录增加额，哪一方记录减少额。除此之外，账户的格式还应包括：

一、账户名称及编号；

二、经济业务发生日期和摘要；

三、凭证号数，即账户记录的来源和依据；

四、增加和减少的金额。

每个账户都有四个金额要素，即期初余额、期末余额、本期增加额和本期减少额。

其左方和右方登记的增减金额称为本期发生额，到期末应结算出期末余额，本期期末余额转入下期即为下期的期初余额。四个金额之间的关系为：

期末余额 = 期初余额 + 本期增加额 - 本期减少额

账户的格式取决于采用的记账方法。我国《企业会计准则》规定采用借贷记账法，它的“三栏式”账户格式见表 1 - 1：

表 1 - 1　账户名称

年　　月　　日	凭证号数	摘要	借方	贷方	借或贷	余额

会计有资产、负债、所有者权益、收入、费用及利润六大要素，相应地，账户也可分为资产类、负债类、所有者权益类、收益类、成本费用类、利润类六大类，而利润类账户包括“利润”“利润分配”等账户。它们和所有者权益类账户具有相同的性质，因而可以并入所有者权益类账户。这样一来，账户按会计要素分类可分为资产类、负债类、所有者权益类、收益类及费用类五大类账户。

资产账户用来反映资产的增减变动和结存情况。账户的发生额反映资产的增减变动情况，账户的余额反映资产的结存情况。

负债类账户的发生额反映负债的增减变动情况，账户的余额反映未偿还的负债情况。

所有者权益包括投入资本和未分配利润。

收益类账户用来归集企业的收入情况。

成本费用类账户用来归集企业的成本费用。

会计科目与会计账户有何关联

会计科目与会计账户是两个既有区别又有联系的概念，其联系表现在两者都是对会计对象具体内容进行分类，都说明一定的经济业务内容。同一名称的会计科目与会计账户反映的经济业务相同。两者的区别在于，会计科目只是经济业务分类核算的项目或标志，它规定了所应包括的一定经济业务的内容，会计账户却是具体记录经济业务的内容，可以提供具体的数据资料，登记经济业务增减变化的过程和结果，具有一定的结构。也就是说，科目是一个名词或术语，而会计账户以科目为名称，并且具有一定的结构，可以具体记录业务情况。

虽然会计科目与会计账户是不同的，但在实际工作中科目与账户这两个概念已不加严格区分，往往是互相通用的。

第三节　借贷记账法

借贷记账法中的借、贷并不是说谁欠了谁什么，它们是记录经济活动引起的企业价值变动的符号。其意义视账户的性质而异。在现代会计中，作为一种记账的术语，它已完全和其原有的词义无关了。运用这一标准的符号体系，我们可以清楚地看到企业价值的变动过程。

《企业会计制度》第九条规定：企业的会计记账采用借贷记账法。

借贷记账法的定义

借贷记账法是以“借”“贷”两字作为专用记账符号，以方向相反、金额相等的方式在两个或两个以上账户中全面、相互联系地记录和反映会计要素增减变动情况的一种复式记账法。其理论基础是会计恒等式：

资产 = 负债 + 所有者权益

借贷记账法的记账结构

借贷记账法账户的基本结构是：每一个账户都分为“借方”“贷方”，一般来说，规定账户的左方为“借方”，账户的右方为“贷方”。借、贷两方必须作相反方向的记录。见图 1－1：

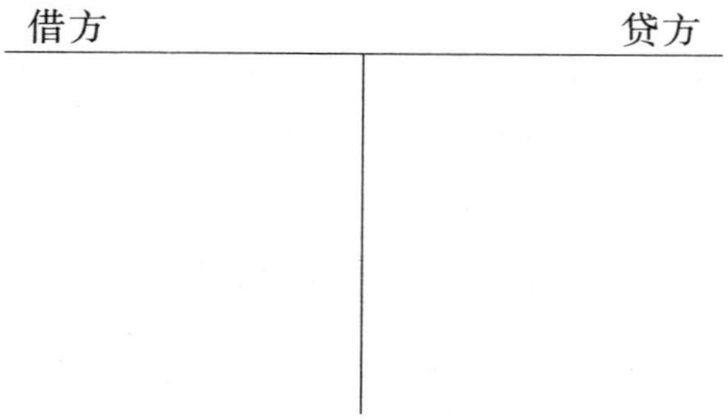

图 1－1　账户结构

（1）资产类账户的结构：借方记录资产的增加额，贷方记录资产的减少额。期末余额一般在借方。用公式表示为：

资产类账户借方余额 = 借方期初余额 + 借方本期发生额 − 贷方本期发生额

（2）负债及所有者权益类账户的结构：贷方记录负债和所有者权益的增加额，借方记录负债和所有者权益的减少额，期末余额一般在贷方。用公式表示为：

负债及所有者权益类账户贷方余额 = 贷方期初余额 + 贷方本期发生额 − 借方本期发生额

（3）费用成本类账户的结构：借方记录费用成本的发生额，贷方记录费用成本转销额，账户一般没有余额，若有期末余额，应在借方。

（4）收益类账户的结构：贷方记录收入的增加额，借方记录收益转出额，账户一般没有余额，若有余额，其期末余额应在贷方。

借贷记账法各类账户的结构见表 1－2：

表 1－2　各类账户的结构

账户类型	借方	贷方	余额方向
资产类	增加	减少	借方
负债类	减少	增加	贷方
所有者权益类	减少	增加	贷方
收益类	减少	增加	一般无余额
费用类	增加	减少	一般无余额

根据复式记账原理，再结合借贷记账法的账户结构，可知“有借必有贷，借贷必相等”。这是因为任意的一笔业务在记录时总是在相反的两个方向作等额的记录。即对任何一项经济业务，都要同时记入有关账户的借方和另一些账户的贷方，且记入双方的金额相等。

第四节　权责发生制、历史成本制和收付实现制

会计信息的录入是遵循一定的原则的。首先，会计对经济活动的记录必须要遵循历史成本原则；其次，在经济活动的确认方面要遵循权责发生制原则；最后，在现金流量的确认方面要遵循收付实现制原则。

我们在前面的分析中已经提到会计是对企业的经营信息的系统记录，这些信息在记录的过程中必须遵循一定的规则与章程，这样才能保证信息的一致性和可比较性。而对经营者而言，明白这些规章是理解和运用会计信息的前提，因此理解会计信息的组织原则具有重要的意义。

（1）历史成本制（也称实际成本核算制）是指企业的各种资产应当按其取得或购建时的实际成本进行核算，其主要内容是：企业取得的资产，应

以其购进或建造时发生的原始成本作为入账基础，并以此作为分摊和转作费用成本的依据，而不考虑随后市场价格变动的影响。

举个例子来说明这件事，假设鸿达企业在2005年用39万美元购买了一块面积为1.2英亩的土地，该土地位于一个较偏僻的工商区中，并且在该土地上面已建有了新的建筑物。考虑到以后该企业可能需要有进一步地发展，鸿达企业又花了28万美元购买了一块与之毗邻的面积为3/4英亩大小的小块土地。到了2007年，该工商区已是相当的繁荣，一块0.75英亩的土地，可卖到150万美元左右。很明显，空闲的那一小块地代表着企业控制着的一块市值为150万美元的财产。然而，这块土地反映在企业账簿上的价值仍然是当初购买的价格，即28万美元。这就是历史成本制原则的记录结果。

除非这一小块地已被交易，否则企业的账簿上将不会反映出其价值上的任何增值。因为直到发生产权的转移与一些价值的交换为止，交易才能称作已经完成，这时会计的记录才会有所改变。因此历史成本制记账法在维持事物的客观性上是相当有效的。也正是因为公认会计原则想让企业在交易之前先签订合同，所以才采用历史成本制记账法。这样，财务报表上记录着的是那些确实发生了的事件，而不是“可能”“或许”发生的。

如果从以上的例子出发，是否因为财务报表不能反映当前市值就可以说这是其缺陷呢？其实并非如此，任何有知识的人都明白报表使用的是历史成本制记账法，所以鸿达企业的经理与股东们是不会愚蠢到按报表上所写的28万美元来卖掉那块地皮的。如果想知道现在该土地的市值的话，应该去找人估价才对。

（2）权责发生制又称应计制，它是以收入和费用是否已经发生为标准来确认本期收入和支出的一种方法，其主要内容是：凡当期已经实现的收入和已经发生或应当负担的费用，不论款项是否收付都应当作为本期的收入和费用处理；反之亦然。

现在让我们来举例说明，假设在2007年11月，A企业向B企业开价165万美元来购买那一小块空地。由于A企业具有良好的历史信誉，经双方谈判决定，由A企业在12月12日支付25万美元的首期款，并同时支付了一张价值为140万美元的有担保期票，A企业将从2008年1月起，以8%的

年利率向 B 企业分 8 年付清余款。那么 B 企业对此事该如何记账呢？

由于产权已被转移，价值已经发生了变化，因此交易被认定为在 2007 年发生，尽管 B 企业实际收到的仅为 25 万美元，剩余的 140 万美元将在余下的 8 年内付清，用权责发生制记账法记录在 2007 年度财务报表上的销售收入仍然为 165 万美元。同时，与账簿上该地 28 万美元的费用相抵，反映在表上为 137 万美元的利润。

总而言之，因为销售是在 2007 年完成，该年财务报表上就有了一笔 137 万美元的利润，这种记账方法以是否应计入本期为标准来处理有关经济业务的会计活动，而不管是否发生了实际上的支付。

最后，我们应该注意到公认会计原则的规定是相当保守的。如果某个项目的市价上涨，历史成本制记账方法使得我们不把其账面价值与之作相应的调整，反过来，若某个项目的市价发生了明显下降，其账面价值就要作相应的减少。

（3）收付实现制是与权责发生制相对应的一种收入、费用的配比原则。按照收付实现制，对于收入和费用的记账方法如下：按照收付实现的日期确定其归属期。凡属本期收到的收入都作为本期的收入；凡本期付出的款项，都作为本期发生的费用，把应列入本期收入的应收账款不列入本期收入，把应列入本期费用的应付账款不列入本期费用，等等。

例如，在上例中，B 企业按照收付实现制的实现收入为 25 万美元，而非 165 万美元！收付实现制是制定现金流量表的基本原则。

第五节　从会计信息中透视企业信息

会计信息是由一系列的表格所组成的，它们从凭证到科目、账户直至财务报表。会计信息反映的是企业经营活动及其结果，通过对会计信息进行分析可以获取大量的反映企业经营状况的信息，这些信息基本上满足经营者对信息的需求。

会计学有用吗？当你了解到许多人面对企业的年报，仍是一筹莫展，不知所云时，也许会认为它毫无用处。

然而事实并非如此，会计学并不仅仅是一套记录与度量经济活动结果的

体系，历史已经证明了它的作用与持久的生命力。不要因为不了解其中的奥秘就被它吓倒，众多的经营者、投资者与股东们都在使用财务报表来管理企业的运作、估算投资的回报、进行商务评价以及决定是否继续进行信贷活动，而财务报表就是运用会计学的原理统计与分析得出的。

从事经营活动的人们必须对预算的使用有一个提前的计划。诸如产品的定价，供给的渠道是内部供应还是从供应商那里购买所需的资料，产品的产量是多少，产品销售可能的销售收入等此类众多的问题，都必须依赖于对统计数据的正确分析。

先举个例子，比如你是一个小厂的厂主，拥有几台机器和七八个工人，每天都有进货发货，月末还要给工人发工资，向政府交税，如果业务不是很多，你不用记录，头脑中就可以很清楚地掌握这些。但是一旦企业发展了，生意做大了，会使业务量增多，恐怕就“好记性不如烂笔头了”！你必须用笔来记录所发生的一切业务，日积月累，记录越来越多。如果没有一定的方法和体系，面对这些杂乱无章的记录，你自己也无法理出头绪，到底是赚了，还是赔了，都难以讲清。这就需要采用一定方法，将这些业务记录、整理、分类，并最终以一定方式表达出来。这就形成了经营者所需要的企业信息。

实际上，经济活动就是基于数据之上的。如我们在构建一个企业时所做的计划，包括怎样构建、何时构建、是否可以重构等，都必须依靠财务报表。财务报表是对过去的经营效果的反映，它对未来的情况的预测具有重要的作用。

事实上，会计是一个商业信息提供系统，把企业有用的各种经济业务，统一成为以货币为计量单位，通过记账、算账、报账的程序来提供反映企业财务状况和经营成果的经济信息。

第六节　财务管理的含义及其在企业管理中的中心位置

财务管理的含义

财务管理作为企业管理的一部分，由两种含义组成：

（1）组织企业财务活动，即企业资金的筹集、投放、使用，收入的实现和分配；

（2）处理企业财务关系，即处理企业与政府、投资者、债权人、债务人及与企业内部的各种关系。

财务管理在企业管理中的中心位置

在现代化的商品经济条件下，财务管理是企业的一项必不可少的基本经济管理活动。财务管理是涉及企业资金的活动，企业财务活动又引起了企业与各方面的一系列财务关系，这在一定程度上说明，企业的财务管理活动是整个企业活动的基础，它直接影响着整个企业的经济效益。因此，正确认识财务管理对企业管理的意义是十分重要的。

（1）企业的本质决策了财务管理的中心位置

企业是国家宏观调控下，按市场需求自主经营，以提高经济效益、实现资产保值增值为目的的经济组织。生存、发展和获利是企业的目标，也就是说，企业是以盈利为目的的经济组织。企业要发展，必须筹足足够的资金；企业要获利，必须通过合理使用资金才能实现。企业价值的最大化是企业的宗旨，也就是企业财务管理的目标，企业的一切工作都是围绕企业的宗旨展开的。

（2）市场经济决定了财务管理的中心位置

市场经济条件下，是以市场为导向作为资源配置的，因此，市场价格作为指示器调整着企业的经济活动。企业总是以资金投入报酬率较高的项目为主，所有者又总把赌注压在有希望获利的企业，给它们注入资金。如果企业不是以财务为中心，而以产量、规模或其他目标为中心，就可能造成市场机制失灵，资源配置不符合规律；造成盲目扩建，产品积压，资金流向和产业结构的失衡，导致社会资源的浪费。

（3）企业管理的现状决定了财务管理的中心位置

我国自改革开放以来，企业管理模式由生产管理型向生产经营管理型转变，由以生产为中心转变为以经营为中心。从企业发展看，应把经营管理放在管理的重要位置，然而，经营决策中预测、决策等信息，最为重要的仍是财务信息。财务部门在预测、决策过程中起到了极其重要的作用。

综上所述，以财务管理为中心，包含了企业整个经济活动，能使企业上下将责权结合，促进企业管理水平的提高。因此，随着市场经济的发展和激烈的竞争，企业管理以财务管理为中心是必然的。

第七节　财务管理对企业发展所产生的作用

预测作用

财务预测是在认真研究分析有关历史资料、经济技术条件的情况下，对未来的财务指标做出估计和判断，制定财务计划的过程。通过预测和分析，找到增收的渠道和节支的途径。财务预测的内容主要包括：销售预测、资金预测、成本预测和利润预测四个方面。

控制作用

财务控制是保证企业财务活动符合既定目标，取得最佳经济效益的一种方法。财务控制的内容主要有以下特点：

（1）加强财务管理的各项基础工作

财务管理基础工作的主要内容是：健全原始记录、加强定额管理、严格计量验收、定期盘存财产物资以及制定企业内部结算价格制度等。

（2）组织财务计划的实施

编制财务计划只是财务管理的起点，最终要组织计划的执行和落实，以达到不断改进工作、提高效率、降低成本、节约支出的目的。

（3）平衡财务收支

其任务是及时根据实际情况，积极调度、合理组织资金，以保证生产的

合理需要。

监督作用

财务监督主要是利用货币形式对企业的生产经营活动所实行的监督，具体来说就是对资金的筹集、使用、耗费、回收和分配等活动进行监督。

资本运营

财务管理是企业管理的中心，资本运营是企业管理的最高境界。资本运营不仅仅是运营产品，而且是运营资本。资本运营是现代财务管理的一项重要工作。它不采用财务会计中记账、算账、报账的方法，也不采用管理会计中预测利润的本量利法，而是采用管理会计中投资决策的理论和方法，采用财务管理中投资组合选择原理、资本结构理论等重要方法，将投资、融资和盘活存量资产作为主要内容。

第八节　财务管理中所需的企业信息

小企业经营者的职责是创造财富，通过对企业已有的资源进行合理的配置，产出最大的利润。为了达到这个目的，企业的经营者需要一系列的信息来做出经营的决策。在企业永续经营的前提下，经营者需要的是有助于他做出经营决策的信息。其中包括四组诊断工具：基础性信息、生产力信息、竞争力信息和资源配置信息。它们共同组成经营者管理现代企业所必需的工具。

基础性信息

最古老和最常见的管理诊断工具是现金流量和流动性的预测，还有一些标准计量工具，诸如流通库存与新产品的销售比率、债券利息的收益率、过期 6 个月的应付账款的比率、应付账款总额和销售数字等。这些数据可以比之为医生例行身体检查中所测定的结果：体重、脉搏、体温、血压和尿样分析。如果这些数据显示正常，它们不会告诉我们更多的东西。如果它们显示异常，就意味着出现了某种问题，需要进一步诊断和治疗。这样的测量结果可以称之为基础性信息。

生产力信息

企业诊断的第二套工具用于计算关键资源的生产力。其中一个最古老的指标测量的是劳动力的生产力。目前，我们在测量以知识为基础的工作和服务性工作的生产力方面正在取得缓慢的进步。然而，仅仅计量工人的生产力，不论是白领工人还是粉领工人或者是蓝领工人，已经不足以提供充分的生产力信息。我们需要的是“全要素的生产力”的数据。

这可以解释为什么 EVA（经济附加值分析）会渐渐流行开来。EVA 分析基于一些我们久已熟悉的东西：我们称之为利润的、归属于股东权益的那部分金钱往往根本不能算是利润的，除非企业的利润超过了资本的成本，否则这家企业根本就是亏损的。不要仅仅因为已缴纳所得税就断言它是一定正在赢利的企业。因为此时，它的回报可能仍然低于它所消耗的经济资源的成本。只有在企业利润高于资本成本时，这家企业才算是消化了它的全部成本。在此之前，它并没有创造财富；相反，它是在消耗财富。依据这一思想进行的研究得出了令人吃惊的结论：自第二次世界大战以来几乎没有哪一家美国企业可以称得上是持续赢利的。

最新引进的用于获取生产力信息的工具是基准法——将自己的企业同本行业中最好的企业进行对比，或者更进一步，同本行业中每一项最佳指标进行对比，基准法的合理假设在于，只要有一家企业能够做好，别的企业也应该能够做好。另一项同样正确的假设是，至少要同本行业的领导者保持同一水准是企业拥有竞争力的先决条件。EVA 和基准法一起构成了测度和管理“全要素生产力”的诊断工具。

竞争性信息

第三套诊断工具用于处理竞争力的问题。在 C. K. 普拉哈拉德和 G. 哈默尔发表了具有开创性意义的论文《公司的核心竞争力》之后，我们已经知道了所谓领导能力就是完成组织内其他人完全做不到或连勉强做到都很难的那些情况的能力。它是基于一种核心竞争力之上的能力，可以将市场或顾客的价值同生产商或供货商的特殊能力融合起来。

到目前为止，有关核心竞争力的讨论大多还停留在奇闻轶事的层次上，

但是，已经有一大批高度专门化的中等规模的企业——例如一家瑞典制药商和一家美国的特种工具制造厂——正在开发计量与管理核心竞争力的方法体系。第一步是仔细地追踪自己和竞争对手的表现。特别注意留心在业绩中出现的意外成功和意外挫败。成功可以表明市场所看重的东西和它的回报。它表明企业在哪一方面具有领导优势，而没有取得成功则应当视为市场正在转变或企业的竞争能力弱化。这种分析可以帮助企业尽早发现机会。

资源配置信息

依靠管理创造财富的现代企业所需要的最后一项诊断信息是资源配置信息，包括资本和有才能的人员。管理层所掌握的任何信息都必须借助这两项资源才能转化为行动。他们决定了一家企业经营得是好还是差。

从以上的分析我们可以认识到经营者所需的四类管理信息，都是源于财务信息。例如，基础性的信息可以直接从财务报表中获取；生产力的信息也可以从财务报表分析中得到；EVA 在企业利润表中可以直接得到；竞争性的信息可以从每期的财务报表的动态比较，以及同同行业的其他企业的财务信息进行横向的比较获得；资源配置信息的本身就源于财务报表。

第九节　财务管理在企业发展中的目标

企业财务管理的目标是指企业财务管理工作所要达到的最终目的。财务管理是企业管理的一部分，财务管理的目标取决于企业的总目标，财务管理的目标又决定着企业财务管理的基本方向。

企业经营目标及其对财务管理的要求

企业目标可以具体细分为生存、发展和获利。

（1）生存目标对财务管理的要求

企业生存的“土壤”是市场。企业在市场中生存下去的基本条件有两个：一是以收抵支；二是到期偿债。相应地，企业生存的威胁主要来自两个方面：一个是长期亏损，它是企业终止的根本原因；另一个是不能偿还到期债务，它是企业终止的直接原因。为此，力求保持以收抵支和偿还到期债务的能力，减少破产的风险，使企业能够长期、稳定地生存下去，是对财务管理的第一个要求。

（2）发展目标对财务管理的要求

企业是在发展中求生存的，企业的发展集中表现为扩大收入。扩大收入的根本途径是提高产品的质量，扩大销售的数量，这就要求不断更新设备、技术和工艺，并不断提高各种人员的素质，也就是要投入更多更好的物质资源、人力资源，并改进技术和管理。在市场经济中，各种资源的取得，都需要付出货币。企业的发展离不开资金。因此，筹集企业发展所需的资金，是对财务管理的第二个要求。

（3）获利目标对财务管理的要求

从财务的角度看，盈利就是使资产获得超过其投资的回报。在市场经济中，没有“免费使用”的资金，资金的每项来源都有其成本。每项资产都是投资，都应获得相应的报酬。财务人员务必对企业正常营业产生的资金和从外部获得的资金有效地加以利用。因此，通过合理、有效地使用资金使企业获利，是对财务管理的第三个要求。

财务管理整体目标

根据现代企业财务管理的理论和实践，最具有代表性的财务管理目标主要有以下几种：

（1）利润最大化

企业财务管理的目标就是利润最大化。利润代表了企业新创造的财富，利润越多则企业财富增加得越多，越接近企业的目标。

将利润最大化作为企业财务管理的目标对于企业追求产值、促进企业加强经济核算是有积极意义的，但是以利润最大化作为企业财务管理的目标也有一些缺陷。因此，现代财务理论认为，利润最大化并不是企业财务管理的最佳目标。

（2）每股盈余最大化

每股盈余最大化即每股收益最大化，每股收益是利润额与普通股股数的比率，这种观点虽然把企业实现的利润额同企业的投入进行对比，但仍然没有考虑资金的时间价值，也没有考虑风险因素。

（3）股东财富最大化

股东财富最大化是指企业应以达到股票的市价最高为目标，因此也称为股票价格最大化。它包含了多方面的影响因素，如企业的盈利能力、时间因素、风险因素等，同时避免了以利润最大化为目标造成的企业短期行为。但其缺点主要是过分强调股东的利益而对其他与企业相关团体的利益不够重视。

（4）企业价值最大化

企业价值最大化是指通过企业的合理经营、选择策略等等，在保证企业长期稳定发展的基础上使企业价值达到最大。企业的价值在于它能给所有者带来未来报酬，它是一种潜在的获利能力，企业的价值不能用其账面价值来反映，因为许多资产的账面价值是一种历史成本，不代表其市场价值，更何况一些无形资源，如商誉等，在账面上反映不出来，企业的价值可通过市场的评价来确定。

财务管理的分部目标

分部目标是指在整体目标的制约下，进行某一部分财务活动所要达到的目标，是为实现整体目标而起保证作用的目标。分部目标取决于财务管理的具体内容。财务管理的分部目标可以概括为如下几个方面：

（1）企业筹资管理目标

要求企业在筹资时不仅需要从数量上满足生产经营的需要，而且要考虑到各种筹资方式给企业带来的资金成本的高低、财务风险的大小，以便选择最佳筹资方案和最佳资本结构，提高自有资本收益率，降低资金成本和财务风险，实现财务管理的整体目标。

（2）企业投资管理目标

对于新增的投资项目，一方面要考虑项目建成后给企业带来的投资报酬，另一方面也要考虑投资项目给企业带来的风险，以便在风险与报酬之间进行均衡，不断提高企业价值，实现企业财务管理的整体目标。

（3）企业营运资金管理目标

加速资金周转，提高资产利用率，同时降低产品成本，节约费用开支，减少资金占用，从而提高资产盈利率，为提高自有资本收益率奠定良好基础。

（4）企业利润管理目标

企业财务管理必须努力发掘企业潜力，促使企业合理使用人力和物力，以尽可能少地耗费取得尽可能多的经营成果，增加企业盈利，提高企业价值。企业实现的利润，要合理进行分配。

财务管理目标的协调

企业财务活动涉及到不同的利益主体，其中最主要的是股东、经营者、债权人，这三者构成了企业最重要的财务关系。企业是所有者，即股东的企业，财务管理目标是股东的目标，经营者、债权人与股东的目标不完全一致，企业只有协调好这三个方面的矛盾，才能实现“股东财富最大化”的目标。

（1）股东和经营者的矛盾与协调

股东为企业提供资本金，目标是使其财富最大化；经营者则希望在提高企业价值或股东财富的同时，提高自己的报酬、荣誉、社会地位，增加闲暇时间，减小劳动强度。为了解决这一矛盾，股东通常可采取监督和激励两种办法来协调自己和经营者的目标。

（2）股东和债权人的矛盾与协调

债权人把资金交给企业，其目标是到期收回本金，并获得约定的利息收入。债权人为了防止其利益被损害，一方面可以寻求立法保护，如破产时优先接管，优先于股东分配剩余财产；另一方面还可以在借款合同中加入限制性条款，如规定资金用途，规定不得发行新债或限制发行新债的数额，当发现企业有意侵蚀其债权价值时，可提前收回借款，拒绝进一步合作。

财务管理目标与社会责任

企业财务管理目标与社会的目标有许多方面是一致的，企业在追求自己的目标时，自然会使社会受益。但企业财务管理目标与社会目标也有不一致的方面。如企业为了获利，可能生产伪劣产品；可能不顾工人的健康和利益；可能会造成环境污染；可能损害其他企业的利益等。国家要保护所有公民的正当权益，股东只是社会的一部分人，他们在谋求自己利益的时候，不能迫害他人的利益。为此，国家颁布一系列保护公众利益的法律法规，如《反暴利法》

《环境保护法》《消费者权益保护法》《产品质量监督法》等。通过这些法律法规来强制企业承担社会责任，调节股东和社会公众的利益。

第十节　企业的健康证明：资产负债表

新会计准则下，资产负债表的内容

资产负债表的内容主要反映在以下三个方面，如图 1－2 所示。

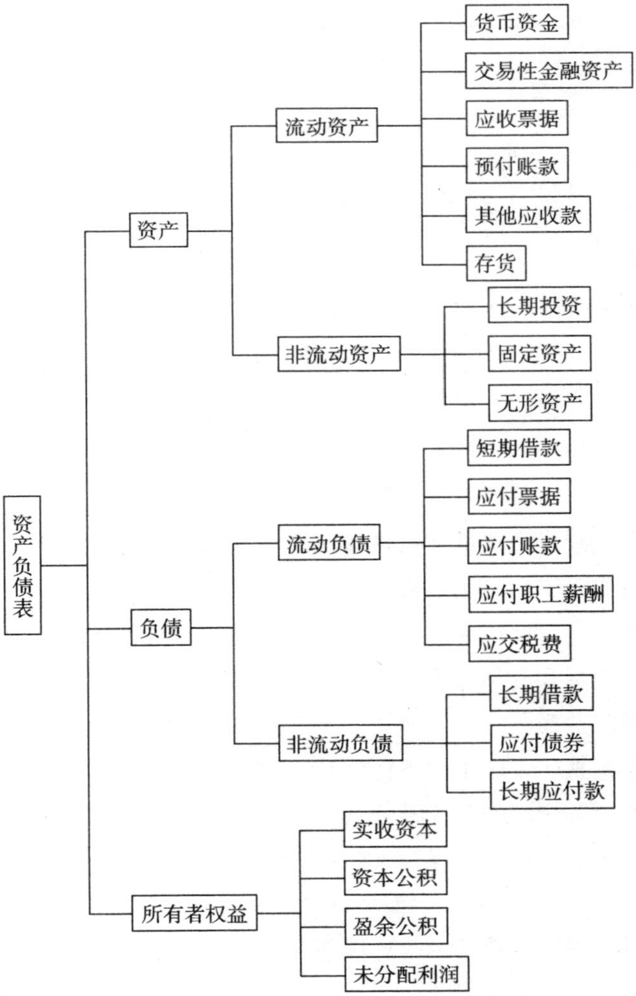

图 1－2　资产负债表的内容

资产负债表的格式及填列要求

根据对信息的不同需求，资产负债表中各项目的具体排列形成了两种格式，即账户式和报告式（也叫垂直式）。

（1）账户式资产负债表

根据我国《企业会计准则》规定，企业资产负债表的格式一般采用账户式。账户式资产负债表分为左、右两个部分，左方列示资产项目，右方列示负债和所有者权益项目，左、右方对应平衡，见表1－3。

表1－3　账户式资产负债表

资产：	负债：
1. 流动资产	1. 流动负债
2. 长期投资	2. 长期负债
3. 固定资产	所有者权益：
4. 无形资产	1. 实收资本
5. 其他资产	2. 资本公积
	3. 盈余公积
	4. 未分配利润

资产合计＝负债合计＋所有者权益合计

左方项目是根据资产的流动性排列的。流动资产排在首位，其中货币资金本身就是可用于支付的现金或银行存款，排在最前面；以后是变现能力较强、在一年或一个营业周期内可以变现的各项流动资产。长期投资中包括债券投资、股票投资和其他投资，其中债券和股票尽管不准备在一年内变现，但它们具有随时变现的能力，所以，长期投资的变现可能性强于固定资产、无形资产及递延资产、其他长期资产和递延税款等资产，排在流动资产之后，居于第二位。资产按其流动性或变现能力排列，可以反映企业的支付能力，与该表右边的负债和所有者权益联系起来分析，可以判断企业的偿债能力。

右方项目按照需要偿还的先后顺序排列。流动负债偿还时间最短，一般需要在一年内或一个营业周期内偿还，排在第一位；长期负债偿还时间较长，排列在流动负债之后，居第二位；所有者权益在企业正常的生产经营情

况下，或者该企业在解散清算之前是不需要偿还的，排列在最后。表右方按需要偿还的先后顺序排列，是与左方资产的排列顺序对应的，可以反映企业各种债务需要偿还的时间性和企业的偿债能力。

账户式资产负债表的基本格式见表 1－4。

表 1－4　资产负债表

编制单位：　　　　　　　　年　月　日　　　　　　　　单位：元

资　产	期末余额	年初余额	负债和所有者权益（或股东权益）	期末余额	年初余额
流动资产：			流动负债：		
货币资金			短期借款		
交易性金融资产			交易性金融负债		
应收票据			应付票据		
应收账款			应付账款		
预付账款			预收账款		
应收利息			应付职工薪酬		
应收股利			应交税费		
其他应收款			应付利息		
存货			应付股利		
一年内到期的非流动资产			其他应付款		
其他流动资产			一年内到期的非流动负债		
流动资产合计			其他流动负债		
可供出售金融资产			非流动负债：		
持有至到期投资			长期借款		
长期应收款			应付债券		
长期股权投资			长期应付款		
非流动资产：			流动负债合计		
投资性房地产			专项应付款		
固定资产			预计负债		
在建工程			递延所得税负债		
工程物资			其他非流动负债		

续表

资　　产	期末余额	年初余额	负债和所有者权益（或股东权益）	期末余额	年初余额
固定资产清理			非流动负债合计		
生产性生物资产			负债合计		
油气资产			所有者权益（或股东权益）：		
无形资产			实收资本（或股本）		
研发支出			资本公积		
商誉			减：库存股		
长期待摊费用			盈余公积		
递延所得税资产			未分配利润		
其他非流动资产			所有者权益（或股东权益）合计		
非流动资产合计					
资产总计			负债和所有者权益（或股东权益）总计		

（2）报告式资产负债表

报告式资产负债表又称垂直式资产负债表，是一种将资产、负债和所有者权益垂直排列成类似于“报告形式”的报表格式，可以分为以下几种形式：

①按照“资产 = 负债 + 所有者权益”这一等式，报告式资产负债表简单列示见表 1－5。

表 1－5　报告式资产负债表（1）

编制单位：××　　　　年　月　日　　　　单位：元

资产：
流动资产
长期资产
资产合计
负债：
流动负债
长期负债
负债合计
所有者权益：

实收资本
资本公积
盈余公积
未分配利润
所有者权益合计
负债及所有者权益合计

②按照“资产－负债＝所有者权益”这一等式，报告式资产负债表的格式简单列示见表1－6。

表1－6　报告式资产负债表（2）

编制单位：　　　　年　月　日　　　　单位：元

资产：
流动资产
长期资产
资产合计
减：负债
流动负债
长期负债
负债合计
所有者权益：
实收资本
资本公积
盈余公积
未分配利润
所有者权益合计

③按照“流动资产－流动负债：营运资金”，“营运资金＋长期资产－长期负债＝所有者权益”这两个等式，报告式资产负债表的格式简单列示见表1－7。

表1－7　报告式资产负债表（3）

编制单位：　　　　年　月　日　　　　单位：元

流动资产
减：流动负债
营运资本
加：长期资产
减：长期负债
所有者权益

这种格式称为财务状况式资产负债表或营运资金式资产负债表。该表重点在于强调营运资金。营运资金是指用以维持企业经营正常运行所需的资金。将流动资产减去流动负债，剩余的部分就是营运资金。营运资金是企业可以真正自由营运的资金。

（3）资产负债表的填制要求

以下以账户式资产负债表为例，分析资产负债表的填制要求。

（表1-4）“年初余额”栏内各项数字，应根据上年末资产负债表“期末余额”栏内所列数字填列。

如果本年度资产负债表规定的各个项目的名称和内容同上年度不相一致时，应对上年年末资产负债表各项目的名称和数字按照本年度的规定进行调整，填入（表1-4）“年初余额”栏内。

本表“期末余额”各项目的内容和填列方法如下：

①“货币资金”项目，反映企业库存现金、银行结算户存款、外埠存款、银行汇票存款、银行本票存款、信用卡存款、信用证保证金存款等的合计数。本项目应根据“库存现金”“银行存款”“其他货币资金”科目的期末余额合计填列。

②“交易性金融资产”项目，反映企业购入的各种能随时变现、并准备随时变现的、持有时间不超过1年（含1年）的股票、债券和基金，以及不超过1年（含1年）的其他投资，减去已提跌价准备后的净额。本项目应根据“交易性金融资产”科目的期末余额，减“短期投资跌价准备”科目的期末余额后的金额填列。

企业1年内到期的委托贷款，其本金和利息减去已计提的减值准备后的净额，也在本项目反映。

③“应收票据”项目，反映企业收到的未到期收款、也未向银行贴现的应收票据，包括商业承兑汇票和银行承兑汇票。本项目应根据“应收票据”科目的期末余额填列。已向银行贴现和已背书转让的应收票据不包括在本项目内，其中已贴现的商业承兑汇票应在财务报表附注中单独披露。

④“应收账款”项目，反映企业因销售商品、产品和提供劳务等应向购买单位收取的各种款项，减去已计提的坏账准备后的净额。本项目应根据“应收账款”科目所属各明细科目的期末借方余额合计，减去“坏账准备”科目中有关应收账款计提的坏账准备期末余额后的金额填列。

如“应收账款”科目所属明细科目期末有贷方余额，应在本表“预收

账款”项目内填列。

⑤“预付账款”项目，反映企业预付给供应单位的款项。本项目应根据“预付账款”科目所属各明细科目的期末借方余额合计填列。如“预付账款”科目所属有关明细科目期末有贷方余额的，应在本表“应付账款”项目内填列；如“应付账款”科目所属明细科目有借方余额的，也应包括在本项目内。

⑥“存货”项目，反映企业期末在库、在途和在加工中的各项存货的可变现净值，包括各种材料、商品、在产品、半成品、包装物、低值易耗品、分期收款发出商品、委托代销商品、受托代销商品等。本项目应根据“材料采购”“周转材料”“库存商品”“发出商品”“生产成本”等科目的期末余额合计，减去“存货跌价准备”科目期末余额后的金额填列。材料采用计划成本或售价核算的企业，还应按加或减材料成本差异或商品进销差价后的金额填列。

⑦“长期股权投资”项目，反映企业不准备在1年内（含1年）变现的各种股权性质的投资的可收回金额。本项目应根据“长期股权投资”科目的期末余额，减“长期投资减值准备”科目中有关股权投资减值准备期末余额填列。

⑧“固定资产原价”和“累计折旧”项目，反映企业的各种固定资产原价及累计折旧。融资租入的固定资产，其原价及已提折旧也包括在内。融资租入固定资产原价应在财务报表附注中另行反映。这两个项目应根据“固定资产”科目和“累计折旧”科目的期末余额填列。

⑨“固定资产清理”项目，反映企业因出售、毁损、报废等原因转入清理但尚未清理完毕的固定资产的账面价值，减去固定资产清理过程中所发生的清理费用和变价收入等各项金额后所得的差额。本项目应根据“固定资产清理”科目的期末借方余额填列，如“固定资产清理”科目期末为贷方余额，以“-”号填列。

⑩“无形资产”项目，反映企业各项无形资产的期末可收回金额。本项目应根据“无形资产”科目的期末余额，减去“累计摊销”科目期末余额后的金额填列。

⑪“长期待摊费用”项目，反映企业尚未摊销的（摊销期限在1年以上）各种费用，如租入固定资产改良支出、大修理支出以及摊销期限在1年以上（不含1年）的其他待摊费用。长期待摊费用中在1年内（含1年）摊

销的部分，应在本表“一年内到期的非流动资产”项目填列。本项目应根据“长期待摊费用”科目的期末余额减去1年内（含1年）摊销的数额后的金额填列。

⑫“短期借款”项目，反映企业借人的1年以内（含1年）归还的借款，本项目应根据“短期借款”科目的期末余额填列。

⑬“应付票据”项目，反映企业为了抵付货款等而开出、承兑的尚未到期付款的应付票据，包括银行承兑汇票和商业承兑汇票。本项目应根据“应付票据”科目的期末余额填列。

⑭“应付账款”项目，反映企业购买原材料、商品和接受劳务供应等方面应付给供应单位的款项。本项目应根据“应付账款”科目所属各有关明细科目的期末贷方余额合计填列，如“应付账款”科目所属各明细科目期末有借方余额的，应在本表“预付账款”项目内填列。

⑮“预收账款”项目，反映企业预收购买单位的账款。本项目应根据“预收账款”科目所属各有关明细科目的期末贷方余额填列，如“预收账款”科目所属有关明细科目有借方余额的，应在本表“应收账款”项目内填列；如“应收账款”科目所属明细科目有贷方余额的，也应包括在本项目内。

⑯“应付职工薪酬”项目，反映企业应付而暂时未付的职工工资。本项目应根据“应付职工薪酬”科目期末贷方余额填列，如“应付职工薪酬”科目期末为借方余额，以“-”号填列。

⑰“应交税费”项目，反映企业期末未交、多交或未抵扣的各种税金。本项目应根据“应交税费”科目的期末贷方余额填列，如“应交税费”科目期末为借方余额，以“-”号填列。

⑱“长期借款”项目，反映企业借入的尚未归还的1年期以上（不含1年）的借款本息。本项目应根据“长期借款”科目的期末余额填列。

⑲“应付债券”项目，反映企业发行的尚未偿还的各种长期债券的本息。本项目应根据“应付债券”科目的期末余额填列。

⑳“长期应付款”项目，反映企业除长期借款和应付债券以外的其他各种长期应付款。本项目应根据“长期应付款”科目的期末余额，减“未确认融资费用”科目期末余额后的金额填列。

㉑“实收资本（或股本）”项目，反映企业各投资者实际投入的资本（或股本）总额。本项目应根据“实收资本”（或股本）科目的期末余额

填列。

㉒“资本公积”项目，反映企业资本公积的期末余额。本项目应根据“资本公积”科目的期末余额填列。

㉓“盈余公积”项目，反映企业盈余公积的期末余额。本项目应根据“盈余公积”科目的期末余额填列。

㉔“未分配利润”项目，反映企业尚未分配的利润，本项目根据“本年利润”科目和“利润分配”科目的余额合计填列，未弥补的亏损，在本项目内以“－”号填列。

编制资产负债表

A 公司某月科目余额见表 1－8，根据科目余额表编制该公司本月资产负债表。

表 1－8 科目余额表

单位：元

科目名称	借方余额	科目名称	贷方余额
库存现金	2000	短期借款	50000
银行存款	811445	应付票据	100000
其他货币资金	7300	应付账款	953800
交易性金融资产	0	其他应付款	50000
应收票据	46000	应付职工薪酬	180000
应收账款	600000	应交税费	211944
坏账准备	－1800	应付股利	32215.85
预付账款	100000	长期借款	1160000
其他应收款	5000	其中：一年内到期的长期负债	0
材料采购	2750013	股本	5000000
原材料	45000	盈余公积	135685.15
周转材料	38050	利润分配	
库存商品	2212400	（未分配利润）	220000
材料成本差异	4250		

续表

科目名称	借方余额	科目名称	贷方余额
长期股权投资	250000		
固定资产	2401000		
累计折旧	－170000		
工程物资	150000		
在建工程	578000		
无形资产	540000		
长期待摊费用	200000		
合　计	8093645	合计	8093645

根据A公司科目余额表，编制该公司本月资产负债表，见表1－9。

表1－9　资产负债表

编制单位：A公司　　　　＿＿＿＿＿年＿＿＿＿月＿＿＿＿日　　　　单位：元

资　产	期末余额	年初余额	负债和所有者权益（或股东权益）	期末余额	年初余额
流动资产：			流动负债：		
货币资金	820745	1406300	短期借款	50000	3001300
交易性金融资产	0	151300	交易性金融负债		
应收票据	46000	246000	应付票据	100000	200000
应收账款	598200	299100	应付账款	953800	953800
预付款项	100000	200000	预收款项		1000
应收利息			应付职工薪酬	180000	110000
应收股利			应交税费	211944	36600
其他应收款	5000	5000	应付利息		
存货	2574700	2580000	应付股利	32215.85	
一年内到期的非流动资产			其他应付款	50000	50000
其他流动资产			一年内到期的非流动负债		1000000
流动资产合计	4144645	4751400	其他流动负债		

续表

资　产	期末余额	年初余额	负债和所有者权益（或股东权益）	期末余额	年初余额
非流动资产：			流动负债合计	1577959.85	2651400
可供出售金融资产			非流动负债：		
持有至到期投资			长期借款	1160000	600000
长期应收款			应付债券		
长期股权投资	250000	250000	长期应付款		
投资性房地产			专项应付款		
固定资产	2231000	1100000	预计负债		
在建工程	578000	1500000	递延所得税负债		
工程物资	150000		其他非流动负债		
固定资产清理			非流动负债合计	1160000	600000
生产性生物资产			负债合计	2737959.85	3251400
油气资产			所有者权益（或股东权益）：		
无形资产	540000	600000	实收资本（或股本）	5000000	5000000
研发支出			资本公积		
商誉			减：库存股		
长期待摊费用	200000	200000	盈余公积	135685.15	100000
递延所得税资产			未分配利润	220000	50000
其他非流动资产			所有者权益（或股东权益）合计	5355685.15	5150000
非流动资产合计	3949000	3650000			
资产总计	8093645	8401400	负债和所有者权益（或股东权益）总计	8093645	8401400

第十一节　企业利润的来龙去脉：利润表

新会计准则下，利润表的内容

（1）利润表的概念

利润表，又称收益表或损益表，是反映企业一定期间生产经营成果的财务报表。利润表把一定时期的营业收益与其同一会计期间的营业费用进行配比，以计算出公司一定时期的税后净利润。通过利润表反映的收入、成本和费用等情况，反映出公司生产经营的收益情况、成本耗费情况，从而表明公司生产经营成果；同时，通过利润表提供的不同时期的比较数字（本年金额、上年金额），可以分析公司今后利润的发展趋势及获利能力，了解投资者投入资本的完整性。

由于利润是公司经营业绩的综合体现，又是进行利润分配的主要依据，因此，利润表是财务报表中的主要报表之一。

（2）各栏目的内容

利润表至少应当单独列示反映下列信息的项目：

①营业收入

②营业成本

③营业税金及附加

④管理费用

⑤销售费用

⑥财务费用

⑦投资收益

⑧公允价值变动损益

⑨资产减值损失

⑩非流动资产处置损益

⑪所得税费用

⑫净利润

金融企业可以根据其特殊性列示利润表项目。在合并利润表中，企业应当在净利润项目之下单独列示归属于母公司的损益和归属于少数股东的

损益。

利润表的格式及填列要求

我国企业利润表采用多步式格式，如表 1－10 所示。

表 1－10　利润表

编制单位：　　　　　　　　　　年　月　　　　　　　　　　单位：元

项　目	本期金额	上期金额
一、营业收入		
减：营业成本		
营业税金及附加		
销售费用		
管理费用		
财务费用		
资产减值损失		
加：公允价值变动收益（损失以“－”号填列）		
投资收益（损失以“－”号填列）		
其中：对联营企业和合营企业的投资收益		
二、营业利润（亏损以“－”号填列）		
加：营业外收入		
减：营业外支出		
其中：非流动资产处置损失		
三、利润总额（亏损总额以“－”号填列）		
减：所得税费用		
四、净利润（净亏损以“－”号填列）		
五、每股收益：		
（一）基本每股收益		
（二）稀释每股收益		

编制利润表

【例】A 公司某年有关损益类科目的余额，见表 1－11。

表 1－11　损益类科目余额表　　单位：元

科目名称	借方发生额	贷方发生额
主营业务收入		1250000
主营业务成本	750000	
营业税金及附加	2000	
销售费用	20000	
管理费用	158000	
财务费用	41500	
投资收益		31500
营业外收入		5000
营业外支出	19700	
所得税费用	102399	

根据 A 公司该月损益类科目余额表，编制该月利润表，见表 1－12。

表 1－12　利润表

编制单位：A 公司　　______年____月　　单位：元

项　　目	本期金额	上期金额（略）
一、营业收入	1250000	
减：营业成本	750000	
营业税金及附加	2000	
销售费用	20000	
管理费用	158000	
财务费用	41500	
资产减值损失		
加：公允价值变动收益（损失以“－”号填列）		
投资收益（损失以“－”号填列）	31500	
其中：对联营企业和合营企业的投资收益		
二、营业利润（亏损以“－”号填列）	310000	
加：营业外收入	5000	

续表

项　　目	本期金额	上期金额（略）
减：营业外支出	19700	
其中：非流动资产处置损失		
三、利润总额（亏损总额以“－”号填列）	295300	
减：所得税费用	102399	
四、净利润（净亏损以“－”号填列）	192901	
五、每股收益：		
（一）基本每股收益		
（二）稀释每股收益		

第十二节　企业资金的流动路线：现金流量表

新会计准则下，现金流量表的内容

现金流量是指一定会计期间内企业现金和现金等价物的流入和流出。企业从银行提取现金、用现金购买短期到期的国库券等现金和现金等价物之间的转换不属于现金流量。

现金是指企业库存现金以及可以随时用于支付的存款，包括库存现金、银行存款和其他货币金（如外埠存款、银行汇票存款、银行本票存款等）等。不能随时用于支付的存款不属于现金。

现金等价物，是指企业持有的期限短、流动性强、易于转换为已知金额现金、价值变动风险很小的投资。期限短，一般是指从购买日起3个月内到期。现金等价物通常包括三个月内到期的债券投资等。权益性投资变现的金额通常不确定，因而不属于现金等价物。企业应当根据具体情况，确定现金等价物的范围，一经确定不得随意变更。现金流量表是反映企业在一定会计期间现金和现金等价物流入和流出的报表。通过现金流量表，可以为报表使用者提供企业一定会计期间内现金和现金等价物流入和流出的信息，便于使用者了解和评价企业获取现金和现金等价物的能力，据以预测企业未来现金流量。

企业产生的现金流量分为三类：

（1）经营活动产生的现金流量

经营活动，是指企业投资活动和筹资活动以外的所有交易和事项。经营活动产生的现金流量主要包括销售商品或提供劳务、购买商品、接受劳务、支付工资和交纳税款等流入和流出的现金和现金等价物。

（2）投资活动产生的现金流量

投资活动，是指企业长期资产的购建和不包括在现金等价物范围内的投资及其处置活动。投资活动产生的现金流量主要包括购建固定资产、处置子公司及其他营业单位等流入和流出的现金和现金等价物。

（3）筹资活动产生的现金流量

筹资活动，是指导致企业资本及债务规模和构成发生变化的活动。筹资活动产生的现金流量主要包括吸收投资、发行股票、分配利润、发行债券、偿还债务等流入和流出的现金和现金等价物。偿付应付账款、应付票据等商业应付款等属于经营活动，不属于筹资活动。

现金流量表的格式及填列要求

现金流量表见表 1－13。

表 1－13　现金流量表

编制单位：　　　　　　　　　　＿＿＿＿＿年度　　　　　　　　　　单位：元

项　　目	本期金额	上期金额
一、经营活动产生的现金流量		
销售商品、提供劳务收到的现金		
收到的税费返还		
收到其他与经营活动有关的现金		
经营活动现金流入小计		
购买商品、接受劳务支付的现金		
支付给职工以及为职工支付的现金		
支付的各项税费		
支付其他与经营活动有关的现金		
经营活动现金流出小计		
经营活动产生的现金流量净额		

续表

项　　目	本期金额	上期金额
二、投资活动产生的现金流量		
收回投资收到的现金		
取得投资收益收到的现金		
处置固定资产、无形资产和其他长期资产收回的现金净额		
处置子公司及其他营业单位收到的现金净额		
收到其他与投资活动有关的现金		
投资活动现金流入小计		
购建固定资产、无形资产和其他长期资产支付的现金		
投资支付的现金		
取得子公司及其他营业单位支付的现金净额		
支付其他与投资活动有关的现金		
投资活动现金流出小计		
投资活动产生的现金流量净额		
三、筹资活动产生的现金流量		
吸收投资收到的现金		
取得借款收到的现金		
收到其他与筹资活动有关的现金		
筹资活动现金流入小计		
偿还债务支付的现金		
分配股利、利润或偿付利息支付的现金		
支付其他与筹资活动有关的现金		
筹资活动现金流出小计		
筹资活动产生的现金流量净额		
四、汇率变动对现金及现金等价物的影响		
五、现金及现金等价物净增加额		
加：期初现金及现金等价物余额		
六、期末现金及现金等价物余额		

（1）经营活动产生的现金流量

①“销售商品、提供劳务收到的现金”项目，反映企业本期销售商品、

提供劳务收到的现金，以及前期销售商品、提供劳务本期收到的现金（包括销售收入和应向购买者收取的增值税销项税额）和本期预收的款项，减去本期销售本期退回的商品和前期销售本期退回的商品支付的现金。企业销售材料和代购代销业务收到的现金，也在本项目反映。

②“收到的税费返还”项目，反映企业收到返还的增值税、营业税、所得税消费税、关税和教育费附加返还款等各种税费。

③“收到其他与经营活动有关的现金”项目，反映企业收到的罚款收入、绍营租赁收到的租金等其他与经营活动有关的现金流入，金额较大的应当单独列示。

④“购买商品、接受劳务支付的现金”项目，反映企业本期购买商品、接受劳务实际支付的现金（包括增值税进项税额），以及本期支付前期购买商品、接受劳务的未付款项和本期预付款项，减去本期发生的购货退回收到的现金。

⑤“支付给职工以及为职工支付的现金”项目，反映企业本期实际支付给职工的工资、奖金、各种津贴和补贴等职工薪酬，但是应由在建工程、无形资产负担的职工薪酬，以及支付的离退休人员的职工薪酬除外。

⑥“支付的各项税费”项目，反映企业本期发生并支付的、本期支付以前各期发生的以及预交的教育费附加、矿产资源补偿费、印花税、房产税、土地增佳税、车船税、预交的营业税等税费，计入固定资产价值。实际支付的耕地占用税、本期退回的增值税、所得税等除外。

⑦“支付的其他与经营活动有关的现金”项目，反映企业支付的罚款支出，支付的差旅费、业务招待费、保险费、经营租赁支付的现金等其他与经营活动有关的现金流出，金额较大的应当单独列示。

（2）投资活动产生的现金流量

①“收回投资收到的现金”项目，反映企业出售、转让或到期收回除现金等价物以外的交易性金融资产、长期股权投资而收到的现金，以及收回长期债权投资本金而收到的现金，但长期债权投资收回的利息除外。

②“取得投资收益收到的现金”项目，反映企业因股权性投资而分得的现金股利，从子公司、联营企业或合营企业分回利润而收到的现金，以及因债权性投资而取得的现金利息收入，但股票股利除外。

③“处置固定资产、无形资产和其他长期资产收回的现金净额”项目，反映企业出售、报废固定资产、无形资产和其他长期资产所取得的现金（包

括因资产毁损而收到的保险赔偿收入)，减去为处置这些资产而支付的有关费用后的净额，但现金净额为负数的除外。

④“处置子公司及其他营业单位收到的现金净额”项目，反映企业处置子公司及其他营业单位所取得的现金减去相关处置费用后的净额。

⑤“购建固定资产、无形资产和其他长期资产支付的现金”项目，反映企业购买、建造固定资产、取得无形资产和其他长期资产所支付的现金及增值税款、支付的应由在建工程和无形资产负担的职工薪酬现金支出，但为购建固定资产而发生的借款利息资本化部分、融资租入固定资产所支付的租赁费除外。

⑥“投资支付的现金”项目，反映企业取得的除现金等价物以外的权益性投资和债权性投资所支付的现金以及支付的佣金、手续费等附加费用。

⑦“取得子公司及其他营业单位支付的现金净额”项目，反映企业购买子公司及其他营业单位购买出价中以现金支付的部分，减去子公司或其他营业单位持有的现金和现金等价物后的净额。

⑧“收到其他与投资活动有关的现金”“支付其他与投资活动有关的现金”项目，反映企业除上述①~⑦项目外收到或支付的其他与投资活动有关的现金流入或流出，金额较大的应当单独列示。

(3) 筹资活动产生的现金流量

①“吸收投资收到的现金”项目，反映企业以发行股票、债券等方式筹集资金实际收到的款项，减去直接支付给金融企业的佣金、手续费、宣传费、咨询费、印刷费等发行费用后的净额。

②“取得借款收到的现金”项目，反映企业举借各种短期、长期借款而收到的现金。

③“偿还债务支付的现金”项目，反映企业以现金偿还债务的本金。

④“分配股利、利润或偿付利息支付的现金”项目，反映企业实际支付的现金股利、支付给其他投资单位的利润或用现金支付的借款利息、债券利息。

⑤“收到其他与筹资活动有关的现金”“支付其他与筹资活动有关的现金”项目，反映企业除上述①~④项目外，收到或支付的其他与筹资活动有关的现金流入或流出，包括以发行股票、债券等方式筹集资金而由企业直接支付的审计和咨询等费用、为购建固定资产而发生的借款利息资本化部分、融资租入固定资产所支付的租赁费、以分期付款方式购建固定资产以后各期

支付的现金等。

（4）“汇率变动对现金及现金等价物的影响”项目，反映下列项目的差额

①企业外币现金流量及境外子公司的现金流量折算为记账本位币时，所采用的现金流量发生日的即期汇率或按照系统合理的方法确定的、与现金流量发生日即期汇率近似的汇率折算的金额。

②“现金及现金等价物净增加额”中外币现金净增加额按期末汇率折算的金额。

编制现金流量表

根据表 1－9 和表 1－12 中 A 公司财务报表资料，编制现金流量表，见表 1－14。

表 1－14　现金流量表

编制单位：A 公司　　　　＿＿＿＿年＿＿＿月　　　　单位：元

项　　目	本期金额	上期金额（略）
一、经营活动产生的现金流量		
销售商品、提供劳务收到的现金	1342500	
收到的税费返还		
收到其他与经营活动有关的现金		
经营活动现金流入小计	1342500	
购买商品、接受劳务支付的现金	392266	
支付给职工以及为职工支付的现金	300000	
支付的各项税费	199089	
支付其他与经营活动有关的现金	70000	
经营活动现金流出小计	961355	
经营活动产生的现金流量净额	381145	
二、投资活动产生的现金流量		
收回投资收到的现金	16500	
取得投资收益收到的现金	30000	
处置固定资产、无形资产和其他长期资产收回的现金净额	300300	

续表

项　　目	本期金额	上期金额（略）
处置子公司及其他营业单位收到的现金净额		
收到其他与投资活动有关的现金		
投资活动现金流入小计	346800	
购建固定资产、无形资产和其他长期资产支付的现金	451000	
投资支付的现金		
取得子公司及其他营业单位支付的现金净额		
支付其他与投资活动有关的现金		
投资活动现金流出小计	451000	
投资活动产生的现金流量净额	-104200	
三、筹资活动产生的现金流量		
吸收投资收到的现金		
取得借款收到的现金	400000	
收到其他与筹资活动有关的现会		
筹资活动现金流入小计	400000	
偿还债务支付的现金	1250000	
分配股利、利润或偿付利息支付的现金	12500	
支付其他与筹资活动有关的现金		
筹资活动现金流出小计	1262500	
筹资活动产生的现金流量净额	-862500	
四、汇率变动对现金及现金等价物的影响		
五、现金及现金等价物净增加额	-585555	
加：期初现金及现金等价物余额		
六、期末现金及现金等价物余额	-585555	

第十三节　财务报表的局限性

财务报表是提供企业生产经营管理信息的主要渠道，在企业诸多报表中具有极为重要的地位，它对于企业加强经营管理、促进技术进步、开拓市场、提高经济效益均有不可忽视的作用。但是财务报表与其他报表一样，其自身不能够全面、详尽地反映企业经济业务活动的所有方面，不可能满足经济信息使用者的各种复杂需要。

因此，经营者必须注意到财务报表存在的不足，在利用财务报表进行分析预测时尽量减少或避免其带来的不利影响。一般而言，财务报表的局限性主要表现为：

（1）财务报表是以货币为单位综合反映企业生产经营管理活动的，“货币计量”是会计核算的前提之一，并且以货币单位计量有许多优点，它能够比较准确和有效地将企业经营活动统一地表现为资金运动，能够比较全面地反映企业的财务状况和经营成果，且具有可比性、可累计性和可综合性，这是其他计量单位（如实物单位、劳动单位等）所不能比拟的。但是对于企业无法以货币单位反映的经济活动方面，如企业管理人员素质、能力，企业职工的业务水平，企业在市场中的地位及其在消费者中的影响力，企业机器设备的性能、生产能力，企业拥有的资源，占有的市场份额等等，这些对于企业生产经营活动、财务状况以及经营成果的形成和变动具有重要意义，而财务报表由于自身的性质和特点，决定了其无法给予必要的披露和反映。

（2）财务报表是会计核算的最终产品，并不能显示企业经济活动的全部，更不能完全依靠其进行预测和决策。会计核算的基本程序是：根据经济业务活动的内容填制会计凭证，根据凭证登记账簿，根据账簿编制报表。也就是说财务报表是根据已经发生的业务活动即既存的客观事实编制的，它不能对未发生的经济活动进行记录和反映，即财务报表是对经济活动的事后反映，不能进行事前和事中的预测和控制。

但会计信息的使用者，不仅要了解过去发生的和现在的经济活动及其结果，有时也需要对企业经济活动的未来状况做出把握，对未来的生产经营、投资管理等做出判断和决策，而财务报表提供的历史资料只能作为一种前车之鉴的参考。因此在运用财务报表时应当注意，既要对报表主体内容进行检

查，保证报表的正确无误，同时也要注意运用报表的附注内容或其他报表的项目，延伸反映企业经济活动可能的发展趋势和可能出现的诸多结果。

（3）财务报表提供的经济信息是经过加工和浓缩的资料，是经过一定的摘要和简化程序后的结果，这种加工和浓缩是报表编制的基本规律的要求，反映了报表使用者对经济信息的一般要求，体现了财务报表与会计账簿之间的分工。但是正是这种分工使财务报表不能够提供有关企业生产经营的详细核算资料，不能满足报表使用者对经济信息的具体要求和对企业生产经营管理资料的深入掘取的需要；而财务报表所提供的总括性的信息资料，如果没有具体资料给予解释和说明，有时会给经济信息的使用者带来不必要的麻烦，甚至造成误解。因此经营者在对报表进行检查时，不仅要对报表本身的形式和内容进行检查核对，还需对支撑报表的有关数据资料进行检查核对，一方面保证报表的质量，满足报表检查的需要；另一方面还应当适时收集和整理更为详细的经济核算资料，为不同层次、不同角度的信息使用者提供服务。

（4）财务报表所列示的数据遵循了历史成本原则，这样做有其合理、方便的优点，但也带来了其不可避免的局限。遵循历史成本原则，即对一切经济业务都以业务交易价格作为核算依据，一般不对此做出调整，这种记账原则符合会计的规定，也是国际上通行的做法。而且易于取得，可借以进行检查核对。

但是，它是一种以不变应万变的方法，在市场经济的条件下，市场的价格处于持续变动之中，有时变动是十分剧烈的，而历史成本法对此不予反映和处理，仍以不反映现行价格的旧价值进行核算，使由此计算出来的成本、利润与现有的市场供求和企业经营成果发生全部背离或部分背离。如物价大幅上扬后，资产的价值将被低估，其原始成本可能出现大幅度低于其重置成本，而其转入成本费用部分将较实际价值小；而物价大幅下降时，资产价值将与上述情况呈反向运动，这时的财务报表显然不能真实反映客观事实。

（5）财务报表所提供的经济信息具有相对合理性和准确性，不能希望财务报表所有数据都是非常精确的，因为在会计核算过程中，有许多会计处理采用了估计或判断、简化或快捷的方法，如对折旧的提取、有关费用的摊销等，一般同一事项都有两种以上的公允处理方法，这类处理方法及其估计判断的结果是否正确，并无绝对正确的“标准答案”，常常因时、因地、因人而异，因此其中存在一定偏差是不可避免的，由此编制的财务报表只能提供近似的、具有相对准确性的财务资料，而无法提供绝对准确的资料数据。经营者既要认识到这种近似是财务报表本身的局限，也要注意这种近似的合理范围，反对以此作理由并将其夸大或进行违法乱纪活动，以适时提醒报表使用者对财务报表数据保留一定的、合理的怀疑，在使用报表的数据资料时做出相对的、灵活的解释，以避免对此产生曲解而造成决策失误和损失。

（6）财务报表不能准确反映报表的情况。企业的财务报表从编制到正式公布之间一般有一段时间间隔，而报表的公布与报表使用者使用报表之间又存在一段时间间隔，而在这两段时间间隔中，企业的生产经营活动可能又有新的进展，其财务状况和经营成果可能发生某些变化，某些或有事项可能已转化为可知的现实。这些变化有时会影响财务报表使用者的决策，因此经济信息使用者要注意上述两个时间段中企业可能发生的事项，这些事项被称为期后事项。期后事项发生于会计期间之外，显然不可能在财务报表中完全反映，只有那些可预计的期后事项在财务报表附注中才给予披露。期后事项可分为两类：一类是对前期财务报表有直接影响并需要调整的事项；另一类是对前期财务报表没有直接影响，但对后期财务报表有直接影响，需在财务报表附注中给予揭示的事项。

第二章　财务工作职责实务

第一节　财务部门的工作目标

财务部门的工作目标

1. 使股东财富最大化；

2. 保证企业正常运转和扩大再生产的资金需要；

3. 投放和使用企业资金以获取投资收益；

4. 合理使用资金，加速资金周转，不断提高资金利用效果；

5. 合理制定利润的分配比例及分配形式，提高企业的潜在收益能力，由此提高企业的总价值。

财务部门的职能

1. 认真贯彻执行国家有关的财务管理制度；

2. 建立健全财务管理的各种规章制度，编制财务计划，加强经营核算管理，反映、分析财务计划的执行情况，检查、监督财务纪律执行情况；

3. 积极为经营管理服务，促进企业取得较好的经济效益；

4. 厉行节约，合理使用资金；

5. 合理分配企业收入，及时完税；

6. 配合有关机构及财政、税务、银行部门的财务检查工作，主动提供有关资料，如实反映情况；

7. 完成企业领导交办的其他工作。

财务部门的工作职责

1. 财务部组织结构建设

（1）财务组织的建立

（2）制定财务部门和人员的岗位职责

（3）财务管理制度设计

（4）会计管理制度设计

2. 财务战略规划与计划管理

（1）制定财务战略规划

（2）编制财务计划

3. 资金管理

（1）编制筹资管理制度和筹资管理

（2）编制投资管理制度，进行投资管理，进行投资风险管理

4. 资产管理

（1）建立资产管理制度

（2）进行有形资产与无形资产的管理

5. 财务分析与评估管理

（1）财务分析管理

（2）财务评估管理

6. 财务控制与稽查管理

（1）编制财务控制与财务稽查管理制度

（2）进行财务控制管理

（3）进行财务稽查管理

7. 成本与利润管理

（1）成本管理

（2）收益管理

8. 账款与外汇管理

（1）建立账款管理制度，进行账款管理

（2）建立外汇管理制度，进行外汇管理

9. 并购与清算管理

（1）建立并购与清算管理制度

（2）进行并购管理

（3）进行清算管理

第二节　财务部各部门的工作职责

财务经理

1. 根据企业中长期经营规划，组织编制企业年度综合财务计划和控制标准；

2. 建立、健全财务管理体系，对财务部门的日常管理、年度预算、资金运作等进行总体控制；

3. 主持财务报表及财务预、决算的编制工作，为企业决策提供及时有效的财务分析，保证财务信息对外披露的正常进行，有效地监督检查财务制度和预算的执行情况，并做出适当及时的调整；

4. 对企业税收进行整体筹划与管理，按时完成税务申报及年度审计工作；

5. 精确地监控和预测现金流量，确定和监控企业负债和资本的合理结构，统筹管理和运作企业资金，并对其进行有效的风险控制；

6. 对企业重大的投资、融资、并购等经营活动提供建议和决策支持，参与风险评估、指导、跟踪和控制；

7. 参与确定企业的股利政策，与投资者进行顺畅沟通，保证股东利益的最大化；

8. 与财政、税务、银行、证券等相关政府部门及会计师事务所等相关机构建立并保持良好的关系；

9. 向上级主管汇报企业经营状况、经营成果、财务收支及计划的具体情况，并提出有益的建议，为企业高级管理人员提供参考。

预算主管

1. 建立、改进、完善预算管理体系，建立相应的执行、控制机制，起草修改配套的规章制度；

2. 对企业整体发展战略实施方案的可行性进行分析，与相关业务部门进行沟通，确保发展战略得以有效实施；

3. 对企业整体发展战略提供财务方面的可行性分析；

4. 按照企业中长期发展战略，制定中长期财务规划；

5. 根据企业短期发展目标，制定并编制企业年度全面预算，建立和维护企业的预算管理系统；

6. 将各部门编制的预算草案进行加工，汇编成企业的销售预算、采购预算和费用预算；

7. 负责编制企业的财务预算及财务部门的费用预算；

8. 通过预算系统监督和控制预算执行情况，形成预算执行报告；

9. 定期汇总、综合分析各部门编制的简要预算执行差异分析报告；

10. 根据实际经营情况，定期更新已编制的预算，使企业的预算更趋准确。

预算专员

1. 协助预算主管建立、改进、完善预算管理体系，建立相应的执行、控制机制，起草修改配套的规章制度；

2. 根据预算体系及管理的需要设计修改内部管理报表，并对预算表格进行整理分析，理清数据关系，改进、完善管理制度及表格；

3. 协助预算主管全面编制企业经营预算，并负责预算的跟踪管理；

4. 根据预算监控日常支出，并定期进行反馈；

5. 按时、按质、按需提供内部管理报表，对企业经营状况和预算执行情况进行分析；

6. 按时进行年度预算的编制工作；

7. 及时反映预算基础的变化，根据制度进行预算调整。

成本控制主管

1. 在各种预算基础上提出成本控制计划；

2. 进行项目清算；

3. 根据月度、季度、年度财务状况主持各项财务分析，并对分析结果做出解释；

4. 向上级提出有关改进财务系统和财务运转情况的建议；

5. 向上级提交财务报告。

会计主管

1. 协助财务经理制定业务计划、财务预算、监督计划；

2. 核签、编制会计凭证，整理、保管财务会计档案；

3. 登记、保管各种明细账、总分类账；

4. 定期对账，如发现差异，查明差异原因，处理结账时有关的账务的调整事宜；

5. 设计、修订会计制度和会计表单，分析财务结构，编制会计报告、报表；

6. 具体执行资金预算及控制预算内的经费支出，管理往来账、应收款、应付款、固定资产、无形资产，每月计提核算税金、费用、折旧等费用项目。

资金主管

1. 编制企业年度资金预算，控制企业年度资金预算的执行；

2. 编制资金筹集计划，监督筹措资金的使用情况；

3. 编制企业月度流动资金计划，分析月度资金使用情况；

4. 研究并落实企业融资工作；

5. 分析企业资金的使用效益并按期写出分析报告；

6. 分析资金项目的投入情况。

投资主管

1. 分析经济形势，对企业的投资项目进行市场调研、数据收集和可行性分析；

2. 设计投资项目，并对其进行财务预测、风险分析；

3. 为投资项目准备推介性文件，编制投资调研报告、可行性研究报告及相关框架协议内容，并拟订项目实施计划和行动方案，供企业领导和潜在客户参考；

4. 参与投资项目谈判，与合作伙伴、主管部门和潜在客户保持良好的业务关系；

5. 参与投资项目的直接或间接管理，监控和分析投资项目的经营管理，并及时提出业务拓展和管理改进的建议；

6. 完成上级安排的其他工作。

投资分析专员

1. 在上级的领导下，具体承揽投资项目，并设计方案、组织实施，定期

汇报工作进度，确保投资项目的顺利进行；

2. 作为项目小组成员，按照业务分工实施项目工作；

3. 对投资项目进行财务调查、财务测算、成本分析和敏感性分析；

4. 及时向上级汇报对投资项目的进行产生重大影响的事件或变动信息；

5. 在上级的领导下，收缴投资项目收益；

6. 参加部门的有关管理会议，参与重大业务及管理决策；

7. 收集、整理投资项目档案。

融资主管

1. 研究行业内企业信息，对企业所处的资本市场和政策变动情况进行全面评估和分析；

2. 分析企业财务状况，分析并评价企业的资本负债结构；

3. 评价企业的资金流动状况、投资状况和外汇状况等；

4. 培训、指导财务工作人员；

5. 协助企业其他人员对复杂的资本市场进行分析预测；

6. 对行业内企业的行为及其发展趋势进行分析。

财务分析师

1. 分析企业财务状况，研究行业内企业信息，对筹融资策略进行财务分析和财经政策跟踪；

2. 预测企业财务收益和风险，建立企业财务管理政策和制度；

3. 分析评估各项业务和各部门业绩，提供财务建议和决策支持；

4. 预测并监督企业现金流和各项资金使用情况；

5. 参与投资和融资项目的财务测算、成本分析和敏感性分析，配合制定投资和融资方案；

6. 撰写财务分析报告、投资财务调研报告和可行性研究报告；

7. 协调企业和部门的其他工作。

核算专员

1. 制定与会计核算有关的各项规章制度，随时检查各项财务制度的执行情况，及时制止、纠正出现的问题；

2. 进行成本核算的预测、计划、控制、分析及考核，督促企业各部门降

低消耗、节约费用，提高经济效益；

3. 利用财务会计资料进行经济活动分析；

4. 指导会计人员的核算业务工作，改善工作质量和服务态度，做好绩效考核工作；

5. 分析税收、外汇管理政策，负责与税务、外汇管理局等机构的联系与协调工作。

出纳员

1. 负责现金支票的收入、保管和签发支付工作；

2. 严格按照企业的财务制度报销结算企业各项费用，并编制相关凭证；

3. 及时准确编制记账凭证，并逐笔登记总账及明细账，定期上缴各种完整的原始凭证；

4. 定期与银行对账；

5. 按照企业领导的要求，编制各种资金流动报表；

6. 配合会计人员做好每月的报税和工资的发放工作；

7. 管理银行账户、转账支票与发票；

8. 完成由上级主管指派及自行开展的其他工作。

制单员

1. 负责接收其他业务部门提交的各种原始凭证及相应的附件，包括收货票据、发货票据、银行的收账通知、付款通知书等，并按要求登记备查簿；

2. 对提交的原始凭证的真实性、合法性、完整性和正确性进行审核；

3. 根据提交的有效原始凭证及其附件编制记账凭证，或者以经过处理的有效原始凭证代替记账凭证；

4. 在记账凭证上加盖名章和转讫章，负责保管和使用转讫章；

5. 登记凭证交接登记簿；

6. 对受理的错账冲正等重要会计事项及时报送审批，经审批后方可制单。

簿记员

1. 在上级指导下记录组织交易，并做好各种会计凭证的保存工作；

2. 核实、整理、调整各种应收、应付、工资、费用分类明细账目；

3. 准备发票及凭单；

4. 做好财务报告。

收银员

1. 及时准确向客户收取现金；

2. 及时登记收银金额；

3. 每天盘点收款，做到日清日结。

审计员

1. 在上级领导下，拟订审计计划方案；

2. 按照审计程序和审计方法，获得充分的审计证据以支持审计发现和审计建议，为企业运营提供增值服务；

3. 编写审计工作底稿，进而编制审计报告，确保审计证据支持审计目的；

4. 实施专项审计任务；

5. 建立、管理审计档案。

第三章　财务部门的组织管理方案

第一节　财务部组织建设管理

财务与会计机构分设原则

1. 区别对待

各企业性质及内部管理模式等方面的差别，决定了每个企业的财务管理机构也不尽相同。财务与会计机构分设的目的在于提高人们对财务管理作用的认识。

2. 区分职能

财务与会计机构分设后，财务的主要职能是筹集资金、编制预算、参与投资决策、制定信用政策、分析与评价财务状况、分配利润及定期汇报工作；会计的主要职能是进行日常经济业务核算、控制预算和执行情况、利用账面核算资料保护资产、提供管理所需要的各种会计信息。

3. 适度分离

财务的基本功能是对财务活动进行决策，会计的基本功能是确认、计量和报告会计信息。

4. 保持地位

财务机构是进行分析决策的部门，而会计部门只能单纯地反映和控制。

5. 制度到位

企业日常财务管理水平和财务工作是通过落实各项财务制度实现的，严密的财务与会计制度不可忽视。

6. 注重实效

在具体设置财务管理机构时，应注重实效，尤其要注意培养、选拔能够胜任这一工作的人员；同时谨防机构臃肿、效率低下。

财务管理的模式

1. 强有力的集权

现金管理和预算管理应采用强有力的集权模式。

（1）现金管理

资金是企业的血液，资金流转的起点和终点都是现金，其他资产都是资金在流转中的转化形式，因此，必须加强现金预测和筹资管理。

（2）预算管理

企业一般会根据发展规划提出总目标，据以编制企业的长期规划和年度计划，并将各项指标分解。在预算执行过程中，应根据实际情况随时调整偏差，保证预算的完成。

2. 集权与分权的适当结合

投资管理和利润分配管理应采用集权与分权适当结合的模式。

（1）投资管理

投资规模和投资方向在很大程度上会影响企业的发展方向。

（2）利润分配

对企业而言，所增利润要按一定的比例留在企业，以便满足企业的长远发展需要；同时要建立健全对工资、奖金分配的检查和控制制度。

3. 广泛彻底的分权

母子企业财务的集中管理并不排斥子企业的独立核算，而母子企业各自平等独立的法人地位，为财务管理的分权化提供了依据，子企业在母企业审定的决策范围内，自主经营、自负盈亏，对自己的生产、销售、投资、分配等享有法定的经营权。子企业对所生产的产品进行从研究、开发、生产、销售到售后服务的一条龙经营。

在订立合同、业务购销、资产负债和留存收益的核算上，均体现了子企业应有的独立核算地位；同时，制单、审查、记账和报表系统均由子企业按财务会计制度和有关规定办理。

财务管理机构的设置形式

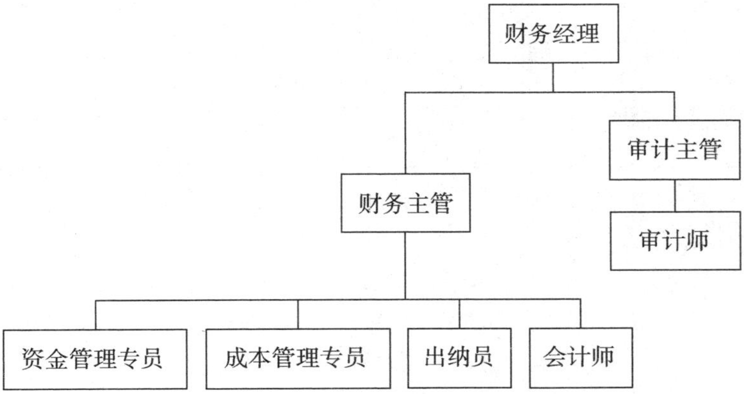

第二节　财务管理制度设计

财务管理制度设计的原则

1. 合规性原则

指财务制度本身的实施过程和实施结果，不仅要符合国家有关的法律、法规，而且要满足企业财务管理的需要。

2. 目标一致性原则

财务制度设计中，应将公司最高目标、所属各部门的次高目标和基层单位的具体目标结合起来；同时将企业团队目标和个人目标结合起来，并使之协调统一。

3. 针对性原则

指财务制度的具体内容，除了应充分体现一般会计规律性的要求外，还必须适应本企业的实际情况和业务特点。

4. 统一性原则

指会计制度设计要与《企业会计准则》和《统一会计制度》相统一，以保证会计信息既能满足国家宏观调控和宏观管理的需要，又能反映企业经营的实际情况。

5. 稳定性原则

指财务制度设计必须以科学理论为指导，并经过深入的调查研究、科学的分析论证，其内容符合实际以利于执行；同时财务制度要有稳定性和连续性，在一般情况下不宜随意变动。

财务管理制度设计的内容

财务管理制度设计的内容	描述企业
财务管理的目标和基础工作规定	企业财务管理的目标是分层次的。其总目标是良好的经济效益和社会效益，即企业价值的最大化；所属子企业是利润最大化；基层工厂是成本最低。 财务管理基础工作主要内容有以下四项： 1. 关于原始记录的规定包括产量，质量，工时，设备利用情况，材料消耗，存货的收发、领退、转移，以及各项财产物资毁损等的完整原始记录。 2. 计量、验收制度企业各项财产物资的进出与消耗，要经过严格的计量、验收。 3. 定额管理规定包括原材料、能源等物资消耗定额和工时定额等规定。 4. 有关财产清查的规定
企业财务管理权限的规定	主要内容是企业财务的分级管理。内部财务管理制度的制定权、修订权、解释权和财务检查监督权在企业总部；所属子企业、分企业财务主管人员的任命权在企业总部；有关财务事项的审批权限在企业总部等。
企业筹资管理办法	主要包括资本管理、短期负债管理、长期负债管理等管理办法。
企业资产管理办法	包括流动资产管理、固定资产管理、无形资产及递延资产管理、其他资产管理等管理办法。
企业对外投资管理办法	主要包括长期投资管理、短期投资管理等管理办法。
企业成本管理办法	主要包括生产成本管理、各项期间费用等管理办法。
企业销售收入、税金和利润管理办法	主要包括销售收入管理、其他业务收支管理、营业外收支管理、税金管理、税后利润分配管理等管理办法。

续表

财务管理制度设计的内容	描　述　企　业
企业外汇业务管理办法	主要包括外汇结算管理、外汇风险管理等管理办法。
企业产品价格管理办法	主要包括指令性产品价格管理、主要产品工艺协作价格管理、国际转移价格的管理、新产品价格管理等管理办法。
企业资产管理办法	主要包括管理体制、管理目标、基础管理、资产经营、资产收益、资产处理等管理办法。
企业集团控制及合并集团会计报告的规定	主要包括合并集团会计报告定义、投资者与被投资者的关系，母企业和子企业的定义、合并集团会计报告的目的、母企业对子企业控制的途径的规定（包括子企业必须提供的信息，即每月资产负债表、每月损益表、每月现金流量表、应收账款账龄分类、存货按期分类、该子企业的每月财务分析等）、子企业的预算和现金控制。

财务管理规定

第一章　总　则

第一条　为加强企业财务工作管理，发挥财务在企业经营管理和提高经济效益中的作用，特制定本规定。

第二条　本规定适用于企业、部门和员工在办理财会事务中所遇到的所有情况。

第二章　财务工作管理

第三条　会计年度自1月1日起至12月31日止。

第四条　会计凭证、会计账簿、会计报表和其他会计资料必须真实、准确、完整，并符合会计制度的规定。

第五条　财务工作人员在办理会计事项时必须填制或取得原始凭证，并根据审核的原始凭证编制记账凭证。会计、出纳员记账，都必须在记账凭证上签字。

第六条　财务工作人员应当会同总经理办公室专人定期进行财务清查，保证账簿记录与实物、款项相符。

第七条　财务工作人员应根据账簿记录编制会计报表上报总经理，并报送有关部门。会计报表每月由会计编制并上报一次。会计报表须经会计签名或盖章。

第八条 财务工作人员对本企业实行会计监督。

第九条 财务工作人员对不真实、不合法的原始凭证，不予受理；对记载不准确、不完整的原始凭证，予以退回，要求更正、补充。

第十条 财务工作人员发现账簿记录与实物、款项不符时，应及时书面报告财务经理，并请求查明原因，做出处理。

第十一条 财务工作应当建立内部稽核制度，并做好内部审计。

第十二条 出纳人员不得兼管稽核、会计档案保管，以及收入、费用、债权和债务账目的登记工作。

第十三条 财务审计每季进行一次。审计人员根据审计事项进行审计，并做出审计报告，报送总经理。

第十四条 财务工作人员工作调动或者离职，必须与接管人员办清交接手续。

第十五条 财务工作人员办理交接手续，由总经理办公室主任监交。

第三章 支票管理

第十六条 支票由出纳员或总经理指定专人保管。领用支票时须有总经理批准签字的“支票领用单”。出纳员或指定专人应将支票按批准金额封头，加盖印章，填写日期、用途，并登记号码。支票领用人要在支票领用簿上签字备查。

第十七条 支票领用人在付款后凭支票存根、发票及本人签字、会计核对（购置物品由保管员签字）、总经理审批、金额填写无误的单据交与出纳人员销账。出纳员统一编制凭证号，按规定登记银行账号，原支票领用人在“支票领用单”及登记簿上注销。

第十八条 企业财务人员支付（包括公私借用）每一笔款项，无论金额大小均须总经理签字。总经理外出时应由财务人员设法通知，同意后可先付款、后补签。

第四章 现金管理

第十九条 企业可以在下列范围内使用现金。

1. 职员工资、津贴、奖金；

2. 个人劳务报酬；

3. 出差人员必须携带的差旅费；

4. 结算起点以下的零星支出；

5. 总经理批准的其他开支。

第二十条 除第十九条外，财务人员支付个人款项，超过使用现金限额的部分，应当以支票支付；确需全额支付现金的，经会计审核、总经理批准后支付现金。

第二十一条 企业采购固定资产、办公用品、劳保用品、福利用品及其他工作用品时必须采取转账结算方式，不得使用现金。

第二十二条 日常零星开支所需库存现金限额为2000元，超额部分应存入银行。

第二十三条 财务人员支付现金，可以从库存现金限额中支付或从银行存款中提取，不得从现金收入中直接支付（即坐支）。因特殊情况确需坐支的，应事先报经总经理批准。

第二十四条 财务人员从银行提取现金，应当填写“现金领用单”，并写明用途和金额，由总经理批准后提取。

第二十五条 企业职员因工作需要借用现金的，须填写“借款单”，经会计审核，交总经理批准签字后方可借用，超过还款期限即转应收款，在当月工资中扣还。

第二十六条 符合本规定第十九条的，凭发票、差旅费单及企业认可的有效报销或领款凭证、经手人签字、会计审核、总经理批准后由出纳支付现金。

第二十七条 发票及报销单经总经理批准、会计审核、经手人签字，核对金额数量无误后，由财务人员填制“记账凭证”。

第二十八条 工资由财务人员依据总经理办公室及各部门每月提供的核发工资资料代理编制“员工工资表”，交总经理签字。财务人员应按时提款，按时发放工资，并填制记账凭证，进行账务处理。

第二十九条 差旅费及各种补助单（包括领款单）由部门经理签字，会计审核时间、天数无误并报送总经理签字，填制“记账凭证”，然后交出纳员付款，办理会计核算手续。

第三十条 出纳人员应当建立、健全现金账目，逐笔记载现金支付。账目应当日清月结，每日结算，使账款相符。

第五章　会计档案管理

第三十一条　凡是本企业的会计凭证、会计账簿、会计报表、会计文件和其他有保存价值的资料，均应归档。

第三十二条　会计凭证应按月、按序号每月装订成册，标明起止时间（年度、季度、月份及日期）、序号数、单据张数，由会计及有关人员签名盖章（包括制单、审核、记账、主管），由总经理指定专人归档保存。归档前应加以装订。

第三十三条　会计报表应分月/季/年报，并按时归档，由总经理指定专人保管，并分类填制目录。

第三十四条　会计档案不得携带外出，凡查阅、复制、摘录会计档案，须经总经理批准。

第六章　处罚办法

第三十五条　出现下列情况之一的，对财务人员予以警告处分，并扣发当事人当月月薪。

1. 超出规定范围、限额使用现金的，或超出核定的库存现金金额留存现金的；

2. 用不符合财务会计制度规定的凭证顶替银行存款或库存现金的；

3. 未经批准，擅自挪用或借用他人资金（包括现金）或支付款项的；

4. 利用账户替其他单位和个人套取现金的；

5. 未经批准坐支，或未按批准的坐支范围和限额坐支现金的；

6. 保留账外款项，或将企业款项以财务人员个人储蓄方式存入银行的。

第三十六条　出现下列情况之一的，应解聘财务人员。

1. 违反财务制度，造成财务工作严重混乱的；

2. 拒绝提供或提供虚假的会计凭证、账表、文件资料的；

3. 伪造、变造、谎报、毁灭或隐匿会计凭证、会计账簿的；

4. 利用职务便利，非法占有、虚报、冒领或骗取企业财物的；

5. 弄虚作假、营私舞弊、泄露秘密及贪污挪用企业款项的；

6. 在工作范围内发生严重失误，或者由于玩忽职守致使企业利益遭受损失的；

7. 有其他渎职行为和严重错误，应当予以辞退的。

第七章　附　则

第三十七条　本制度自发布之日起生效。

财务管理制度设计工作流程

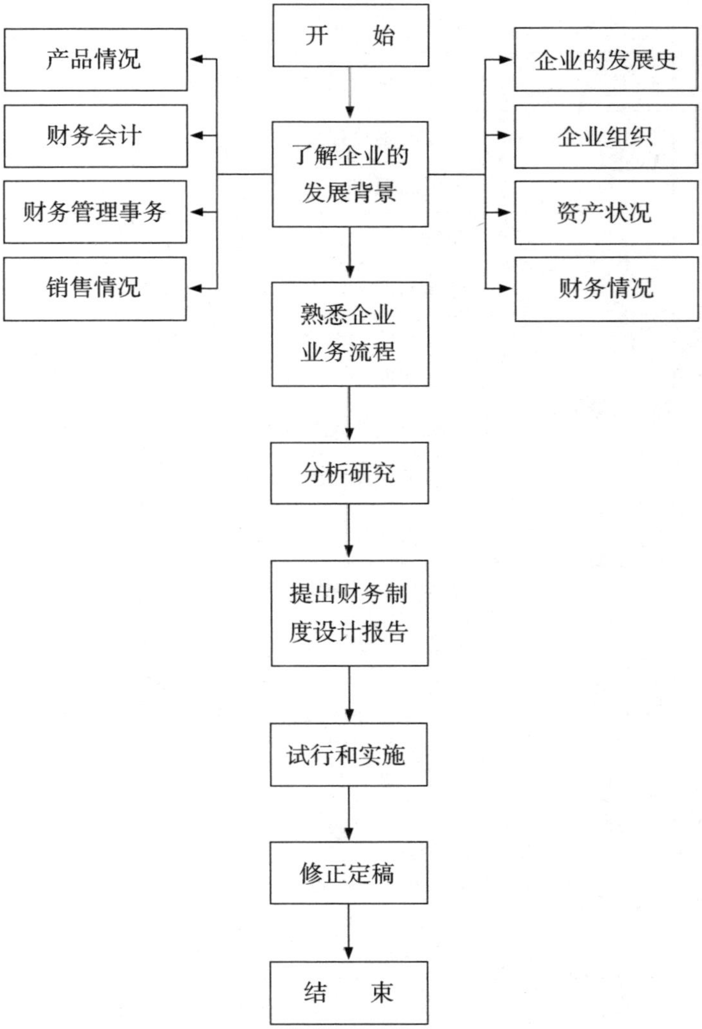

财务管理调查表

区分	调查项目	主要检讨事项	记事
会计组织	1. 规格	会计组织与经营规模是否配合	
	2. 结算体系	分类账及辅助账对总结算的关系	
	3. 账簿	辅助账簿与总控制账的关系	
	4. 传票	会计单位与其他单位的联络状况	
处理手续	1. 速度	结算的迅速程度	
		迟延的原因	
	2. 传票的流动	开发、检证、出纳等记账程序及手续如何	
		传票的流通及内部牵制是否确立	
	3. 账簿的样式	会计部门的账簿传票与其他部门的类似及重复情形	
		传票样式的改善与简化	
		传票类的样式的标准化	
财产管理	1. 余额	应付账款与应收账款的差额	
		票据的利用方法是否适当	
	2. 存货资产	评价存货的方法是否适当	
		账目上的存量与实际存量的差异如何处理	
		存货是否过多	
	3. 固定资产	账簿记录情形	
		账面价格与实际价格的差额	
		资本支出与费用支出的区分是否适当	
	4. 准备金	坏账、价格变动、退职金等准备是否提存	
	5. 其他	火灾保险等的处理是否适当	

续表

区分	调查项目	主要检讨事项	记事
会计资料的利用	1. 预算	资金表的编制	
		综合预算的编制	
		实际绩效及计划的考虑	
		预算与绩效的比较检讨	
	2. 成本计算	成本计算的方式是否适当	
		标准成本的计算	
		各部门收支的计算	
	3. 利润计划	固定费用与变动费用的区分是否适当	
		能量利用率的计算是否适当	
		适应经营条件的变化、损益平衡点的计算及经营目标的制定	
		能量利用率提高与成本降低的关系	
	4. 加工费用	现行加工成本是否过高	
		加工成本与人工成本的比较	
		加工成本变化的原因	
	5. 经营统计	经营统计的重要性的检讨	
		不同期间的比较	
		经营统计的有效应用	
税务	1. 凭证	外部凭证与内部凭证的整理	
	2. 公告	企业决算的公告与调整是否适当	
	3. 缴税	缴税计划书与资金计划书的配合	
		缴税准备金	

财务状况变动表

编制单位：　　　　　　　　　　　　　年度：　　　　　　　　　　　　　单位：元

流动资金来源和运用	行次	金额	流动资金各项目的变动	行次	金额
一、流动资金来源			流动资产本年增加数	41	
1. 本年利润 加：不减少流动资金的费用和损失	1		1. 货币资金	42	
			2. 短期投资	43	
			3. 应收票据	44	
①固定资产折旧	2		4. 应收账款净值	45	
②无形资产，递延资产摊销	3		5. 预付账款	46	
③固定资产盘亏（减盘盈）	4		6. 其他应收款	47	
④清理固定资产损失（减收益）	5		7. 存货净值	48	
⑤其他不减少流动资金的费用和损失	6		8. 待转其他业务支出	49	
小计	12		9. 待摊费用	50	
2. 其他来源			10. 待处理流动资产净损失	51	
①固定资产清理收入（减清理费用）	13		11. 一年内到期的长期债券投资	52	
②增加长期负债	14		12. 其他流动资产	53	
③收回长期投资	15		流动资产增加净值	54	
④对外投资转出固定资产	16		三、流动负债本年增加数	55	
⑤对外投资转出无形资产	17		1. 短期借款	56	
⑥资本净增加（减少资本以“－”表示）	18		2. 应付票据	57	
小计	22		3. 应付账款	58	
流动资金来源合计	23		4. 预收账款	59	
二、流动资金运用			5. 其他应付款	60	
1. 利润分配			6. 应付工资	61	
①提取法定公积金	24		7. 应付福利费	62	
②提取法定公益金	25		8. 应交税金	63	
③提取任意公积金	26		9. 应付利润	64	
④已分配股利	27		10. 其他未交款	65	

续表

流动资金来源和运用	行次	金额	流动资金各项目的变动	行次	金额
小计	30		11. 预提费用	66	
2. 其他运用			12. 其他流动负债	67	
①固定资产和在建工程净增加	31		13. 一年内到期的长期负债		
②增加无形资产、递延资产及其他资产	32		流动负债增加净值		
③偿还长期负债	33				
④增加长期投资	34				
小计	38				
流动资金运用合计	39				
流动资金增加净额	40		流动资金增加净额	70	

财务费用表

单位：元

	行次	本月数	本期累计数	上年同期数
一、利息支出净额	1			
1. 利息支出	2			
（1）国内长期借款利息支出	3			
其中：本分子企业并表单位借款利息	4			
股份企业其他并表单位借款利息	5			
企业及所属单位借款利息	6			
其他关联单位借款利息	7			
银行借款利息	8			
其他借款利息	9			
（2）外资长期借款利息支出	10			
（3）应付债券利息	11			
其中：应付本分子企业并表单位债券利息	12			
应付股份企业其他关联单位债券利息	13			
应付集团企业及所属单位债券利息	14			
应付其他关联单位债券利息	15			
应付其他债券利息	16			

续表

	行次	本月数	本期累计数	上年同期数
（4）短期借款利息支出	17			
其中：本分子企业并表单位借款利息	18			
股份企业其他所属单位借款利息	19			
集团企业及所属单位借款利息	20			
其他关联单位借款利息	21			
银行借款利息	22			
其他借款利息	23			
2. 利息收入	24			
（1）本分子企业并表单位利息收入	25			
（2）股份企业其他并表单位利息收入	26			
（3）集团财务企业利息收入	27			
（4）其他集团企业及所属单位利息收入	28			
（5）其他关联单位利息收入	29			
（6）其他外部单位利息收入	30			
二、汇兑净损失	31			
1. 汇兑损失	32			
2. 汇兑收益	33			
三、其他费用	34			
1. 银行手续费	35			
2. 担保费	36			
3. 承诺费	37			
4. 现金折扣	38			
5. 其他支出	39			
财务费用合计	40			
备注：资本化利息小计	41			
其中：本分子企业并表单位借款利息	42			
股份企业其他并表单位借款利息	43			
集团企业及所属单位借款利息	44			
其他关联单位借款利息	45			
银行借款利息	46			
其他借款利息	47			

月份财务分析表

资产项目	上月价值	本月价值	净增加	负债净值	上月金额	本月金额	净增加	
现金				应付账款				
银行存款				应付票据				
应收账款				暂收款				
应收票据				其他				
制品库存				小计				
在制品价值				借款				
原料库存				股本				
物料库存				本期盈余				
				累计盈余				
其他				合计				
小计				存货类别				
固定资产				上期结存				
资产项目				上月价值				
折旧				本期进库	原料	物料	在制品	制成品
存出保证金				折让				
暂存款				本期结存				
其他				本期出库				
小计				生产耗用				
合计				其他耗用				

第三节 会计出纳管理

会计管理制度

总 则

第一条 本公司财务所有会计作业处理除法令另有规定外，均依本制度办理。

第二条 本公司所有会计账务之处理以按权责基础制为原则。

资　产

第三条　本公司之现金包含库存现金及国内各银行存款，而银行存款系指国外银行存款。

第四条　本公司设置零用金由出纳人员保管，以支付小额或临时性之支出或借支之用。

第五条　应收款项系指应收客户之账款，包含账款及票据；账款以外销而言为L/C原币之金额，押汇时因汇率变动时，共汇兑差价应转入兑换收益或损失项下。

第六条　各固定资产以取得成本为入账之基础。

第七条　一次取得数种资产，而其成本全部或一部分为一总数，且无法明确划分各资产之个别成本时，应依据其性质、用途、效能或可得知之市价求得各资产之分摊基准分摊其取得成本。

第八条　各类资产依税法规定之折旧摊提年限，摊转入当期费用内。

负　债

第九条　各项负债之入账，系依其应清偿之数额为准，其为资产之取得为资产入账之成本，其为费用之发生，为费用应支付之数额，为借款时，为借款之金额。

第十条　负债中之应付账款为向工厂订货之成本，若因质量问题或有代垫各项费用之事情时，应于付款时扣除。

净　值

第十一条　股本以投资人所投入资产之价值表示。

第十二条　年度有盈余或亏损时应以本期损益表示，并于下年度转入累积盈亏项下。

第十三条　资本额之增减数，依公司章程及公司法之规定办理。

第十四条　结算有盈余时，先依法缴纳营利事业所得税后，再依公司章程发放红利及盈余分配；但有累积亏损时，应先为弥补，再为盈余分配。

收　入

第十五条　本公司之销货收入为出售货品之收入；为国内者，系指货品送至客户处经其签收为限；为国外者，系指已经结关者。

第十六条　本公司之佣金收入系指代理客户采购所获得之报酬以及担任媒介而取得之收入而言。

成本暨费用

第十七条　销货成本系指销货之货品之进货净成本而言，若为出口时则包括各项出口费用及佣金支出。

第十八条　为提供经营管理之用，出口货品应依批次别由会计人员依“批次成本计算表”计算各批次之销货成本。

第十九条　凡与公司经营有关所发生之一切支出，皆属公司之费用，均应列账记入。

第二十条　费用有递延性质者，应先以预付科目列账，再于归属期间转正。

第二十一条　资本支出与费用支出，应依其性质严格划分，但为顾及账条处理上之方便并配合税法上之规定，下列各项得列为当期费用支出：

（一）使用效能在 2 年以内者；

（二）取得金额在 5000 元以下者之小额资产。

决　算

第二十二条　会计人员应于每月 10 日前结算公司经营状况呈总经理核阅。其结算之报表有：

（一）批次明细表；

（二）比较损益表；

（三）资产负债表。

第二十三条　本公司之账簿报表系统详见后表（表略）。

押　汇

第二十四条　货品出口结关后送来之各项押汇文件，交由船务人员办理押汇事宜。

第二十五条 押汇后由押汇人员将“结汇证实书”交由会计人员入账。

第二十六条 有内销者由有关人员依客户请款日期请款。

第二十七条 上项之应收款项变动均应记入“收支日报表”内。

付款

第二十八条 货品出口结关后，船条料应该核审报关行送来之发票，无误后并将发货单一份转国内科人员核对出口数量，另一份交财务科核对厂商请款发票金额是否正确，无误时，则开立请款传票连同发票经送财务主管签核后呈权限主管核阅请款。厂商之发票若迟未寄达，财务科人员除督促外，应于约定之付款票期前办完内部之请款作业手续。

第二十九条 会计人员就请款传票之内容及凭证应加以审核无误后，盖上会计科目呈总经理批核付款。

第三十条 出纳人员依经权限主管核准之请款传票开立禁止背书转让之票据，连同该请款传票呈总经理盖票据章后办理付款。若有厂商要求免除禁止背书转让，或变更约定之付款条件（如缩短票期或支付现金等）时，应由财务科报呈总经理核准更改。

第三十一条 各部门因公需要暂借 10000 元以上金额者，必须于一日前经权限主管并通知财务科方得支付。

第三十二条 其他各项费用请款时，应注意事项详如“请款暨传票填写之要点”说明。

第三十三条 小额及临时性支出或借支，由出纳人员以零用金支付。

第三十四条 除零用金支付者外，其他各类付款应每日记入“收支日报表”内。

附则

第三十五条 本准则经呈总经理核准后实施，其修改亦同。

会计岗位责任制

财务总监岗位职责

第一条 在董事会和总经理领导下，总管公司会计、报表、预算工作。

第二条 负责制订公司利润计划、资本投资、财务规划、销售前景、开

支预算或成本标准。

第三条 制订和管理税收政策方案及程序。

第四条 建立健全公司内部核算的组织、数据管理体系以及财务管理的规章制度。

第五条 组织公司有关部门开展经济活动分析，组织编制公司财务计划、成本计划，努力降低成本、增收节支、提高效益。监督公司遵守国家财经法令、纪律以及董事会决议。

总会计师岗位责任制

第六条 按照《会计法》和有关财经法规、政策、制度的规定，负责领导本单位的会计人员办理会计事项，进行会计核算，实行会计监督，正确分配企业收益，协调好各方面的经济关系。

第七条 组织领导本单位的财务管理、成本管理、预算管理等方面的工作。

1. 编制和执行预算、财务收支计划、信贷计划，拟定资金筹措和使用方案，开辟财源，有效地使用资金；

2. 进行成本费用预测、计划、控制、核算、分析和考核，督促本单位有关部门降低消耗、节约费用、提高经济效益；

3. 建立、健全经济核算制度，利用财务会计资料进行经济活动分析。

第八条 协助本单位行政领导人对企业的生产经营以及基本建设投资等问题做出决策；参与新产品开发、技术改造、科技研究、商品（劳务）价格和工资奖金等方案的制订和重大经济合同、经济协议的洽谈、审查、签订工作。

审查并签署单位财务收支计划、成本费用计划、信贷计划、财务专题报告和会计决算报表。

审查涉及财务收支的重大业务计划、经济合同、经济协议和项目建议书、可行性研究报告等，并参加会签。

负责本单位会计机构的设置，并就会计人员的配备、会计职务的设置和聘任提出方案，组织会计人员培训，支持会计人员依法行使职权，完成承办单位主要行政领导人交办的其他工作。

会计主管岗位责任制

第九条 在单位主要行政领导人和总会计师领导下，全面负责本企业会计机构的财务会计工作。

第十条 负责组织和制订有财务管理和会计核算方面的管理制度和办法（如内部结算办法，财务管理若干规定，成本核算方法，原材料、产成品管理办法等）并实施。

第十一条 负责组织实施月、季、年度财力收支计划，层层落实与分解，并负责对执行进行检查、分析与建议。

第十二条 定期审核各种会计报表、年度决算报告及财务情况说明书，并对上述会计报表、决算报告和有关资料所提供财会信息的真实性、合法性、准确性承担责任。

第十三条 参加有关生产经营、对外投资洽谈合同的会议，提出财会建议，供领导决策参考。

第十四条 实行会计监督，严格维护财经纪律，对重要的财务收支业务应亲自做不定期的抽查和复审。

第十五条 负责组织会计人员日常的政治和业务学习，支持财会人员依法行使职权。

第十六条 负责检查各会计岗位履行职责的情况，及时提出指导意见。

第十七条 负责对会计人员的工作业绩进行考核和奖惩。

第十八条 负责搞好同生产、经营、业务、采购、供销等部门之间的协调工作。

出纳岗位责任制

第十九条 办理现金收付和银行结算业务。

1. 严格按照国家有关现金管理和银行结算制度及外汇管理的规定，根据财务部主办会计审核签章的收款凭证和付款凭证，办理款项的收付；

2. 收付款后，要在收付款凭证及原始凭证附件上加盖“收讫”“付讫”戳记，并在登记后于次日将收付款凭证返回财务部主办会计。

第二十条 登记现金及银行存款日记账。

1. 在会计人员制证无误的情况下负责现金收付业务，并及时登记现金日

记账，每天核对结出余额与实存现金；

2. 按币种和账号分开设置并登记“现金日记账”“银行存款日记账”，并结出余额；

3. 办理各种转账结算业务，根据会计制证受理各种票据（如银行汇票、商业汇票、银行本票、支票等），填写进账单办理银行入账手续。根据会计制证签发各种票据、办理信款手续，并负责登记银行存款日记账，做到日清月结，并负责核对银行对账单，定期填报银行存款余额调节表。

第二十一条 保管库存现金和各种有价证券。

1. 对于现金和各种有价证券，要确保其安全和完整无缺，如有短缺，要负赔偿责任；

2. 要保守保险柜密码的秘密，保管好钥匙，不得任意转交他人。

第二十二条 保管有关印章、空白收据和空白支票。

1. 负责登记各种票据领用登记簿（含票据名称、号码、领用日期、付款单位、付款用途和领票人等内容）；

2. 负责保管预留银行印鉴中的任一枚印鉴（如支票专用章或出纳员私章）。

第二十三条 对于空白收据和空白支票，必须严格管理专设登记簿登记，认真办理领用注销手续。

固定资产会计岗位责任制

第二十四条 负责制订固定资产目录，划分生产经营用和非生产经营用固定资产，作为固定资产核算的依据。

第二十五条 负责审核订货合同、工程立项批准书等，做好固定资产增加的核算（含购入、自行建造、其他单位投资转入、融资租入、改建扩建、接受捐赠增加的固定资产）。

第二十六条 负责审核批准文件，做好固定资产减少的核算（含出售、盘亏、损毁、投资转出减少的固定资产）。

第二十七条 负责协调财产管理部门做好固定资产清查、盘点和对账工作。

第二十八条 督促财产主管部门和使用部门，提高资产利用效率。

流动资产会计岗位责任制

第二十九条 负责短期投资的核算（含审核短期投资的文件和报告）。

第三十条 负责应收账款（含坏账准备）的核算。

第三十一条 负责预付账款的核算。

第三十二条 负责其他应收款的核算。

第三十三条 负责存货的核算（含原材料或材料物资、产品、产成品、低值易耗品、包装物等）。

第三十四条 负责待摊费用的核算。

第三十五条 负责待处理财产（指流动资产）损益的核算等。

第三十六条 编制财务计划，组织实施月度财务收支计划。

第三十七条 负责资金调度，做到收支平衡。

第三十八条 核实资金定额，考核资金指标。

第三十九条 分析资金利用情况，提高资金使用效率。

损益会计岗位责任制

第四十条 负责各项收入（如产品或商品销售收入、其他业务收入、汇兑损益、投资收益、营业外收入等）的核算。

第四十一条 审核各项收入的价格、销售数量、确认收入入账时间。

第四十二条 及时督促资金回笼，减少债权资产占用，防止坏账损失发生。

第四十三条 负责成本（如生产成本、制造费用、产品或商品销售成本、其他业务支出、营业外支出）、费用（营业费用、管理费用、财务费用）的核算。

第四十四条 负责成本核算，登记成本明细账。

第四十五条 审查车间成本，核算生产成本。

第四十六条 掌握目标成本，考核成本指标。

第四十七条 编制成本报表，检查在制半成品成本，保证账实相符。

第四十八条 负责利润的核算等。

管理会计岗位责任制

第四十九条　对财务成本进行预算，提出决策分析数据。

1. 应用本量利分析和数量统计的方法，进行成本、销售和利润的预测；

2. 参与生产经营短期决策和长期投资决策，提出有关决策分析的数据。

第五十条　全面预算，确定各项财务目标。

1. 根据生产经营目标，编制公司的全面预算，确定目标成本和目标利润；

2. 提出增收节支的措施，保证成本目标和利润目标的实现，提高经效益。

第五十一条　和财务成本进行控制，开展价值分析。

1. 建立财务成本控制体系，对成本和资金进行控制，保证生产经营目标和利润目标的完成；

2. 对产品零部件进行价值分析，按部门进行利润的敏感性分析，以挖掘降低成本的潜力。

第五十二条　评价经济业绩，考核责任单位实绩和成果。

1. 建立成本和利润责任中心，编制责任预算，实行责任会计，保证公司生产经营目标的实现；

2. 通过对各责任中心业绩报告的实际数与预算数的对比，考核评价各责任中心的工作实绩和经营效果。

企业会计稽核岗位责任制

第五十三条　负责审核记账凭证（含所附原始凭证）的合法性、合规性、准确性。

第五十四条　审核是否正确运用会计科目及其科目对应关系。

1. 审核摘要填写是否规范、简明扼要；

2. 审核会计分录借金额是否平衡；

3. 审核记账凭证所附原始凭证附件数是否相符；

4. 审核登记总账和明细账是否遵守记账规则；

5. 审核运用更正错误的方法是否正确；

6. 审核会计报表的勾稽关系，表与表之间是否衔接；

7. 审核会计报表编制前的各项准备工作是否合规。

第五十六条 审核会计报表附注和财务情况说明书的合法性、真实性、完整性。

统计管理办法

总 则

第一条 为保证统计资料的准确性与及时性，发挥统计工作在企业生产经营活动中的重要作用，特制定本办法。

第二条 统计工作的基本任务是对企业的生产经营活动情况进行统计调查、统计分析，提供统计资料，实行统计监督。

第三条 企业实行厂部、车间、班组三级统计管理体制和按业务部门归口负责的原则。计划管理科负责组织领导和协调全厂统计工作。

第四条 根据各职能科室和车间统计工作的需要以及统计业务的繁简程度，配备专职或兼职统计员，班组按照民主管理的要求，推选出兼职统计员。

企业统计人员应保持相对的稳定，科室、车间统计人员（包括兼职）调（变）工作时，事前必须征求计划管理科的意见，并要有适合的人员接替其工作。

统计报表的管理与分工

第五条 凡国家统计局、地方统计局和企业主管部门颁发的一切报表，由××根据厂内各职能科室的职责分工，确定编制责任部门。如报表涉及两个以上部门，而又无适当部门负责时，则由××召集有关部门协商编制。

第六条 厂内各部门因工作需要，要求有关科室填报的定期统计报表，须经××审查同意，并经主管厂长批准后，方能定为正式报表。厂内正式定期统计报表，由××制订“报表目录”，颁发全厂执行。未经厂部批准的报表，各单位可拒绝填报。

第七条 厂内统计报表如有个别项目需要修改时，由原制表业务部门直接通知填报单位，并将修改后的式样送××备案，不必再办审批手续。

第八条 各种定期统计报表，由行政福利科根据业务部门的实际需要统一印刷、保管、发放。

第九条 各科室对外报送的各种专业统计报表，必须先经××会签；上报时，应抄送××。

第十条 凡上级业务主管部门向所属业务部门直接颁发的有关统计文件和报表，各业务部门应转送××传阅。

第十一条 为确保统计报表数字的正确可靠，各科室、车间主管领导应对上报报表进行认真审查，签字后方能报出。

统计资料的提供、积累和保管

第十二条 各科室、车间向外提供统计资料、公布统计数字，一律以本单位的统计人员所掌握的统计资料为准。

第十三条 各级党政领导所需要的统计数字，应由同级统计部门或统计人员负责提供，以便克服使用统计数字的混乱现象。

第十四条 凡厂外单位根据上级规定，并持有上级主管部门或统计局介绍信件来厂索取统计资料时，统由××接洽提供，或由××指定有关部门提供。

第十五条 企业各项主要统计资料，由××综合统计员掌管；科室、车间的各项主要统计资料由本单位统计人员掌管。

第十六条 各科室、车间应将本单位的统计资料，采用卡片或台账形式，按月、季、年进行整理分类，以便使用。

第十七条 各科室、车间编制的统计台账和加工整理后的统计资料，必须妥善保管，不得损坏和遗失。对已经过时的统计资料，如认为确无保管价值，应呈请本单位主管领导核准，并经××综合统计员会签后，方可销毁。

统计数字差错的订正

第十八条 统计资料发出后，如发生错误，必须立即订正。受表单位发现数字错误时，应立即通知填报单位订正，填报单位不得推诿或拖延。

第十九条 企业内部报表如发生数字错误时，可根据不同情况按下列办法订正。

1. 日报表当日发现差错时，应及时用电话或口头查询订正，隔日发现差错时，应当在当日报表上说明；

2. 重大差错必须以书面形式订正，并填报统计数字订正单（见下表），各受表单位应将统计数字订正单贴在原报表上，并将原报表数字加以订正，以防误用。

统计工作的交接

第二十条 统计人员调动工作时必须认真办妥交接手续，在未办妥以前，原任统计人员不得擅离工作岗位，更不得因工作调动而影响统计工作的正常进行。

第二十一条 统计人员调离工作时，必须做好下列工作。

1. 将经办工作情况全面地向接替人员交代清楚；

2. 培训接替人员的业务，使其能独立工作；

3. 所有统计资料（包括原始凭证、统计手册、台账、报表、文件、历史资料等）与统计用具（如计算机、绘图仪、书刊等）应一一造出清单移交。

文字说明与分析报告

第二十二条 文字说明与分析报告是统计报表的重要组成部分；编制统计报表要做到：月报有文字说明，季报、年报有分析报告。

第二十三条 文字说明是统计分析的基础形式，必须根据统计报表中各项主要指标反映的问题，说明产生的原因、影响及后果。

第二十四条 分析报告应以报表为基础，以检查计划为重心，测定计划完成程度，分析计划完成与未完成原因，并提出改进意见。

统计纪律

第二十五条 各车间、科室和从事统计工作的人员，必须严格按照统计制度规定提供统计资料，不准虚报、瞒报、迟报和拒报。

第二十六条 属于保密性质的统计资料，必须严格保密，严防丢失；提供时应按厂保密制度的规定执行。

出纳作业管理办法

第一条 本管理办法包括现金及银行存款收入与支出等作业。

第二条 为便于零星支付，可设零用金，采用定额制，其额度由总经理核定，零用金通常由出纳经管。

第三条 零用款项的支付零用金保管员凭支付证明单付款，此项支付证明单是否符合规定，零用金保管员应负责审核。

第四条 零用金的拨补应由零用金保管员填“零用金补充申请单”两份，一份自存，一份同所有支出凭证并呈会计部门请款。

第五条 除零用金外，本公司一切支付，由会计部门根据原始凭证编制支出传票，办理审核后呈主管及总经理核定后支付。

第六条 本公司出纳根据会计部门编制、经总经理核准的支出传票，办理现金、票据的支付、登记及移转。

第七条 除零用金外，所有支出凭证应由会计部门严格审核其内容与金额是否与实际相符，领款人的印鉴是否相符，如有疑问应先查询后再支付。

第八条 凡一次支付未超过1000元者除经由零用金支付外，其余一律开抬头划线支票支付。

第九条 出纳人员对各项货款及费用的支付，应将本支票或现金交付收款人或厂商，本公司人员不得代领，如因特殊原因必须由本公司人员代领者，需经总经理核准。

第十条 本公司一切支付，应以处理妥善的传票或凭证为依据，任何要求先行支付后补手续者均应予拒绝。

第十一条 支付款项应在传票上加盖领款人印鉴，付讫后加盖付讫日期及经手人戳记。

第十二条 本公司支付款项的付款程序，悉依照下列步骤办理。

（一）原始凭证的审核

1. 内购、工程发包款：应根据统一发票、普通凭证，以及收到货物、器材的验收单并附请购单经有关单位签章证明及核准，始得送交会计部门开具传票；

2. 预付、暂付款项：应根据合同或核准文件，由总办单位填具请款单，注明合同文件字号，呈报核准后送交会计部门开具传票；

3. 一般费用：应根据发票、收据或内部凭证，经有关主管签章证明及核准，始得送交会计部门开具传票。

（二）会计凭证的核准

1. 会计部门应根据原始凭证开具传票；

2. 会计部门开具传票时，应先审核原始凭证是否符合税务法令及公司规定的手续；

3. 传票经主管及总经理核准后，送交会计部门转出纳办理支付工作。

第十三条 有关船务运费及外汇结汇款、栈租，及各项费用等支出款，应填具“请款单”，检附输入许可证影本，送交会计部门以“预付”或“暂付”方式制票转出纳办理支付。

前款项可由经办人员直接向出纳签收，但必须于支付后7日内向会计部门办理冲转手续。

第十四条 本公司各项支出的付款日期如下：

（一）国内采购货品的付款，每月25日付款一次（星期六、星期日及节假日顺延），但以原始凭证经核准后于付款日前5日送达会计部门者为限；

（二）一般费用的付款：经常发生的费用，仍以前项期限办理，内部员工费用，每天支付的，以原始凭证齐全并经核准者为限；

（三）工资的付款

1. 职员每月5日；

2. 作业员：分5日、10日两次。

因特殊情况需提前支付者，得由经办部门另行签呈主管转呈总经理批准后，再予支付。

第十五条 会计部门支付款项倘有扣缴事情时，应将代扣款项于次月10日前填具政府规定的报缴书向公库缴纳，并以影本一份并附于传票后，凡有扣缴税款及免扣缴应申报情事者，会计部门应于次年元月底前填具政府规定的凭单向稽征机关申报，并将正、副本交各纳税义务人。

第十六条 薪工资的支付，应由总务人事单位根据考勤表编制“薪工表”，于付款期限前一日送交会计部门。

第十七条 业务部门于收到货款后，应将其中所收货款解缴出纳，出纳应将解缴凭证送交会计部门，并据以编制传票。

第十八条 为便于办理薪资扣缴申报，本公司职工应于每年度开始一个月内，及新进人员报到时，填报“薪资所得受领人扶养亲属申报表”，由会计部门收执，作为所得税扣缴申报的依据，会计部门应就每一职工给付薪资及扣缴情况填载于“各类收入扣缴资料登记表”上，作为日后扣缴申报之用。

第十九条 凡依法应扣缴的所得税款及依法应贴用印花税票，若因主办人员的疏忽发生漏扣、漏报、漏贴或短扣、短报、短贴等情事以致遭受处罚者，以及劳工保险费的滞缴等事，其滞纳金及罚金应由主办人员及其直属主管负责赔偿。

第二十条 本办法未尽事宜，均按本公司规定办理。

会计日常工作管理办法

范　围

第一条 企业对会计工作进行规范，包括对填制和审核会计凭证、登记账簿、编制会计报表、财产清查、成本核算的整个会计循环的规范。

会计业务范围及其程序规范

第二条 会计业务范围

1. 原始凭证的核签；
2. 记账凭证的编制；
3. 会计账簿的登记；
4. 会计报表的编制、分析和解释；
5. 内部审核；
6. 会计档案的整理和保管；
7. 其他依法应办理的会计事务。

第三条 会计业务的处理程序

1. 根据合法的原始凭证，填写记账凭证；
2. 根据合法的记账凭证，登记会计账簿；

3. 根据会计账簿，编制会计报表。其中原始凭证的格式及其所载事项具备记账凭证条件的，可以代替记账凭证。

会计凭证

第四条 会计凭证处理规范

原始凭证的合法性应先详细审核，如有下列情况者，应当视为不合法。

1. 填写的数字计算错误；

2. 填写的数字与规定及事实经过不符；

3. 与法律和企业有关规定不符者。

第五条 原始凭证的审核

1. 支出凭证的审核

（1）支付款项应取得收款人的统一发票，但金额较小的可以用收据代替；

（2）对于企业购进物品或支付费用的原始凭证，应盖有该企业的印章，并记明下列各项：

①该企业的名称、地址；

②商品名称、规格及数量或费用性质；

③单价及总价；

④交易日期。

（3）对于个人支付费用的原始凭证，应记明下列各项：

①该用款人的姓名、住址、身份证号码；

②支付款项事由；

③实收金额；

④收到日期。

2. 收入凭证的审核

（1）各项收入无论属于营业收入或者营业外收入，均应取得足够证明收入的凭证；

（2）各项成品销售及其他资产出售，所开的统一发票应记明下列事项：

①销售（或出售）日期；

②客户名称及地址；

③销售成品或其他资产名称、数量；

④单价及总价；

⑤企业的名称、地址及印章。

（3）收入凭证有下列情况之一者，应当视为不合法。

①收入计算及条件与规定不符；

②收入与事实经过不符；

③数字计算错误；

④手续不全；

⑤其他与法律和企业有关规定不符的情况。

第六条 记账凭证有下列情况者，一般应视为不合法的凭证，并予以更正。

1. 记账凭证根据不合法的原始凭证填写；

2. 未依规定程序编制；

3. 记载内容与原始凭证不符；

4. 《会计法》规定应记载事项未经记明；

5. 依照规定，应经各级人员签章，而未经其签名盖章，但各单位主管已在原始凭证上签章者，记账凭证上可以不签章；

6. 有记载、计算错误，而未遵照规定更正；

7. 其他与法律、企业规章不符的情况。

会计记账处理规范

第七条 企业在记账时必须以记账凭证或原始凭证为依据，账簿内的会计科目、金额摘要与记账凭证一致。

第八条 账簿有下列情况者，视为不合法的账簿，应予以更正；如不更正，不得据以编制会计报表。

1. 账簿的登记未据规定的记账凭证或原始凭证；

2. 账簿的内容与记账凭证或原始凭证不符，或总分类账内容与日记账不符；

3. 记载、计算等错误，不依规定更正；

4. 其他与法律不符者。

第九条 企业有下列情况之一时，应办理结账。

1. 会计年度终了；

2. 企业改组合并；

3. 企业解散。

第十条 结账企业应做下列各项的整理分录。

1. 所有预收、预付、应收、应付各科目及其他权责已发生而尚未入账各事项的整理分录；

2. 折旧坏账及其他应属于本结账期内的费用整理记录；

3. 材料、产成品等实际存量与账面存量不符的整理记录。

第十一条 账簿及重要备查簿内记载错误而当时发现者，应由原记账人员划双红线注销更正，并于更正处盖章证明，不得挖补、擦刮或用药水涂抹。如错误于事后发觉，而其错误不影响结算者，应由发现人员将情况报告主任会计加以更正；若其错误影响结算或相对账户的余额者，应另制传票加以更正。数字书写错误，无论写错一位或数位，均应将该错误数额全部用双红线划去，另行书写正确数字，并由记账人员盖章证明。

第十二条 账簿及重要备查簿内有两面中间有空白时，应将空白页划双红线注销；如有误空一行或两行，应将误空的行划红线注销，画线注销的账页空行均应由记账人员盖章证明。

第十三条 各种账簿的首页，应列启用单，标明公司名称、年度、账簿名称、册次页数、启用日期，并由负责人及主任会计盖章；各种账簿的末页，应列经办人员一览表，填明记账人员的姓名、职别、经办日期。

第十四条 各种账簿账页编号，除订本式应按账页顺序编号外，活页式账簿应按各账户所用账页顺序编号，年度终了时应装订成册。总分类账及明细分类账应在账簿前加目录。

第十五条 各种账簿除已经用尽者外，在决算期前不得更换账簿；其可长期持续记载者，在决算期后，可不用更换。

会计报表编制规范

第十六条 会计报表有下列情况之一者，应予更正。

1. 其内容与会计账簿不符；

2. 编制不依程序或内容明显有错误；

3. 编写计算等错误；

4. 未经负责人员签核；

5. 其他与法律、企业规定不符的情况。

第十七条 各种会计报表，均应留存底稿。会计报表未经批准，不得随意给予任何其他企业或个人。

第十八条 会计报表的方式应尽量使非会计人员易于了解，会计报表规格应大小一致，以便装订。

会计日常工作细则

应收账款、应收票据

第一条 为确保公司权益，减少坏账损失，特制定本细则。

第二条 提供应收账款、应收票据等商业信用时，应办妥客户资信调查，并随时考察客户信用的变化、签注在资信调查表相关栏内。但政府机关、公共事业、信用良好的民营大企业以及各种机会性的小金额或现金交易客户可不受此限。

第三条 在赊售货品业务而产生的支票收受时，应注意下列有关事项：

1. 注意发票人有无权限签发支票。

2. 注意查明支票有效的绝对必要记载事项（如文字、金额、到期日、发票人盖章等）是否齐全；非该客户或本人签发的支票，应要求交付支票人在支票上履行背书手续。

3. 注意所收支票账号号码越少，表示与该银行往来时间越长，信用较为可靠。

4. 注意所收支票账户与银行往来的期间、金额、退票记录情形。

5. 注意支票上文字有否涂改、涂销。

6. 注意支票任何记载处均不能修改（如大写金额），可更改处是否于更改处加盖原印章，如有背书人时应同时盖章。

7. 注意支票上文字记载、备注（如禁止背书转让字样）。

8. 注意支票是否已过期，如有背书人，应注意支票提示日期是否超过本公司的特别规定。

第四条 尽量利用机会通过 A 客户注意 B 客户支票的信用。

第五条 商业支票、乙种存款取款单不宜接受。但如需参加客户债权分配，或客户本身未使用支票及客户确实无支票，且信用良好者除外。

第六条 所收支票已缴交者，如退票或因客户存款不足，或其他因素要求退回兑现或换票时，营业单位应填具票据撤回申请书，经部门主管签准后，送财务部会计科处理。营业单位取回原支票后，必须先向客户取得相当于原支票金额的现金或担保品，或新开支票，再将原支票交付客户。

第七条 公司在交易中收到的票据，要通过“应收票据”账户进行核算。但由于商业承兑汇票除了由承兑人兑付外，还由出票人连带负责，并且代表着实际的商品销售货款。倘位数较大，一般都另设“应民承兑汇票”账户，与“应收票据”账户分开核算。

第八条 应收票据被拒付时，该项票据就应从“应收票据”账户中转出，用会计分录转入“应收账款”：账户，以反映该拒付事实。凡是认为无法收回现款的应收票据则应予销记，转作坏账损失。

第九条 应收账款发生折让时，应填具折让证明单，送呈主管批准后始得办理（如急需时得先行以电话取得主管的同意，而后补办）或遇有销货退回时，应于出货日起 60 天内将交寄货运收据及原始收据统一索回，送交会计人员办理（如不能取回时，应向客户取得销货退回证明）；其折让或退回部分，应设销货折让及销货退回科目表示，不得直接由销货收入项下减除。

第十条 会计科接到银行通知客户退票时，应即转告营业部门。营业部门对于退票如无法换回现金或新票时，应即寄发存证信函通知发票人及背书人，迅速妥善处理，并由营业部门填送呆账（退票）处理报告表，随附支票正本（副本留营业部门供备忘催办）及退票理由单，送会计科依章办理。

第十一条 依法申诉而无法收回的债权部分，应取得法院债权凭证，交送会计科列册保管；倘事后发现债务人（在利益偿还求偿时效期内）有偿还能力时，应申请法院执行。

第十二条 本公司营业人员不依本细则的各项规定办理或有不法勾结行为，致使本公司权益受损时，依人事管理规则责处，情节严重者须移送法办。

第十三条 本细则送呈批准后公布实施，修订时亦同。

盘点办法

第十四条 本公司为便于年度结算，核对账卡记载与购料实际数字是否发生错误，特制定本办法。

第十五条 盘点种类

1. 年中盘点，于每年6月底由本单位自行盘点；

2. 年终盘点，于每年年终的12月31日13时举行，由各单位相互盘点。

第十六条 盘点方式

1. 年中盘点由本单位经理指派本单位人员盘点后，将盘点表送财务部门会计科审核，结果于盘点后半月内回复盘点单位；

2. 年终盘点先由本单位经理视业务繁简而分成若干组，指派若干人，分组预盘，再由其他单位人员按照分组监督盘点，最后并由高级主管抽点。盘点结果经财务部门会计科核对后，于1个月内回复盘点单位。

第十七条 盘点步骤：正式盘点之前，先由本单位预盘人员将各项应盘物品清点后填注标签悬挂在各项物品之上，然后再将各项物品逐项列于盘点表内，于正式盘点时交由盘点人参照实盘。倘有数字不符，或物品漏列表等情况，盘点人或抽查人应予改正或补列。

第十八条 盘点范围：成品、原料（含半成品）、物料、机器设备、外借原料及加工原料。

第十九条 盘点处理：盘点表一式三联，白联为存根联，红联为审核联，蓝联为附联。此项表格经各负责人分别记章后，白联由各单位自存，红蓝两联并送财务部门会计科审核；审核结果，红联留会计科存案，蓝联送盘点单位参考。

第二十条 人员分配：预盘人员由本单位的承办人或保管人担任，盘点及盘点人员由人事部门在其他部门中选派；抽点人请各经理（或副经理）以上人员担任。

第二十一条 本办法由会计科通知相关部门协助实行，经通过后实施。

员工储蓄存款办法

第二十二条 为响应政府奖励公民储蓄及安定本公司员工生活，特制定

本办法。此处的“员工”系指本公司正式员工（试用期满 3 个月）而言，以下简称员工。

第二十三条 本办法由会计科指定专人负责办理员工储蓄存款的收付、登记、保管、通知等事项。

第二十四条 存入款项时，存款人应自行填妥存款单一份，经会计科主管核准，财务部主管批准后，方得入账，依票据部分应经交换退一日起算。

第二十五条 提出款项时，取款人应自行填好提款单一份，并亲自签名盖章，才可提款。

第二十六条 员工储蓄存款主办人在受理提款时，要事先核对印章和签名以及金额。金额在 5000 元以上的提款应于 3 天前通知主办人。

第二十七条 存款利率依国家银行所定利率做参考，由财务部主管人员制订。

备用金管理

第二十八条 公司本部由财务部财务科负责各单位的零星支付，必要时再行研讨设置专人办理。

第二十九条 备用金借支程序如下：

1. 各单位零星费用开支，如需预备现金，应填具备用金借（还）款通知单，交备用金管理人员，即凭通知单支给现金；

2. 付款通知单内的金额，应按权责由各级主管盖章；

3. 备用金的暂支不得超过 1000 元，特别事故者应由企业行政部经理核准；

4. 备用金的借支，经手人应于 1 周内取得正式发票或收据加盖经手人与主管人的印章后，交备用金管理人冲转借支，如超过 1 周尚未办理冲转手续时，须将该款转入经手人私人借支户，并于当月发薪时一次扣还。

第三十条 备用金保管及作业程序如下：备用金的收支应设立备用金账户，并编制收支日报送呈企业部经理核阅。备用金每周应将收到的发票或收据，编制备用金支出传票结报一次，送交财务部会计科。会计科收到备用金支出传票后，应于当天即行付款，以期保持备用金额与周转。会计科收到备用金支出传票，补足备用金后，如发现所附单据有疑问时，可直接通知各部

经手人办理补正手续，如经手人延搁不办须参照第二条（4）款办理。备用金账户应逐日结清。

第三十一条 备用金应由保管人员出具保管收据，存于财务部会计科，如有缺少概由保管人员负责赔偿。

会计预算

第三十二条 营业预算各事业部应于每营业年度 10 月底前，依下年度营业目标拟订下年度营业预算。预算的编制依会计科目的内容：营业收入、营业成本（原材料、物料、人工或外包工程）、营业费用、销售费用、管理费用等，并拟编资金来源与运用计划表，一式两份，经核准后，一份送财务部会计科备查，一份自存。

第三十三条 年度计划内固定资产投资预算：各事业部就已核定的投资建厂计划，与财务部会计协编固定资产预算，依会计科目内容编制明细表及长期资金支出预计表、年度预算执行控制表。前项预算表的编制，事业部应按财务分类标准，分项设置预算执行控制卡及工程进度预算控制卡，一式两份，自存一份，另一份送财务部会计科编制长期资金预算执行预计表。

第三十四条 现金收支预算各事业部应就当年下半年度运营资金收支情形酌情编制下半年每月运营资金收支预计表，一式两份，一份自存，一份送财务部会计科编制年度运营资金收支汇总预计表。具体内容见第十一条。

原始凭证

第三十五条 登记

1. 会计业务的处理程序，应依本公司规定，根据合法的原始凭证，登记记账凭证；根据合法的记账凭证，登记会计账簿；根据符合规定的会计账簿编制会计报告。但原始凭证的格式及其所载的项目，具备记账凭证的条件的，可代替为记账凭证。各种特殊会计事项，依本公司规定难以处理时，须参照一般会计的原理、原则、方法或习惯，在不违背政府法令范围内处理。

2. 去办原始凭证关系现金、票据、债券等出纳的，没有经主管会计人员的盖章，不得为出纳执行。主管会计人员核对账目时，对于现金、票据、债券及其他各项财物应随时派员盘点。关于盘点任务，每年最少应办理一次。会计业务处理发生错误时，应于发现时即予更正。

第三十六条　审核

1. 原始凭证应详细审核，如有下列情形者，当视为不合法：法令明定为不当支出者；书据、数字、计算错误的；收支数字与规定及事实经过不符的；与本公司有关规定抵触的。

2. 支出凭证的审核

（1）支付款项应取得收款人的统一发票为原则，但金额在规定数目以下以收款人的收据即可。

（2）对于营利事业购进物品或支付费用的原始凭证，应盖有该营利事业的印章，并记明以下各项：该公司或商品名称、地址；货品名称、规格及数量或费用性质；单价及总价；交易日期；本公司的名称和地址。前项原始凭证若为收据，并须填明该营利事业的统一编号、贴足印花。

（3）对于个人支付费用的原始凭证，应记明以下各项：该收款人的姓名、住址、居民身份证编号，必要时检送身份证影印本；支付款项原因、实收金额、收到日期、本公司的名称和地址；前项原始凭证如为收据，应贴足印花并依法代扣捐税。

（4）对于其他机构支出的原始凭证，应记明受款机构名称、地址、支付款项事由、实收金额、收到日期、本公司名称、地址。

（5）对于本公司内部支出的原始凭证，应依本公司有关规定办理。

（6）购进材料、原料和其他消耗品的原始凭证，均应检附验收单（收料单和请购单）。

（7）购进固定资产的原始凭证，应检验所附的固定资产验收单和请购单。

（8）刊登广告费及印刷费发票或收据均应附具样本或样张。

（9）员工出差差旅费应依照本公司《员工出差旅费报支办法》支给，并填具出差差旅费报告表检附有关单据报销。

（10）支出凭证单据上应用大写数字书写实付金额，不得涂改或挖补；支出凭证上所列金额为外币时，应将折合率及折合的人民币总数详细登载。

（11）非中文凭证单据，应由经办人员将其内容摘要译成中文一并附送。

（12）各部门的费用开支受部门费用预算限制的，依该预算的规定办理。

（13）各项支出凭证应由经办部门主管人员及经办人员签章，会计人员审核及会计主管核准始为有效。

3. 收入凭证的审核

（1）无论属于营业收入或营业外收入，各项收入均应取得足资证明收入的凭证。

（2）成品的销售价格应以本公司有关规定为其审核依据。

（3）凡属出售资产的收入，应以合同、契约、开票议价的记录，或其他有关书面证据为其审核依据，凡属交换资产所得的利益收入，应以交换合同、契约或其他有关的书面证据为其审核依据。

（4）成品销售及其他资产出售所开的统一发票，应记明下列事项：客户名称、地址，本公司名称、地址及印章，销售成品或其他资产的名称、数量，单价及总价；其他事项。

（5）收入凭证有下列情形之一的，当视为不合理的凭证：收入计算及条件与规定不符者，书据、数字、计算错误者，形式未具或手续不全者，其他与法令规定不符者。

第三十七条 范围：凡是用以证明会计事项发生的及其经过的文书、单据均为原始凭证；原始凭证经法令规定必须具备某种条件的，应依其规定。

记账凭证

第三十八条 登记

1. 不生效力或不合法的原始凭证不得作为登记记账凭证的根据；

2. 记账凭证的编制，除整理结算、结账等事项，确无原始凭证者外，应根据原始凭证进行；

3. 应该具备原始凭证而事实上没有原始凭证或原始凭证无法取得的会计事项，应由经办人员签报，经其主管各层的核转及主管会计的会签，送与部门经理或厂长批准，才可以据以编制记账凭证，事后如取得原始凭证应检附；

4. 记账凭证内所记载的会计事项及金额，均应与原始凭证内所表示者相符，原始凭证的余额，如不以分位为止者，应将分位以下的小数四舍五入记入记账凭证；

5. 凡由一科目转入其他科目时，其借贷双方会计科目虽属相同，而会计事项的内容并不相同，或总分类科目虽属相同，而明细分类账科目并不相同者，均应按项目记账凭证转正，但属成本计算科目另有规定处理方法者，不在此限；

6. 现金、票据、证券及财产增减、保管、转移，应随时根据合法的原始凭证填具记账凭证。但有关生产成本已随时根据合法的原始凭证而直接记入明细分类账者，须按期分类汇总填具记账凭证。

第三十九条 审核记账凭证有下列情形者，视为不合法的凭证，应予更正。

1. 记账凭证根据不合法的原始凭证填制者；

2. 未依规定程序编制者；

3. 记载内容与原始凭证不符者；

4. 会计法规定应行记载事项未记明者；

5. 依照规定，应经各级人员签章，未经其签名盖章者，但各单位主管已在原始凭证上签章者，在记账凭证上可不再签字；

6. 有记载、抄写、计算错误而未遵照规定更正者；

7. 其他与法令或公司规章不符者。

会计账簿

第四十条 除本公司另有规定外，均应依据记账凭证登记。

第四十一条 根据记账凭证记入账簿时，除总分类账应先汇编“日记余额试算表”，然后根据该表转入外，其明细分类账应根据记账凭证登记。

第四十二条 记表时，其账簿内所记载的会计科目、金额及其他事项均应与记账凭证内所载者相同。

第四十三条 日记余额试算表的编制及各种账簿的登记，均应每日进行。

第四十四条 账簿有以下情形者，视为不合法的账簿，应予更正，如不更正，不得据以编制会计报告。

1. 日记试算表及账簿的登记，未据规定的记账凭证或原始凭证进行；

2. 记入总分类账目未据规定的日记试算表；

3. 日记试算表及账簿的内容与记账凭证或原始凭证不符，或总分类账的

内容与日记试算表不符的；

4. 记载抄写计算等错误，不依规定更正者；

5. 其他不合法的情况。

第四十五条 总分类账及明细账，原则上均应按日结算借贷的余额，如事实上无此要求，可考虑实际情形改为每周进行；但每月终了时，必须办理结总一次，计算各账户“本月合计”和“截止到本月累计”，以利月报的编制。

第四十六条 本公司有以下情况之一时，应办理结账。

1. 会计年度终了时；

2. 公司改组合并时；

3. 公司解散时；

4. 主管部门规定公告需要配合利润中心制度实施，每3个月须结账。

第四十七条 结账前应为下列各项整理分录：

1. 所有预计、预收、应收、应付各科目及其他权责已发生而尚未入账的各项事务的整理分类；

2. 折旧、坏账及其他属于本结账期内的费用整理记录；

3. 材料、成品等实际存量与账面不符的整理记录；

4. 其他应列为本结账期内的损益和截至本结账期止已发生的债权债务而尚未入账各项的整理分录。

第四十八条 年终结账时，各账目经整理后，其借贷方余额依下列规定处理：

1. 收入、支出各项目的余额应结账“本期损益”科目，为损益的计算；

2. 资产负债和净值各科目余额，应转入下年度各项科目；

3. 收支各科的结转应做成分录，资产负债和净值各科目的结算直接在账簿上记录。

第四十九条 账簿和重要备查簿内记载错误而当时发现者，应由原记账人员划双红线注销更正，并于更正处盖章证明，不得挖补，刮擦或用药水涂抹。如错误于事后发觉，而其错误不影响结款的，应由察觉人员将情况呈明主管人员更正，若其错误影响结数或相对账户的余额者，应另制传票更正。数字书写错误，无论写错一位或数位，均应将该错误数据全部用双红线划去，另行书写正确数字，并由记账人员盖章证明。

第五十条 账簿及重要备查簿内有重揭两页产生空白页时，应将空白页画双红线注销；如跳过一行或两行，应将误空的行画红线注销；画线注销的账页空行均应由记账人员盖章证明。

第五十一条　各种账簿总的首页应列启用单，说明公司名称或各厂名称、年度、账簿名称、册次页数、启用日期，并由负责人和主办会计盖章。各种账簿的末页，应列经营人员一览表，填写记账人员的姓名、职别、经管日期。凡经管账簿人员遇有职务更调时，须将各项账簿由原经管人员与接管人员于上述账簿“经营人员一览表”内书明交接年、月、日并盖章证明。

第五十二条　各种账簿账页的编号，除订本式应按账页顺序编号外，活页式账簿应按各账户所用的账页顺序编号，年度终了时应予装订成册，总分类账和用细分类账应在各账簿前加一目录。

第五十三条　各种账簿除已经用尽者外，在决算期前不得更换新账簿；其可长期连续记载的，在决算期后，不用更换。

第五十四条　各种账簿在使用前应检查页数编号，并贴足印花税字，其主要账簿应送当地税务机构检印。

会计报告

第五十五条　会计报告的编制，除了决算报告应将属于报告期间内的会计事项全部列入外，日报、月报等可根据期末办理完毕时已经入账的会计事项来编制。

第五十六条　会计报告内所表现的事实，应与账簿所记载的数字相符；但预算及其他比较分析数字可不由会计账簿入账，而直接编制会计报告。

第五十七条　会计报告有下列情形之一者，应予更正：

1. 其内容与会计账簿不符者；
2. 编造不依程序或内容有错误者；
3. 抄写、计算等有错误者；
4. 未经应予签署人员签署者；
5. 其他与法令或公司规定不符者。

第五十八条　会计报告应依总公司所定的期限编制。

第五十九条　本公司所属机构所编送的会计报告应为综合报告，必要时并附送所属机构的会计报告。

第六十条　各种会计报告均应留存底稿。

第六十一条 会计报告未经总公司核准，不得随意给予任何机关、团体和个人；会计报告表达方式应尽量使非会计人员易于了解；会计报告的规格应大小一致，以便装订。

会计档案

第六十二条 原始凭证应按会计科目区别，依记账凭证的顺序，分别装订成册，另加封面，详记起讫日期、会计科目种类、起讫号码等；记账凭证应按月编号，并按月装订成册，另加封面详记日期、起讫号码、记账凭证页数。

第六十三条 下列原始凭证须分别装订保管，并应在记账凭证上注明其保管处所及档案编号，或其他便于查封事项。

1. 各种契约及重要资产凭证，应依编号独立成卷；

2. 应留待将来使用的现金、票据、证券等凭证；

3. 将来应转送其他机构或应退还的文件、书据；

4. 其他事项不能依会计科目装订成册者。

第六十四条 本公司及所属机构的会计报告及已记载完毕的会计账簿等档案，均应分年编号，妥善保管。

现金及债券

第六十五条 业务范围

1. 本公司所属机构现金及债券的管理，除了法令另有规定外，悉依本规定处理；

2. 此处所称现金不仅包括库存现金，还含银行存款、即期支票及到期票据，此处所称债券是指公司债券、政府债券；

3. 业务范围内指现金预算、登记报告等事项，涉及出纳、保管、转移事务的，应由出纳科办理；

4. 各机构的现金，除供日常零星支付所需定额的库存现金外，均应存入银行，各机构的收入，人民币部分应存入银行，外币部分应存入政府指定的银行，债券均由会计科集中管理；

5. 各机构的库存现金和债券应由会计部门负责随时或定期派员抽查盘点；

6. 各机构购入公司、政府债券，应报请总公司核准后，办理签报，由公司集中保管；

7. 各机构的银行支票，应由其负责人或其授权人、主办会计人员、主办出纳人员共同签章。

第六十六条 现金预算

1. 现金的支出，应由会计科编制预算，切实执行，如因事需要必须变更时，由会计科主管签请总经理核准后修正，此外的现金预算是在财务科的现金预算系统下的子系统；

2. 现金预算应力求配合业务部门的需要，以财力的经济有效运用为原则，并分为年度预算及分期或分月预算；

3. 现金预算，依业务计划、固定资产建设改良、扩充计划、举债及偿债计划、资金转投资计划、资金调度计划及盈余的分配等编制；

4. 每期或每月终了，应将现金实际收支数与预算数分析比较，列报有关财务部的调度主管人员参考。

第六十七条 登记报告

1. 每日收支完毕由出纳登记“现金簿”“银行存款明细账”后，应编制“现金及银存日报表”，连同该日收支传票，于次日交送会计科；

2. 银行对账单应即送会计科核对，并编制调节表。

第六十八条 调转金设置与收付

1. 总公司及所属机构有关部门，视其业务需要，可呈准设置周转金，其金额由各有关部门会同会计科报请总经理核定；

2. 周转金的动用须由各部门主管核定；

3. 经营周转金的部门，应设置周转金收支登记单，根据原始凭证登记；

4. 周转金的支出，以原设置目的的范围为限，不得作其他用途；

5. 周转金于年终时应一次退回会计科，必要时于次年再向会计科续借；

6. 周转金的经营情形，应由会计科不定期派员检查，并将检查结果签报主管核阅；

7. 经管周转人员应尽管理之责，如因玩忽职守而致公司蒙受损失，应负赔偿责任，有关主管人员受连带处分；

8. 周转金如奉总公司要求撤销时，原请领部门应将周转金立即缴回。

出纳日常工作管理办法

第一条 本处理程序包括现金及银行存款收入与支出等作业。

第二条　为便于零星支付起见，可设零用金，采用定额制，其额度由总经理核定，其零用金由出纳经营。

第三条　零用款项的支付，由零用金保管员凭支付证明单付款，此项支付证明单是否符合规定，零用金保管员应负责审核。

第四条　零用金的拨补应由零用金保管员填“零用金补充申请单”两份，一份自存，一份会同所有支出凭证并呈会计部门请款。

第五条　除零用金外，本公司一切支付由会计部门根据原始凭证编制支出传票，办理审核后呈主管及总经理核定后支付。

第六条　本公司出纳根据会计部门编制经总经理核准的支出传票，办理现金、票据的支付、登记及转移。

第七条　除零用金外，所有支出凭证应由会计部门严格审核其内容与金额是否与实际相符、领款人的印鉴是否相符，如有疑问应查明后方能支付。

第八条　凡一次支付未超过 1000 元者除经由零用金支付外，其余一律开抬头画线支票支付。

第九条　出纳人员对各项货款及费用的支付，应将本支票或现金交付收款人或厂商，本公司人员不得代领；如因特殊原因必须由本公司人员代领的，需经总经理核准。

第十条　本公司一切支付，应以处理妥善的传票或凭证为依据，任何要求先行支付后补手续者均应予拒绝。

第十一条　支付款项应在传票上加盖领款人印鉴，付讫后加盖付讫日期及经手人戳记。

第十二条　本公司支付款项的付款程序，悉依照下列步骤办理：

1. 原始凭证的审核

（1）内购、工程发包款：应根据统一发票、普通凭证，以及收到货物、器材的验收单并附请购单经有关单位签章证明及核准，方可送交会计部门开具传票；

（2）预付、暂付款项：应根据合同或核准文件，由总办单位填具清款单，注明合同文件字号，呈报核准后送交会计部门开具传票；

（3）一般费用：应根据发票、收据或内部凭证，经有关主管签章证明及核准，方可送交会计部门开具传票。

2. 会计凭证的核准

（1）会计部门应根据原始凭证开具传票；

（2）会计部门开具传票时，应先审核原始凭证是否符合税务法令及公司规定的手续；

（3）传票经主管及总经理核准后、送交会计部门转出纳办理支付事宜。

第十三条 有关船务运费、外汇结汇款、栈租以及各项费用等支出款，应填具“清款单”，检附输入许可证影印本，送交会计部门以“预付”或“暂付”方式制票转出纳办理支付。前款项可由经办人员直接向出纳签收，必须于支付后7日内向会计部门办理冲转手续。

第十四条 本公司各项支出的付款日期如下：

1. 国内采购货品的付款，每月25日付款一次（星期日及例假日顺延），但以原始凭证经核准后于付款日前5日送达会计部门者为限。

2. 一般费用的付款：经常发生的费用，仍以前项期限办理；内部员工费用，每天支付的，以原始凭证齐全并经核准者为限。

3. 薪金的付款：①职员每月10日；②作业员分10日、25日2次。因特殊情况需提前支付者，得由经办部门另行签呈主管转呈总经理批准后，再予支付。

第十五条 会计部门支付款项倘有扣缴情况时，应将代扣款项于次月10日前填具政府规定的报缴书向公库缴纳，并以影印本一份附于传票后；凡有扣缴税款及免扣缴应申报情况者，会计部门应于次年1月底前填具政府规定的凭单向稽征机关申报，并将正、副本交各纳税义务人。

第十六条 薪金的支付，应由总务人事单位根据考勤表编制“薪金表”，于付款期限前一日送交会计部门。

第十七条 业务部门于收到货款后，应将其中所收货款解缴出纳，出纳应将解缴凭证送交会计部门，并据以编制传票。

第十八条 为便于办理薪资扣缴申报起见，本公司员工应于每年度开始1个月内及新进人员报到时，填报“薪金所得受领人抚养亲属申报表”，由会计部门收执，作为所得税扣缴申报的依据；会计部门应将每一员工给付薪金及扣缴情况填载于“各类收入扣缴资料登记表”上，作为日后扣缴申报之用。

第十九条 凡依法应扣缴的所得税款及依法应贴用印花税票，若因主办人员的疏忽发生漏扣、漏报、漏贴或短扣、短报、短贴等情况以致遭受处罚者，以及劳工保险费的滞缴情况，其滞纳金及罚金应由主办人员及其直属主管负责赔偿。

会计核算基础工作规定

第一条 为适应企业的发展，充分体现会计信息的可检验性，特制定本规定。

第二条 会计科目的运用及账户的设置按《会计管理制度》执行，不得任意更改或自行设置。因业务需要新增科目时，须报财务部批准。

第三条 凭证一般采用记账凭证或收、付、转账凭证。

第四条 会计核算组织程序。

采用记账凭证汇总表核算程序，记账作证汇总表核算组织程序图式：

1. 根据审核后的原始凭证填制记账凭证；

2. 根据记账凭证编制记账凭证汇总表，并登记总分类账；

3. 根据原始收、付款凭证登记现金日记账和银行日记账；

4. 根据记账凭证及所附的原始凭证登记各明细分类账；

5. 月终，根据总分类账和各明细分类账编制会计报表。

（1）记账凭证汇总表核算组织程序的特点是，先定期（5 天或 10 天）将所有记账凭证汇总编制成汇总表，然后再根据记账凭证汇总表登记总分类账；

（2）记账凭证汇总表的编制方法是，根据一定时期的全部记账凭证，按照相同科目归类，定期（5 天或 10 天）汇总每一会计科目的借方本期发生额和贷方本期发生额，填写在记账凭证汇总表的相关栏内，以反映全部会计科目的借方本期发生额和贷方本期发生额。

第五条 记账规划

1. 记账须根据审核过的会计凭证。除按照会计核算要求进行转账时，用记账员写的转账说明作记账依据外，其他记账凭证都必须以合法的原始凭证为依据。没有合法的凭证，不能登记账簿，且每张记账凭证必须由制单、复核、记账、会计主管分别签名，不得省略。

2. 登记账簿时用钢笔（复写的除外），不得使用铅笔和圆珠笔。

3. 记账凭证和账簿上的会计科目以及子、细目用全称，不得随意简化或使用代号。

4. 会计分录的科目对应关系，原则上一种经济事项分别或汇总编一套分录，不得将不同内容的多种经济事项合并编制一套分录。

5. 明细账应随时登记，总账定期登记，一般不超过 10 天。

6. 每一笔账须记明日期、凭证号码和摘要，经济事项的摘要不能过分简略，以保证第三者能看清楚。每笔账记完后，在“记账凭证”上画“√”号。

7. 记账的文字和数字应端正、清楚，严禁刮擦、挖补或涂改，不得跳行隔页，应将空行或空页用斜红线注销。

8. 记账发生错误，用以下方法更正。

（1）记账前发现记账凭证有错误，应先更正或重制记账凭证。记账凭证或账簿上的数字差错，应在错误的全部数字正中画红线，表示注销，并由经办人员加盖图章后，将正确的数字写在应记的栏或行内；

（2）记账后发现记账凭证中会计科目、借贷方式或金额错误时，先用红字填制一套与原用科目、借贷方向和金额相同的记账凭证，以冲销原来的记录，然后重新填制正确的记账凭证，一并登记入账。如果会计科目和借贷方向正确，只是金额错误，也可另行填制记账凭证，增加或冲减相差的金额。更正后应在摘要中注明原记账凭证的日期和号码，以及更正的理由和依据；

（3）报出会计报表后发现记账差错时，如不需要变更原来报表的，可以填制正确的“记账凭证”，一并登记入账。如果会计科目和借贷方向正确，只是金额错误，也可另行填制“记账凭证”，增加或冲减相差的金额。更正后应在摘要中注明原“记账凭证”的日期和号码，以及更正的理由和依据。

9. 红字冲账除了用于更正错误外，还可以用于下列事项：

（1）经济业务完成后，发生退回或退出；

（2）经济业务计算错误而发生多付或多收；

（3）账户的借方或贷方发生额需要保持一个方向；

（4）其他必须冲销原记数字的事项。

10. 各账户在一张账页记满后接记次页时，需要加计发生额的账户，应将加计的借贷发生总额和结出的余额记在次页的第一行内，并在摘要栏注明“承前页”。

11. 月、季、年度末，记完账后应办理结账。为了便于结转成本和编制“会计报表”，应分别结出月份、季度或年度发生额，在摘要栏注明“本月合计/本季合计/本年合计”的字样，并在月结、季结数字上端和下端均画单红线，在年结数字下端画双红线。总结的数字本身均不得用红字书写。发生笔数不多的账户可不结总。不需要加计发生额的账户，应随时结出余额，并在月份、季度余额下端画单红线，在年度余额下端画双红线。

12. 编制会计报表前，必须把总账和明细账记载齐全，试算平衡，使每个科目的明细账各账户的数额总和同该科目的总账数额相符。不允许先出报表，后补记账簿。

13. 年度更换新账时，需要结转新年度的余额，可直接过到新账中该账户的第一行，并在摘要栏内注明“上年结转”字样。必要时，应详细注明余额的组成内容；同时在旧账的最后一行数字下面注明“结转下年”字样。结转以后的空白行格包括不结转余额的账户，画一条线注销或盖戳注销。

第六条 结账、对账

1. 结账是结算各种账簿记录。它是在一定时期内所发生的经济业务全部登记入账的基础上进行的，具体内容如下：

（1）在结账时，首先应将本期内所发生的经济业务记入有关账簿；

（2）应将本期内所有的转账业务编成记账凭证记入有关账簿，以调整账簿记录。如待摊、预提费用应按规定标准予以摊销、提取；

（3）在全部业务登记入账的基础上，应结算所有的账簿，具体方法参见第五条第 11 款。

2. 对账是为了保证账证相符、账账相符、账实相符。具体内容如下：

（1）账证核对指各种账簿的记录与会计凭证的核对，这种核对主要在日常编制凭证和记账过程中进行。月终如果发现账证不符，就应回过头来对账簿记录与会计凭证进行核对，以保证账证相符。

（2）账账核对每月一次，主要是总分类账各账户期末余额与各明细分类账账面余额相核对，“现金/银行存款二级账”与出纳的“现金/银行存款日记账”相核对，会计部门各种“财产物资明细类账”期末余额与财产物资管理部门和使用部门的保管账相核对等。

（3）账实核对分两类：第一类，“现金日记账”账面余额与现金实际库存数额相核对，“银行存款日记账”账面余额与开户银行对账单相核对，要求每月核对一次；第二类，各种“财产物资明细分类账”账面余额与财产物资实有数额相核对，各种“往来账款明细账”账面余额与有关债权债务单位的账目核对等，要求每季度核对一次。

企业会计核算处理办法

第一章 总 则

第一条 本企业会计事务处理除法令及本企业章程另有规定外，悉依本规定办理。

第二条 会计原则与会计方法的采用，应考虑到能充分反映企业财务状况，其处理原则应前后一致，不得任意变更，以便会计结果的比较分析。基于重大原因必须变更者，应依法令规定程序办理，并将变更原因、变更期限及累计影响金额在财务报表内注明。

第三条 企业营业决算的会计年度自公历年1月1日起至12月31日。

第四条 会计结果的表达与会计事项的计算及记录，应予以重视。

第五条 会计科目排列次序应依科目性质分别按其流动性、重要性、清偿期及其他有关规定为准。

第六条 会计资料所示金额以人民币为记账本位币，特殊情况下须以外币表达者，仍应在该会计资料中，按国家外汇牌价将外币折成人民币。

第二章 资 产

第七条 资产购入以取得所有权为原则。

第八条 资产的入账价值，以取得时的实际成本为准。所谓成本，包括下列项目：

1. 资产取得时的净值或自制的成本；
2. 资产取得时的佣金、税费、法律登记及其他一切因获得使用权及所有权之费用；
3. 资产依原定使用目的前的验收、检查费用；
4. 资产运送原定使用地点的运输、保险、储存及装卸等费用；
5. 自行建造资产所必需的材料、人工及依成本原则所应负担的间接费用；
6. 使资产合乎原定目的的整理、安装及调试费用；
7. 资产在运输中的损耗，除应由承揽人赔偿非常损失外，其正常损耗应由该项资产完好部分负担；
8. 增加原有资产价值或效能所支付的费用。

资产因使用目的或地点发生变动而引起上述各项费用的重复支出，不得列为该资产的成本。

第九条 取得资产时支付现金者，其所支出的现金数额即为该项资产的成本；非支付现金而以其他有形资产或劳务交换者，依所交付资产或劳务的成本为该项资产的成本。

第十条　延期或分期付款所得资产价款及其利息与现购价格间的差额，属装置期间的固定资产者列为该项资产的成本，属流动资产者应按期作为该期的财务费用列账。

第十一条　以债权交换而取得的资产，应依所取得资产的市价计算列账。无市价者，以客观合理的方法予以估计；有约定者，从其约定。

第十二条　因赠予或捐献而获得的资产，依其市价计价列账。无市价者，以客观合理的方法估计。

第十三条　资产价值或使用权的存续为有限期者，应于限期内将其价值依合理而有系统的方法分期摊销，转作费用或其他资产的成本。

1. 固定资产折旧的计算，以年限为基础的，应依照所得税法固定资产耐用年数表的规定办理；不能适用以年限为基础的，可采用工作数量或其他类似基础，以符合资产效能的实际耗减程度。

2. 土地的使用权力，在其可预见效能的期间内分期摊销。

3. 发行债券费用应于债券存续期中摊销。

4. 开办费用应于组织或建厂后正式营业起五年内摊销。

5. 租赁固定资产改良的成本应按租赁期间摊销，其使用年限少于租赁期间的，按使用年限摊销。

6. 无形资产的摊销，依其效能存续期间为准。

7. 预付费用应于其归属时将其转销。

8. 应收票据及应收账款备抵呆账的提列，应以应收账款、应收票据的余额为准。

前项资产的价值或使用权，倘其限期尚未届满前，已丧失产生效益的能力，则尚未摊销的余额，应在扣除可预计的残值后，悉数记作损失。

第十四条　资产在本企业内部转移或改变形态，除基于成本会计的规定而另计其金额外，应不改变其原有账面价格，但有内部计算盈亏的，得以内部往来相互补贴。

第十五条　固定资产的账面价值，由于时价的长期剧烈涨落，或其他国内外经济情况的变化，确实无法表现其真实情况时，应以适当的资料补充说明，或依法定程序，报请有关机关核准变更其账面价值。

第十六条　存货（包括商品及材料）领用的计价方式，应采用移动加权平均法；前项计价方法经择用后，不得任意变更，但因特殊原因，得报请有关机关核准后变更。

第十七条 资本支出及费用支出的划分：凡因支出而取得的效益仅属于本期的为费用支出，其效益属于本期以后的为资本支出。

第十八条 存货于每年结账时，其盘点与账面发生的盈亏得报请总经理核准后列为当期的收入或损失。

第三章 负 债

第十九条 各项负债入账，悉依其应清偿的数额为标准。

第二十条 清偿的数额，应为已经获得债权人同意的数额；无法或尚未取得债权人同意的债务，其数额得依据事实估计，或有负债或支付承诺性质的债务者，应于财务报表内注明。

第二十一条 长期负债的到期日在一年或超一年的一个营业周期以内的，应于年终或期终转列流动负债。

第二十二条 企业债的溢价或折价，属于该项债务的调整项目，并应于债务存续期间以系统的方法，调整其利息。

第二十三条 清理外币的债权债务，如因汇率变更而发生账面差额时，其差额应列为清偿时期的收益或费用。

第四章 股东权益

第二十四条 股东权益包括实收资本、资本公积、盈余公积和未分配利润，为投资者所持有的权益。

第二十五条 实收资本以核准登记的数额为准，本企业资本额的增减应依企业章程及企业法的规定办理。

第二十六条 投资人以现金以外的资产投资的，其作价不得高于交付时的公平市价。

第二十七条 企业有盈余时，除依法缴纳企业所得税及提取法定公积金外，必须依照企业章程进行盈余的分配；但有累积亏损时，应先弥补。

第五章 收 入

第二十八条 收入主要是指下列各项：

1. 产品销售与劳务服务的供应所获得的收入；

2. 其他业务收入；

3. 其他与业务无关的收益，应列入本期的损益。

第二十九条 所获得的收入为现金以外的资产的，应依照该项资产公平市价或所供给产品或劳务的售价，作为收入数额。

第三十条 收入的认定，须于债权发生的同时有资产的获得，或债权的成立，或债务的抵消。

第六章 费 用

第三十一条 与当期收入相配合的支出就是费用；但与当期收入相配合，而无潜在收益能力的支出为损失。

第三十二条 费用是指下列各项：

1. 凡为获得收入所必须供给的产品或劳务的成本；
2. 凡为促进获得收入而消耗的各项费用；
3. 凡为维持收益能力的继续存在所消耗的各项费用；
4. 其他与业务无关，应由本期负担的费用及损失。

第三十三条 费用依所支付的现金数额、耗费资产的成本或所负担的债务予以估算费用额时，依合理方法予以估计。

第三十四条 当期收入应与当期支出配合，如所获得的收入已经列账而有关的费用尚未发生，该项费用依合理方法估计列账；已开支但未收实效的费用应先以预付费用列账。

第七章 会计报告

第三十五条 会计报告的编制，除另有规定外，应先了解使用报表方的需要，再决定报告的内容及格式。

第三十六条 会计报告对于下列事项应予注意，或另以附表补充说明。

1. 流动资产账面价值与市价有重大差异的；
2. 短期及长期投资中有价证券的市价；
3. 存货的计价方法；
4. 固定资产折旧及最近重新估价日期与方法；
5. 因借款而提供担保资产及其相关债务；
6. 企业债务偿还时间、利率及有关事项；
7. 无形资产摊销方法；
8. 资本、公积及盈余的变动情况；
9. 影响当期损益的重大原因；

10. 呆账及闲置资产处理情况；

11. 资本支出执行的情况；

12. 其他应加说明的特殊事项。

第三十七条 由于物价或其他经济状况的变动，导致会计报告不能正确表示财务状况及经营结果时，对其差异应附适当的说明或补充资料。

第三十八条 会计报告编制的原则。

1. 应显示要点凡重要的科目、项目或金额，应予分别列示或单独说明，不重要的项目，可择其性质相似者并列。

2. 计价基础应加以说明资产类项目的价值如以其市价重置成本计价者，均予以说明。

3. 一致性会计报告的格式及编制方法应各期一致。所应用的会计原则如有变更并足以影响其计算结果时，应将变更情况附注说明。

4. 充分表达会计报告应能满足阅读者的需要，并不使其产生误解；凡报表未能充分说明的，应另以文字补充说明。

第三十九条 对生产成本预算数与实际数的差异应做适当的分析及说明。

企业会计档案管理办法

第一条 为加强会计管理，特制定本管理办法。

第二条 企业的会计档案包括会计凭证、会计账簿、会计报告、查账报告、验资报告、财务会计制度，以及与经营管理和投资者权益有关的其他重要文件，如合同、章程等各种会计资料。

第三条 会计档案的保存。

1. 财务部应有专人负责保存会计档案。应定期将归档的会计资料按顺序立卷登记。

2. 会计档案的保管期限有永久保存和定期保存两类，具体保管年限按相关规定执行。

3. 会计档案保管期满需要销毁时，由会计档案管理人员提出销毁意见，经部门经理审查、总经理批准，报上级有关部门批准后执行；同时，由会计档案管理人员编制会计档案销毁清册。销毁时应由审计部和财务部有关人员共同参加，并在销毁单上签名或盖章。

第四条 会计档案的借用。

1. 财务人员因工作需要查阅会计档案时，必须按规定顺序及时归还原处，若要查阅入库档案，必须办理有关借用手续。

2. 集团内各单位若因公需要查阅会计档案时，必须经本单位领导批准证明，经财务经理同意，方能由档案管理人员接待查阅。

3. 外单位人员因公需要查阅会计档案时，应持有单位介绍信，经财务经理同意后，方可查阅；同时，档案管理人员应详细登记查阅会计档案人的工作单位、查阅日期、会计档案名称及查阅理由。

4. 会计档案一般不得带出档案室外，如有特殊情况需带出室外复制时，必须经财务部经理批准，并限期归还。

第五条 由于会计人员的变动或会计机构的改变等，会计档案需要转交时，须办理交接手续，并由监交人、移交人、接收人签字或盖章。

第六条 本办法适用于企业总部、下属全资及控股企业。

记账凭证核算组织流程

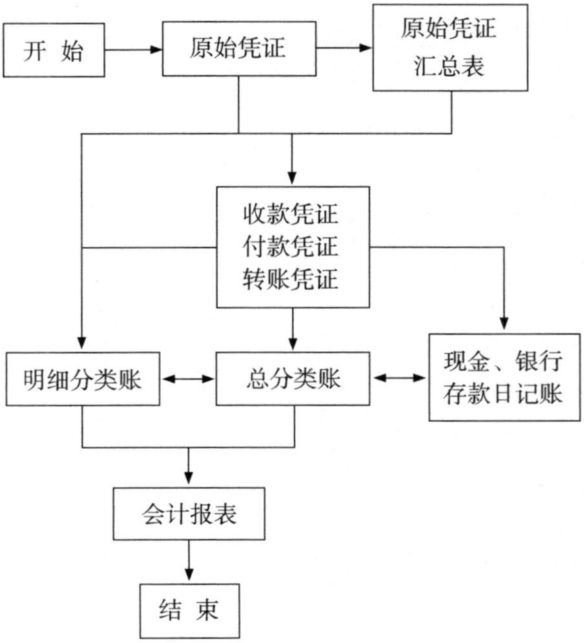

科目汇总表核算组织流程

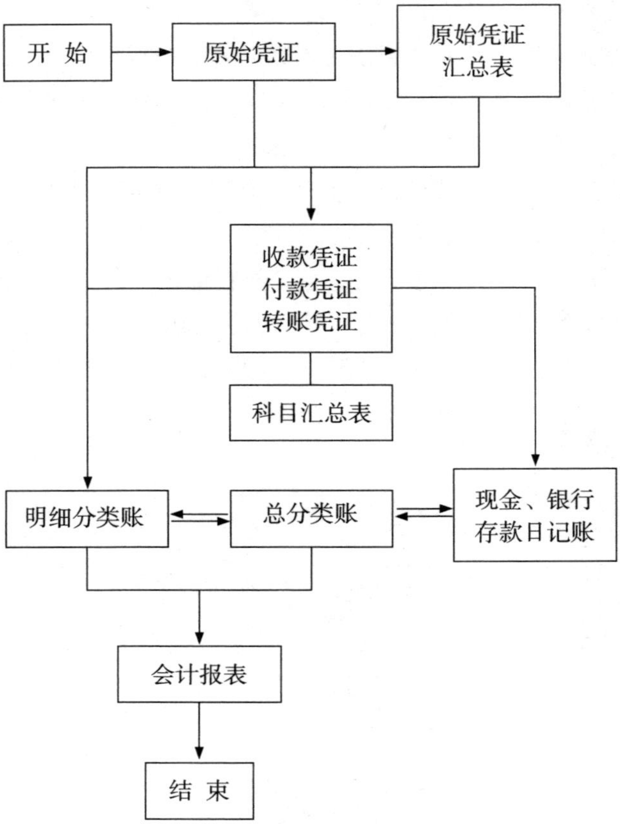

汇总记账凭证核算组织流程

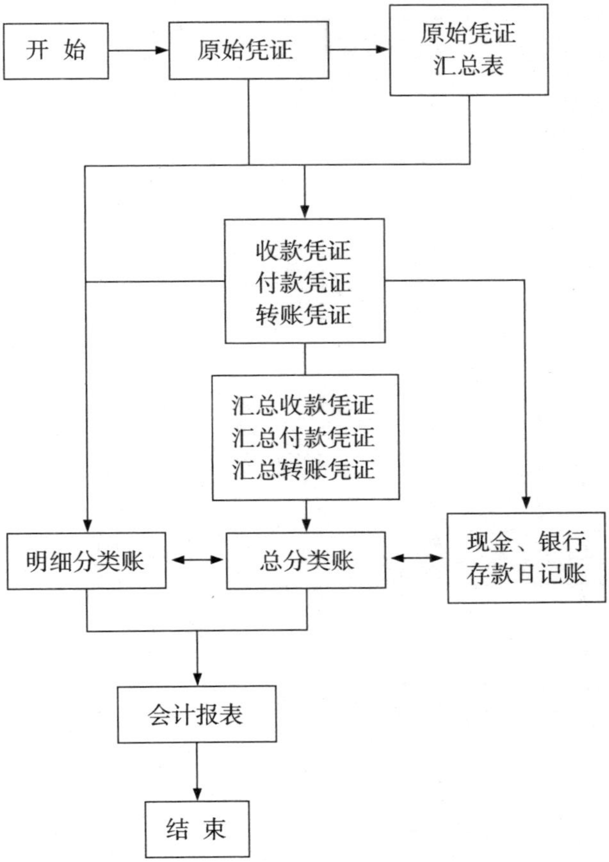

汇总记账凭证账务处理流程

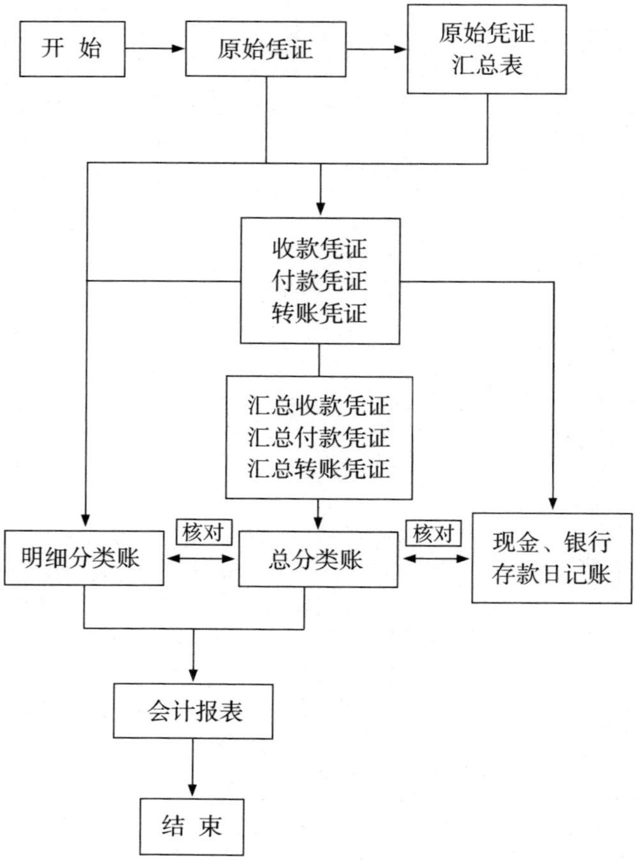

日记总账账务处理流程

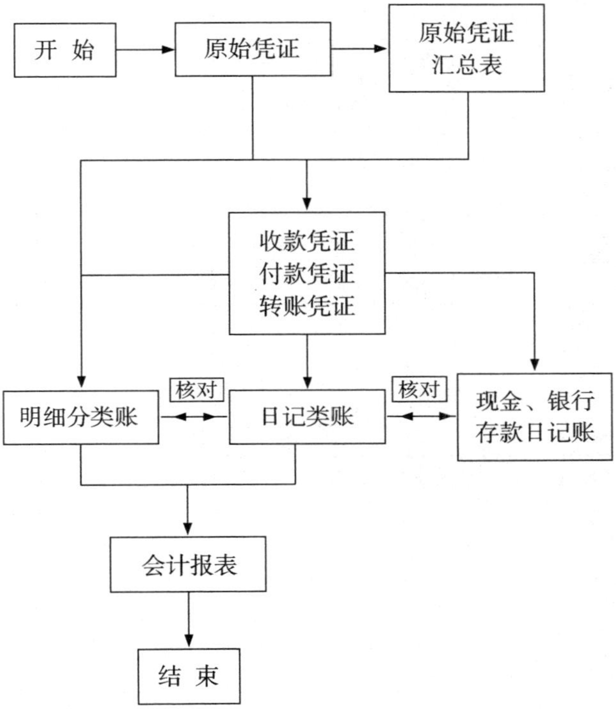

会计核算的方法

核算方法	内　　容
设置会计科目及账户	根据会计对象具体内容的不同特点和经济管理的不同要求，选择一定的标准进行分类，并按分类核算的要求，逐步开设相应的账户
复式记账	复式记账是对每一项经济业务，都以相等的金额同时在两个或两个以上的相关账户中进行记录的方法
填制和审核凭证	已经发生的经济业务，必须由经办人或单位填制原始凭证，并签名盖章。所有原始凭证都要经过会计部门和其他有关部门的审核，并据此编制记账凭证，作为登记账簿的依据

续表

核算方法	内　　容
设置与登记账簿	根据填制和审核无误的记账凭证，在账簿上进行全面、连续、系统的记录
成本计算	对应记入一定对象的全部费用进行归集、计算，并确定各对象的总成本和单位成本
财产清查	通过实物盘点、往来款项的核对来检查财产和资金的实有数额
编制会计报表	根据账簿记录的数据资料，采用一定的表格形式，综合地反映各单位一定时期内的经济活动过程和结果

出纳日报表

填表日期：

银行名称	存入张数	存入金额	支付张数	支付金额	备　　注
合计					

银行名称	前日结存	本日结存	本日支付	本日结存	现金结存		
					面额	数量	金额
合计							

总经理：　　　　　　经理：　　　　　　科长：　　　　　　出纳：

收入传票

制票时间			制票编号		
会计科目		摘要	金额	序时账页	分类账页
总账	分类账				
合计					

会计：　　登账：　　制表：　　制表日期：

支出传票

制票时间			付款日期		
制票编号			付款编号		
会计科目		摘要	金额	序时账页	分类账页
总账	分类账				
合　　计					

会计：　　登账：　　制表：　　制表日期：

现金转账传票

制票时间				制票编号		
会计科目		摘要	借方金额	贷方金额	序时账页	分类账页
合计						

会计：　　　　登账：　　　　制表：　　　　制表日期：

合并资产负债表

单位：元

资　　产	行次	年初余额	期末余额
1. 流动资产	1		
（1）货币资金	2		
其中：现金	3		
银行存款	4		
内部存款	5		
（2）短期投资	6		
减：短期投资跌价准备	7		
（3）短期投资净额	8		
（4）应收票据	9		
（5）应收股利	10		
（6）应收利息	11		
（7）应收账款	12		
减：坏账准备	13		
（8）应收账款净额	14		
（9）其他应收款	15		
减：坏账准备	16		
（10）其他应收款净额	17		
（11）应收内部单位款	18		
（12）预付账款	19		
（13）应收补贴款	20		
其中：应收出口退税	21		
（14）存货	22		
其中：原材料	23		
库存商品	24		

续表

资　　产	行次	年初余额	期末余额
减：存货跌价准备	25		
（15）存货净额	26		
（16）待摊费用	27		
（17）一年内到期的长期投资	28		
（18）其他流动资产	29		
流动资产合计	30		
2. 内部拨出款	31		
3. 长期投资	32		
长期股权投资	33		
长期债权投资	34		
减：长期投资减值准备	35		
长期投资合计	36		
其中：合并价差	37		
其中：股权投资差额	38		
4. 内部投资	39		
5. 固定资产	40		
（1）固定资产原价	41		
减：累计折旧	42		
（2）固定资产净值	43		
减：固定资产减值准备	44		
（3）固定资产净额	45		
（4）××资产	46		
减：××资产折耗	47		
（5）××资产净值	48		
减：××资产减值准备	49		
（6）××资产净额	50		
（7）工程物资	51		
（8）在建工程	52		

续表

资　　产	行次	年初余额	期末余额
（9）××支出	53		
（10）××支出	54		
减：在建工程减值准备	55		
（11）在建工程净额	56		
（12）固定资产清理	57		
固定资产合计	58		
6. 无形资产及其他资产	59		
（1）无形资产	60		
（2）研究成果	61		
减：无形资产减值准备	62		
（3）无形资产净额	63		
（4）长期待摊费用	64		
（5）其他长期资产	65		
无形资产及其他资产合计	66		
7. 递延税项	67		
递延税款借项	68		
资产总计	69		
8. 负债及股东权益			
9. 流动负债	70		
（1）短期借款	71		
（2）应付票据	72		
（3）应付短期债券	73		
（4）应付账款	74		
（5）其他应付款	75		
（6）内部存入款	76		
（7）应付内部单位款	77		

续表

资　　产	行次	年初余额	期末余额
（8）预收账款	78		
（9）应付工资	79		
（10）应付福利费	80		
（11）应付股利	81		
（12）应缴税金	82		
（13）其他应缴款项	83		
（14）预提费用	84		
（15）预计负债	85		
（16）一年内到期的长期负债	86		
（17）其他流动负债	87		
流动负债合计	88		
	89		
	90		
10. 内部拨入款	91		
	92		
11. 长期负债	93		
（1）长期借款	94		
（2）应付债券	95		
（3）长期应付款	96		
（4）专项应付款	97		
其中：安保基金	98		
技术开发费	99		
其他	100		
（5）其他长期负债	101		
长期负债合计	102		
	103		
12. 递延税项	104		
递延税款贷项	105		
负债合计	106		

续表

资　　产	行次	年初余额	期末余额
	107		
	108		
	109		
13. 少数股东权益	110		
	111		
	112		
14. 股东权益	113		
（1）股本	114		
其中：国家资本	115		
集体资本	116		
法人资本	117		
其中：国有法人资本	118		
集体法人资本	119		
个人资本	120		
外商资本	121		
减：已归还的投资	122		
（2）股本净额	123		
（3）内部资本	124		
（4）资本公积	125		
（5）盈余公积	126		
其中：法定盈余公积	127		
任意盈余公积	128		
公益金	129		
（6）未分配利润	130		
（7）外币报表折算差额	131		
（8）未确认的投资损失	132		
股东权益合计	133		
	134		
负债及股东权益总计	135		

合并现金流量表

单位：元

项目	行次	金额				
		分（子）企业内部	分企业业之间	分子企业之间	股份企业外部	合计
1. 经营活动产生的资金流量	1					
销售商品、提供服务收到的现金	2					
收到的税费返还	3					
收到内部费用性拨款（拨出以“－”号填列）	4					
收到的其他与经营活动有关的现金	5					
现金流入小计	6					
购买商品或接受劳务支付的现金	7					
支付给职工以及职工支付的现金	8					
交纳的各项税费	9					
上交折旧、利润等资金（收到以“－”号填列）	10					
支付的其他与经营活动有关的现金	11					
现金流出小计	12					
经营活动产生的现金流量净额	13					
2. 投资活动产生的现金流量	14					
收回投资所收到的现金	15					
取得投资收益所收到的现金	16					
处置固定资产、无形资产、其他长期资产收回的现金净额	17					
内部资本性拨入款（拨出以“－”号填列）	18					
收到的其他与投资活动有关的现金	19					
现金流入小计	20					
购建固定资产、无形资产、其他长期资产所支付的现金	21					

续表

项目	行次	金额				
		分（子）企业内部	分企业之间	分子企业之间	股份企业外部	合计
投资所支付的现金	22					
支付的其他与投资活动有关的现金	23					
现金流出小计	24					
投资活动所产生的现金流量净额	25					
3. 筹资活动产生的现金流量	26					
吸收投资所收到的现金	27					
其中：吸收少数股东权益性投资收到的现金	28					
借款所收到的现金	29					
获得内部资本收到的现金（投出以“－”号填列）	30					
收到的其他与筹资活动有关的资金	31					
现金流入小计	32					
偿还债务所支付的现金	33					
分配股利或利润或偿付利息所支付的现金	34					
其中：支付少数股东的股利	35					
减少内部资本支付的现金（收回内部投资以“－”号填列）	36					
支付的其他与筹资活动有关的现金	37					
现金流出小计	38					
投资活动产生的现金流量净额	39					
4. 汇率变动对现金的影响	40					
5. 现金及现金等价物增加额	41					

附表

1. 将净利润调节为经营活动的现金流量	42					
净利润	43					
计提的资产减值准备	44					
固定资产折旧	45					
长期待摊费用摊销	46					
无形资产摊销	47					
待摊费用减少（减：增加）	48					
预提费用增加（减：减少）	49					
处置固定资产、无形资产和其他长期资产的损失（减收益）	50					
固定资产报废损失	51					
财务费用	52					
勘探费用	53					
投资损失（减：收益）	54					
递延税款贷项（减：借项）	55					
存货的减少（减：增加）	56					
经营性应收项目的减少（减：增加）	57					
经营性应付项目的增加（减：减少）	58					
其他	59					
经营活动产生的现金流量净额	60					
2. 不涉及现金收支的投资和筹资活动	61					
债务转为资本	62					
一年内到期的可转换企业债券	63					
融资租赁固定资产	64					
3. 现金及现金等价物净增加情况	65					
现金的期末余额	66					
减：现金的期初余额	67					
现金等价物的期末余额	68					
减：现金等价物的期初余额	69					
现金及现金等价物净增加额	70					

合并利润及利润分配表

单位：元

项　　目	行次	本月数	本期累计数	上年同期数
1. 主营业务收入	1			
减：主营业务成本	2			
主营业务税金及附加	3			
2. 主营业务利润（亏损以“－”号填列）	4			
加：其他业务利润（亏损以“－”号填列）	5			
其中：其他业务收入	6			
其他业务支出	7			
减：营业费用	8			
管理费用	9			
勘探费用	10			
财务费用	11			
3. 营业利润（亏损以“－”号填列）	12			
加：投资收益（损失以“－”号填列）	13			
补贴收入	14			
营业外收入	15			
减：营业外支出	16			
4. 利润总额（亏损以“－”号填列）	17			
减：所得税	18			
少数股东权益	19			
加：未确认的投资损失	20			
5. 净利润（亏损以“－”号填列）	21			
加：年初未分配利润	22			
其他转入	23			
其他调整因素	24			
6. 可供分配的利润	25			
减：提取法定盈余公积	26			
提取法定公益金	27			

续表

项　　目	行次	本月数	本期累计数	上年同期数
提取职工奖励及福利基金	28			
提取储备基金	29			
提取企业发展基金	30			
利润归还投资	31			
利润归还借款	32			
单项留用利润	33			
7. 可供股东分配的利润	34			
减：应付优先股股利	35			
提取任意盈余公积	36			
应付普通股股利	37			
转作股本的普通股股利	38			
8. 未分配利润	39			
其中：应由以后年度税前利润弥补的亏损	40			

补充资料

项　　目	行次	本月数	本期累计数	上年同期数
1. 出售、处置部门或被投资单位所得收益	41			
2. 自然灾害发生的损失	42			
3. 会计政策变更增加（或减少）利润总额	43			
4. 会计估计变更增加（或减少）利润总额	44			
5. 债务重组损失	45			
6. 其他	46			

第四章　财务规划与管理实务

第一节　财务战略规划方向

财务战略的内容

1. 筹资战略即选择有利的筹资渠道和筹资方法，力求降低资金成本、提高借入资金的使用效果。

2. 投资战略即如何在较长期间内分配资金，发掘最具有市场潜力的产品，同时合理运用流动资金，发挥资金效益。

3. 利润分配战略即根据市场金融状况和企业财务状况确定利润分配政策，处理好集体利益和个人利益、短期利益和长期利益的关系。这是关系到企业兴衰的战略问题。

4. 财务结构战略即结合企业经营的状况，拟定有利于企业长远发展的资本结构，并在安全性、灵活性和有效性中寻求最佳结合点。

财务计划的内容

1. 明确的战略、经营和财务目标；
2. 基本假设；
3. 战略描述；
4. 应付偶然情况的计划；
5. 按时间、部门和类型等编制的各种预算；
6. 按资金来源和类型等划分的筹资计划；
7. 逐期预计的财务报表。

财务计划编制流程

1. 从现金预算着手，以销售为基础，考虑现销、赊销比例，信用条件，收款时间，支付方式等问题，做出时间与流量相匹配的预算表；

2. 根据销售情况考虑购进、生产耗费、工资、费用等现金流出量及时间；

3. 考虑与销售无关的其他现金流量，完成现金预算的编制；

4. 编制预计损益表。在现金预算的基础上，考虑其他会计调整惯例，如摊销无形资产、待摊费用、折旧等期末会计调整项目，按照权责发生制原则编制预测损益表；

5. 根据现金流量表、销售预算、生产预算、采购预算、资本预算、费用预算等编制预测资产负债表。

财务预算应注意的问题

（一）预算制定主体的定位

1. 谁参与制定预算

企业预算管理有两项职能，即管理决策和管理控制，不同职能对预算管理体系的设计有不同要求。为解决职能之间及部门之间的矛盾，在预算管理实践中，一方面应当让各部门参与到预算的制定中来，增加预算的科学性和可操作性；另一方面，要让企业最高领导参与制定预算并拥有最后决策权，唯此才能从整个企业的大局出发，制定出切实可行的预算方案。

2. 设置预算委员会

预算的制定应当是各参与方之间反复博弈的过程，在这个过程中，信息流动是多向的，也是反复的，直至达到最后的一致。应对预算制定流程进行如下设计：

（1）由预算委员会提出关键性指标，如销售量、销售价格、生产成本、目标利润等，但不必确定具体数值；

（2）将这些指标交由各职能部门充分讨论，直至形成一致意见。预算委员会需对讨论过程进行指导和监督；

（3）预算委员会据此确定预算总量指标，并初步分解到各职能部门；

（4）各职能部门根据分解的预算指标制定本部门的预算，并交预算委员会审核和汇总；

（5）预算委员会据此编制全面预算，并分发各职能部门。

（二）预算编制基础的选择

现行预算一般以年度为基础进行编制，这种编制方法即历年制。这种方法易于理解、便于用于业绩评价，但并没有充分的理论依据，因为企业的经营活动并不是以年度为周期，企业的经营活动或成果在年度与年度之间并不存在着明显的规律性。

历年制不适合于长期预算，因此应用以企业周期（包括企业生命周期和产品生命周期）为预算编制基础的周期制来替代历年制。

周期制并不否定历年制，而是对历年制的完善，使之在发挥原有功能的基础上更加切实可行。

（三）预算管理实施的思考

1. 避免目标置换

预算目标从属于企业目标，但在企业活动中常会出现严格按预算规定，始终围绕预算目标，而忽视企业目标的状况。为了防止预算控制中出现目标置换，一方面应当使预算更好地体现计划的要求，另一方面应适当掌握预算控制力度，使预算具有一定的灵活性。

2. 避免过繁过细

预算会对企业未来经营的每一个细节都做出具体的规定。这样实际上会导致各职能部门缺乏应有的余地，不可避免地影响企业运营效率。所以预算并非越细越好。预算应细化到什么程度，必须联系对职能部门授权的程度进行认真酌定。过细过繁的预算等于让授权名存实亡。

3. 避免因循守旧

预算制定通常采用基数法，即以历史的情况作为评判现在和未来的依据。这样职能部门就有可能故意增大日常支出，以便在以后年度中获得较高的预算支出标准。因此，必须采取有效的预算控制措施来避免这一现象，如通过详尽报表内容、健全报表体系等方法减少人为因素，提高预算的精确性和科学性。

4. 避免一成不变

预算制定出来以后，预算执行者应当对预算进行管理，促进预算的实施，必要时可根据实际情况进行修订和调整。预算管理不能一成不变，要对预算进行定期检查，如果情况已经发生重大的变化，就应当调整预算或重新制定预算，以达到预期目标。

第二节　企业财务管理与预算制度细则

企业预算管理制度

第一章　预算的编制

第一条　产品销售计划。该计划以产品分类为主，分内外销拟订。

第二条 生产计划的说明。即对产量及生产能力运用计划、质量计划、新产品或新技术的研究开发计划、机械修理维护计划、机械淘汰计划、人员合理化计划、成本控制计划等加以说明。

第三条 标准生产能力设定。即在正常编制下，以各生产部门主要生产设备的设计生产能力及生产效率所设定的标准生产能力，作为生产管理中心编制产销计划的参考，并作为考核实际生产效率的依据。

第四条 标准用料设定。即各生产部门每单位产成品主要原料的标准耗用量。它可作为生产管理中心编制生产计划和供应部编制采购计划的参考，并可作为考核原料耗用的依据。

第五条 营业计划说明。这是贸易部门与内销部门在预算年度中营业计划的书面报告，内容包括市场的开发、新产品的开发、旧产品的淘汰、新客户的开发或原有客户的淘汰、广告或其他销售推广政策、价格策略及账款回收政策、业务人员的增减异动、销售费用限制、本年度营业方面可能遭遇的困难及克服对策等的说明。

第六条 客户促销计划。由贸易部门及内销部门将根据市场情况、客户往来情况预计各客户的销售量以拟订的售价予以编制。

第七条 标准人工费用设定。标准人工费用是标准生产能力下，各部门的人员编制及用人费用标准。根据性质的不同，可分为直接人工及间接人工两项。生产计划确定后，可以此作为编制人工费用预算及考核人工效率的依据。

第八条 标准制造费用设定。标准制造费用是指在标准生产能力下，各部门耗用的电力、重油、材料、维修费用等费用指标。它分为变动及固定两项，是编制制造费用预算及考核费用支出的依据。

第九条 服务部门费用分摊设定。是按费用性质，依服务部门提供服务的比重，将服务部门费用分摊给生产部门的设定标准。

第十条 产销配合计划。这是公司预算产销活动的基本报表，由总经理办公室及生产管理中心根据营业部门及生产部门提供的资料、市场环境、生产状况、产成品存货水平及成本利润等因素加以协调而编制。

第十一条 生产计划。是指生产管理中心依据核定的产销计划所列的各项产品生产数量。它是考核各生产部门生产进度完成情况的依据。

第十二条 主要材料耗用量预算。本预算由生产部门依据生产计划及标准用料设定计算而成。

第十三条 主要材料采购预算。本预算由供应部依据主要材料耗用量预

算，估计材料的合理库存量、经济采购量及材料价格趋势等计算得出，是编制主要材料耗用成本的依据。

第十四条　固定资产扩建改良及专项费用预算。是供应部根据生产计划、产销配合计划及公司预算委员会决议事项所编制的年度资本支出预算、专案支出预算和完工进度表。

第十五条　生产成本预算。本预算是会计部依据所编制的各产品直接材料、直接人工及制造费用的总成本及单位成本预算得出的。

第十六条　销货成本预算。是会计部根据产销配合计划及生产成本预算计算得出的。

第十七条　营业收入预算。是会计部根据产销配合计划及预估的其他收入计算得出的。

第十八条　销售管理财务费用预算。是会计部参考前年度实际开支，并依据年度营业管理计划所编制的销售管理财务费用年度预算。

第十九条　损益预算。是会计部依据销售成本预算、营业收入预算及销售管理财务费用预算编制的年度损益预算。

第二十条　资金来源运用。是会计部根据年度产销库存计划、资本支出计划及债务偿还计划等资料编制而成。

第二十一条　管理计划说明。由公司总务部及人事部就组织编制合理化计划、人员变动计划、人力发展培训计划、管理规章办法的推行计划等加以说明，以供总经理办公室编写经营计划及作为会计部编制管理费用预算的参考。

第二十二条　经营计划说明。即由总经理办公室就前述有关资料，就营业、生产、原材料管理等计划加以综合及摘要的说明。

第二章　预算工作的组织与实施规定

第二十三条　公司预算委员会。包括主任委员（一般由总经理担任）、副主任委员（一般由副总经理担任）、委员（一般由贸易部经理、内销部经理、供应部经理、总务部经理、会计部经理、总经理办公室主任、第一厂厂长、第二厂厂长等组成）、执行秘书（一般由会计部副经理担任）。

第二十四条　×厂预算委员会。包括主任委员（一般由厂长担任）、委员（一般由副厂长、主任、组长等组成）、执行秘书（一般由专员担任）。

第二十五条　预算委员会的职责。

1. 决定公司或各厂的经营目标及方针；
2. 审查公司总部及各厂的初步预算并讨论修正事项；

3. 协调各部门间的矛盾或分歧事项；

4. 预算的核准；

5. 环境变化时，预算的修改及经营方针的变更；

6. 接受并分析预算执行报告。

第二十六条 预算执行秘书的职责。

1. 提供各部门编制预算所需的表单格式等；

2. 提供各部门所需的生产成本与收入等资料以供编制预算时参考；

3. 汇总各部门的初步预算，提出建议事项，交预算委员会讨论；

4. 监控预算编制的进度；

5. 比较与分析实际执行结果与预算的差异情况；

6. 监督各部门执行预算的有关事宜；

7. 其他有关预算推行的策划与联络事项。

第三章 预算编审程序及日程规定

第二十七条 公司预算委员会执行秘书着手拟定预算年度的初步经营目标，准备预算编制筹备事项，并编成会议资料。

第二十八条 召开公司预算委员会，说明预算编制程序，颁布公司年度经营目标。

第二十九条 召开各厂预算委员会会议，根据公司年度经营目标，颁发各厂年度经营目标，责成各部门主管着手拟订各项管理计划大纲及完成进度表，并设定产能、用料、人工及费用预算标准。

第三十条 贸易部、内销部及各厂各级主管开始编制预算，总务部、人事部开始拟订各项管理计划大纲及完成进度表。

第三十一条 总经理办公室及生产管理中心开始编制预算。

第三十二条 公司预算委员会执行秘书汇总各单位的初步预算及计划大纲，做成修正案提交公司预算委员会讨论。

第三十三条 召开第二次公司预算委员会会议，协调修正总经理办公室及生产管理中心提交的年度产销计划。核定各厂上报的产能、用料、人工及费用预算标准，以及各部门上报的管理计划大纲及完成进度表。

第三十四条 总经理办公室、生产管理中心、贸易部、内销部根据公司预算委员会决议事项修正预算，各厂根据核定的生产计划及用料标准编制材料耗用量预算及人工制造费用预算。各部门根据核定的管理计划大纲及进度表着手草拟计划草案。

第三十五条　供应部开始编制预算。

第三十六条　各厂开始编制生产成本预算。

第三十七条　会计部开始编制预算。

第三十八条　总经理办公室开始编制经营计划说明书。

第三十九条　召开第三次公司预算委员会会议，讨论通过年度经营计划及年度预算案。

第四十条　颁布年度经营计划及年度预算。

第四十一条　各单位开始编制下年度元月份预算。

第四章　预算资料编制单位及编送期限

第四十二条　本企业有关预算资料编制提供单位、编制时期、分送单位的事宜规定如下表所示，请各部门遵照执行。

企业资金预算制度

第一条　目的及依据

为提高企业经营绩效，配合财务部统筹及灵活运用资金以充分发挥其经济效用，各单位除应按年编制年度资金预算外，并应逐月编制资金预计表，以便达到资金运用的最好效益。

第二条　资金范围

本制度所称资金，系指库存现金、银行存款及随时可变现的有价证券。为定期编表计算及收支运用方便起见，预计资金仅指现金及银行存款。

第三条　工作期间

1. 资料提供部门除应于年度经营计划书编订时提送年度资金预算外，还应于每月 24 日前将逐月预计的次 3 个月的资金收支资料送会计部，以利于汇编。

2. 会计部应于每月 28 日前编妥次 3 个月的资金来源运用预计表，并于次月 15 日前，编妥上月份实际与预计比较的资金来源运用比较表一式 3 份。呈总经理核阅后，该表一份自存，一份留存总经理办公室，一份送财务部。

第四条　内销收入

营业部门依据各种销售条件及收款期限，预计可收（兑）金额编列。

第五条　劳务收入

营业部门收受同业产品代为加工，依公司收款条件及合同规定预计可收（兑）现数编列。

第六条　退税收入

退税部门依据申请退税进度，预计可退金额编列。核退营业税虽非实际退现，但因能抵缴现金支出，应视同退现。

第七条　其他收入

凡无法直接归属于上列各项收入的皆属于其他收入，如财务收入、融资收入等。其数额在 10 万元以上者，均应加以说明。

第八条　资本支出

1. 土地依据购地支付计划提供的支付预算金额编列；

2. 房屋依据兴建工程进度，预计所需支付资金编列；

3. 设备分期付款、分期缴纳关税等，依据分期付款偿付日期予以编列；

4. 杂项设备、预付工程定金等，工程部依据工程合同、进度、外购信用证开立计划，预计支付资金编列。

第九条　材料支出

原材料部依订购、采购、结汇的类别，分别按照预计内、外购原物料支付资金进行编列。

第十条　薪金

会计部依据产销计划等资料及最近实际发生数，估计预计支付数编列。

第十一条　经常费用

1. 外部协作费用外协经办部门应参照外协厂商约定的付款条件等资料，估计预计支付数编列；

2. 制造费用、营业部依据营业计划，参照以往月份推销费用占营业额的比例推算编列；

3. 推销费用、营业部依据营业计划，参照以往月份推销费用占营业额的比例推算编列；

4. 管理费用、会计部参照以往实际数及管理工作计划编列；

5. 财务费用、会计部依据财务部资金调度情况，核算利息支付编列。

第十二条　其他支出

凡不属于上列各项的支出都属于“其他支出”。

第十三条　异常说明

各单位应按月编制《资金来源运用比较表》，以了解资金实际运用情况。实际数与预计比较每项差异在10%以上者，应由资料提供部门填列《资金差异报表》，列明差异原因，于每月 10 日前送会计部汇编。

第十四条　本制度经总经理核准后实施，修改时亦同。

零基准预算制度

第一条 零基准预算的产生

零基准预算又被称作 ZBB，即 Zero – Base – Budgeting 的略称。这个名副其实的零基准预算的构想，诞生于美国。

第二条 零基准预算的含义

ZBB 是 Zero – Base – Budgeting 的略称，具体是指 Zero – Base Planning and Budgeting System 的略称。

也就是说，零基准预算就是在零基准上的业务计划及预算方式。

此处最重要的可能就是零基准这句话的意思了。零基准，就是从白纸状态开始，希望能打破预算，也可以说是从什么都没有的状态出发的意思。

零基准预算在公司的预算编成中，须重新评估公司里各种业务的目的，去除已经不要的业务，找出眼前公司真正必须进行的业务。然后，就这些业务对公司的重要程度编出顺序，再从排序优先的业务开始，从已定财源的范围内拨出预算以进行业务的做法。

第三条 零基准预算的操作方式

零基准预算的进行方式可分为：

1. 个别业务计划表的制作

就预算设定对象的各个业务个案，制作成记载其目的、预测中的成果及必要费用等的个别业务计划表。

2. 设定个别业务计划表的优先顺序

在此处，对于制作好的个别业务计划表，先由经营上的观点来设定优先度，再依其顺序进行。

3. 决定个别业务计划的采用

从编好优先顺序的个别业务计划表中优先度高的开始，进行其个别必要费用的累积，最后所采用的业务计划是总值符合利益计划所要求的预算范围者。

经营计划与预算资金管理制度

第一条 经营计划与预算制订

随着科技的不断发展和市场竞争的日益激烈，如何使成本降低并获取最大利润已成为企业界努力的共同方向。通常来说，制订完善的经营计划和进行规范科学的预算可以帮助企业降低风险，提高经济效益。

本计划旨在提高工作效率，主要是对下一年度的经营目标与经营方针预作提示，责成各部门依据公司目标，拟订（或修订）相关管理制度或改善方案，并配合年度预算的编制，预测产品市场的增减变动，配合设定之产能与成本标准，拟订年度产销计划，预估年度损益及资金的调度运用，并作为考核各部门执行绩效的依据。通过各种标准的设定，事前的合理规划，并经由各管理阶层的积极参与，以达到避免错误，减少浪费，激励士气，达到降低成本创造利润的目的。

第二条 经营目标

1. 总目标不断加强企业资金管理，不断进行开拓创新，迅速提高营业额，合理控制成本，使利润最大化。

2. 各部门目标

(1) 贸易部

①充分消化现有产能；

②利用现有市场，购销相关产品，扩大营业额；

③销售费用的控制（运输费用、报关费用、保险费用等）；

④呆品处理；

⑤外销成长率（　　）%，年度外销金额（　　）元。

(2) 内销部

①估计内销产品销售数量，协调生产管理中心建立适当库存量；

②建立内销销售网，扩大现有客户的采购规格及数量；

③呆品处理；

④内销成长率（　　）%，年度内销金额（　　）元。

(3) 供应部

①建立机物料 ABC 分类，实施重点控制。

②建立各主要原物料安全库存量，经济采购量。选择优良供应厂商，商订长期采购合同；加强比价功能，降低采购价格。

③降低平均库存量：A 料（　　天），（　　）磅。B 料（　　）天，（　　）磅。机物料降低（　　）%，（　　）元。

(4) 总务部人事科

①建立员工进用升迁，薪资考核奖惩的人事制度；

②精简人事，控制管理费用。

(5) 事业关系室

①建立人物出入厂管理规则；

②加强警卫勤务训练。

（6）会计部

①修订现行会计制度，精简作业流程，加强管理会计功能；

②适时提供各项管理报表；

③强化现金预测功能，灵活资金调度；

④严格审核费用开支，控制预算；

⑤每月实施存货盘点。

（7）总经理室（生产管理中心）

①研究开发新产品、新技术、新配方；

②推动或审核各种专案研究；

③协调产销活动，拟定或修改生产计划，追踪管理生产进度；协助第一、二厂调度人力，协调各中间生产单位，原料的调度移拨，避免产能闲置或停机待料，或超量生产；

④研拟人员训练计划。

（8）第一、二厂

①总务

a. 改善员工伙食方案；

b. 改善工作环境，照顾员工生活，加强福利娱乐措施。

②工程保全拟订年度机器设备维修计划

③质管

a. 拟订（修订）质量管理标准；

b. 推动 QCC 活动（质量管理圈）；

c. 拟订“改善提案制度”。

④生产

a. 严格管理生产进度，全力完成生产计划目标；

b. 管理原料耗用；

c. 灵活人员调度，避免闲置人员；

d. 机动调拨各种原料供应，避免停机待料；

e. 加强机器修护，强化在职训练，提高生产效率，精减人员编制。

第三条 预算编制的内容及说明

1. 营业计划说明书

本表是贸易部与内销部在预算年度中营业计划的书面报告；内容包括：市场的展望、新产品的开发、旧产品的淘汰、新客户的开发或旧客户的淘汰、广告或其他销售推广政策、售价政策、授信及账款回收政策、业务人员的增减异动、销售费用的限制、本年度营业方面所可能遭遇的困难及其克服对策等的说明。

2. 客户别销售计划表

由贸易部及内销部根据市场情况、客户往来情况预计各客户的销售量以拟订的售价予以编制。（外销方面如无法依客户别预估时，则依销售地区别预测）

3. 产品别销售计划表

本表系以产品别为主，分内外销，由表二汇总编制而成。

4. 生产计划说明书

由第一、二厂就产量及产能运用计划、质量计划、新产品或新技术（包括新配合）的研究开发计划、机械修护计划、机械淘汰更新及扩建计划、人员合理化计划、成本控制计划、本年度生产上所可能遭遇的困难及其克服对策等加以说明。

5. 标准产能设定表

系按各生产部门正常编制下，主要生产设备的设计产能及生产效率所设定的标准产能，作为生产管理中心编制产销配合计划表的参考，并作为考核实际生产效率的依据。

6. 标准用料设定表

系各生产部门产制品每单位主要原料的标准耗用量，作为生产管理中心编制生产计划及供应部编制采购计划的参考，并作为考核原料耗用的依据。

7. 标准人工费用设定表

系各部门在标准产能下，配置的人员编制及用人费用标准。依性质分为直接人工及间接人工两项，俟生产计划确定后，作为编制人工费用预算及考核人工效率的依据。

8. 标准制造费用设定表

系各部门在标准产能下，耗用的电力、重油、机物料、维修等费用标准，分为变动及固定两项。作为生产计划确定后编制制造费用预算表及考核费用支出的依据。

9. 服务部门费用分摊设定表

系按费用性质，依服务部门提供服务的比重，分配服务部门费用给生产部门的设定标准。

10. 产销配合计划表

本表是本公司预算年度产销活动的基本报表，由总经理室及生产管理中心根据营业部门及生产部门提供的资料，综合市场环境、生产状况、制成品存货水准及成本利润等因素，加以协调而编制，提经公司预算委员会讨论的年度产销计划。

11. 生产计划表

系生产管理中心依据经核定实施的产销配合计划表内所列各项产品生产数量，而排定的各中间及最后生产部门产制品的计划生产数量表，作为预算年度追踪考核各生产部门生产进度达成率的依据。

12. 主要材料耗用量预算表

本表由生产部门依据生产计划及标准用料设定表加以汇编而成。

13. 资材计划说明书

由供应部就库存政策、采购政策、付款计划等加以说明。

14. 主要材料采购预算表

本表由供应部依据主要材料耗用量预算表斟酌材料的合理库存、经济采购量及材料价格趋势等予汇编，作为编制主要材料耗用成本的依据。

15. 固定资产扩建改良及专案费用预算表

系供应部根据营业计划说明书，生产计划说明书、产销配合计划表及公司预算委员会决议事项所编制的年度资本支出及专案支出预算与完工进度表。

16. 工缴汇总表

系一厂、二厂依据生产计划表，标准人工费用设定表，标准制造费用设定表，固定资产扩建改良及专案费用预算表所编制的人工及制造费用年度预算金额。

17. 生产成本预算表

本表系会计部依据表十一、十二、十四、十六所编制的各产品直接材料、直接人工及制造费用的总成本及单位成本预算表。

18. 销货成本预算表

系会计部根据产销配合计划表及生产成本预算表加以汇编而成。

19. 营业收入预算表

系会计部根据产销配合计划表及预估的其他收入加以汇编而成。

20. 推销管理财务费用预算表

系会计部参酌前年度实际开支，并依据年度营业管理计划所编制的推销管理财务费用年度预算表。

21. 损益预算表

系会计部依据表十八、表十九、表二十编制的年度损益预算表。

22. 资金来源运用表

系会计部根据年度产销库存计划、资本支出计划及债务偿还计划等资料编制而成。

23. 管理计划说明书

由公司总务部及人事科就组织编制合理化计划、人员增减异动计划、人力发展训练计划、管理规章办法的推行计划等加以说明，以供总经理室编写经营计划及会计部编制管理费用预算的参考。

24. 经营计划说明书

由总经理室就前述有关资料、营业生产、材料管理等计划加以综合及摘要的说明。

第四条 推行预算制度的组织

1. 公司预算委员会

主 任 委 员：总经理

副主任委员：副总经理

委　　　员：贸易部经理

内销部经理

供应部经理

总务部经理

会计部经理

总经理室主任

生产管理中心主任

第一厂厂长

第二厂厂长

执行秘书：会计部副经理

2. 一厂预算委员会

主任委员：厂长

委　　员：副厂长

副 厂 长

主　　任

执行秘书：专员

3. 二厂预算委员会

主任委员：厂长

委　　员：副厂长

副 厂 长

主　　任

科　　长

科　　长

执行秘书：专员

4. 预算委员会的职责

（1）决定公司或各厂的经营目标及方针；

（2）审查公司各部及一、二厂的初步预算并讨论建议修正事项；

（3）协调各部门间的矛盾或分歧事项；

（4）预算的核准；

（5）环境变更时，预算的修改及经营方针的变更；

（6）接受并分析预算执行报告。

5. 预算执行秘书的职责

（1）提供各部门编制预算所需的表单格式及进度表等；

（2）提供各部门所需的生产、收入成本与费用等资料以供编制预算的参考；

（3）汇总各部门的初步预算，提出建议事项，交预算委员会讨论；

（4）督促预算编制的进度；

（5）比较与分析实际执行结果与预算的差异情况；

（6）劝导各部门切实执行预算有关事宜；

（7）其他有关预算推行的策划与联络事项。

第五条　预算编审程序及日程进度

1月×日　公司预算委员会执行秘书着手拟订预算年度初步设定的经营目标，及准备预算编制筹备事项，并编成会议资料。

1月×日　召开公司预算委员会，说明预算编制程序，颁布公司年度经营目标。

1月×日　召开一、二厂预算委员会，根据公司年度经营目标，颁布一、二厂年度经营目标，责成各部门主管着手拟订各项管理计划大纲及完成进度表，并设定产能、用料、人工及费用预算标准。

1月×日　贸易部、内销部及一、二厂各级主管开始编制预算，总务部、人事室、事业关系室开始拟订各项管理计划大纲及完成进度表。

2 月 × 日　总经理室及生产管理中心开始编制预算。

公司预算委员会执行秘书汇总各单位的初步预算及计划大纲，做成修正案提交公司预算委员会讨论。

2 月 × 日　召开第二次公司预算委员会，协调修正总经理室及生产管理中心提报的年度产销计划。核定一、二厂提报的产能、用料、人工及费用预算标准及各部门提报的管理计划大纲及完成进度表。

2 月 × 日　总经理室、生产管理中心、贸易部、内销部根据公司预算委员会决议事项修正预算，一、二厂根据核定的生产计划及用料标准、编制材料耗用量预算及人工制造费用预算。各部门根据核定的管理计划大纲及进度表着手草拟计划草案。

2 月 × 日　供应部开始编制预算。

2 月 × 日　一、二厂开始编制生产成本预算。

2 月 × 日　会计部开始编制预算。

3 月 × 日　总经理室开始编制经营计划说明书。

3 月 × 日　召开第三次公司预算委员会，讨论通过年度经营计划及年度预算案。

3 月 × 日　颁布年度经营计划及年度预算。

3 月 × 日　各单位开始编制下一年度元月份预算。

第三节　企业财务管理工作流程

财务预测的流程

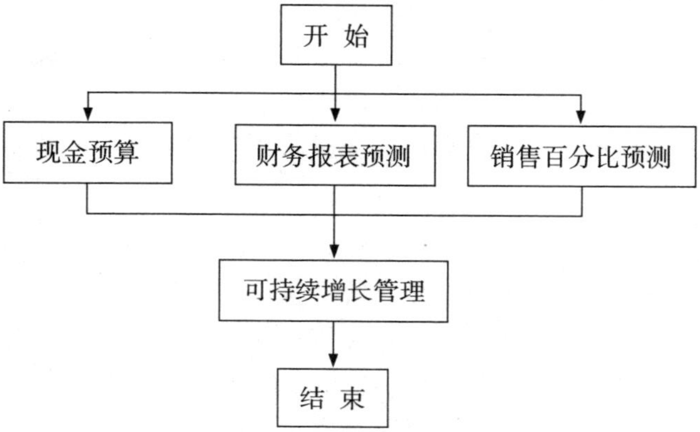

财务报表预测的流程

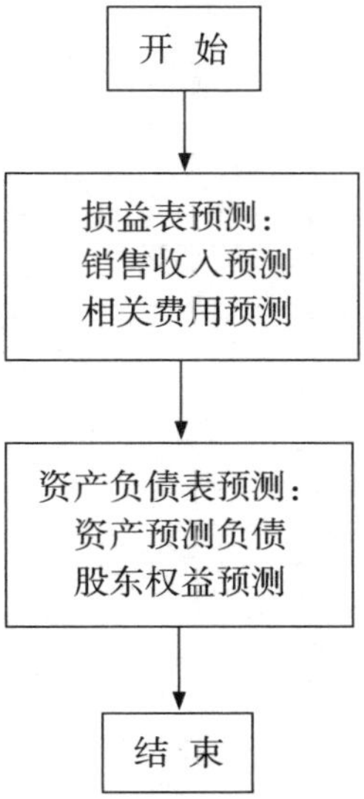

销售百分比预测的流程

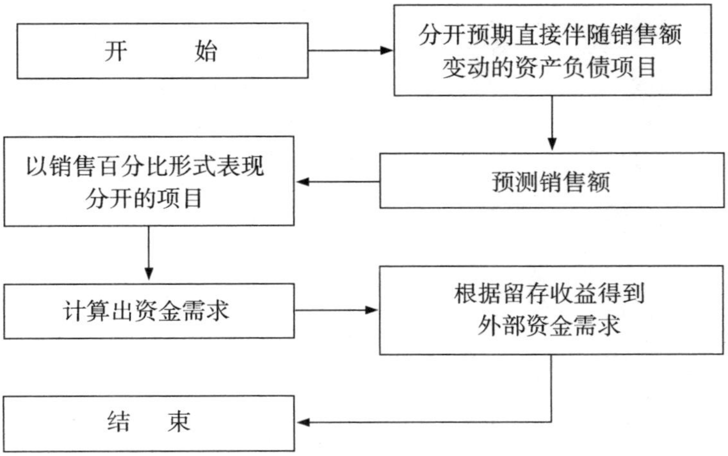

可持续增长管理的流程

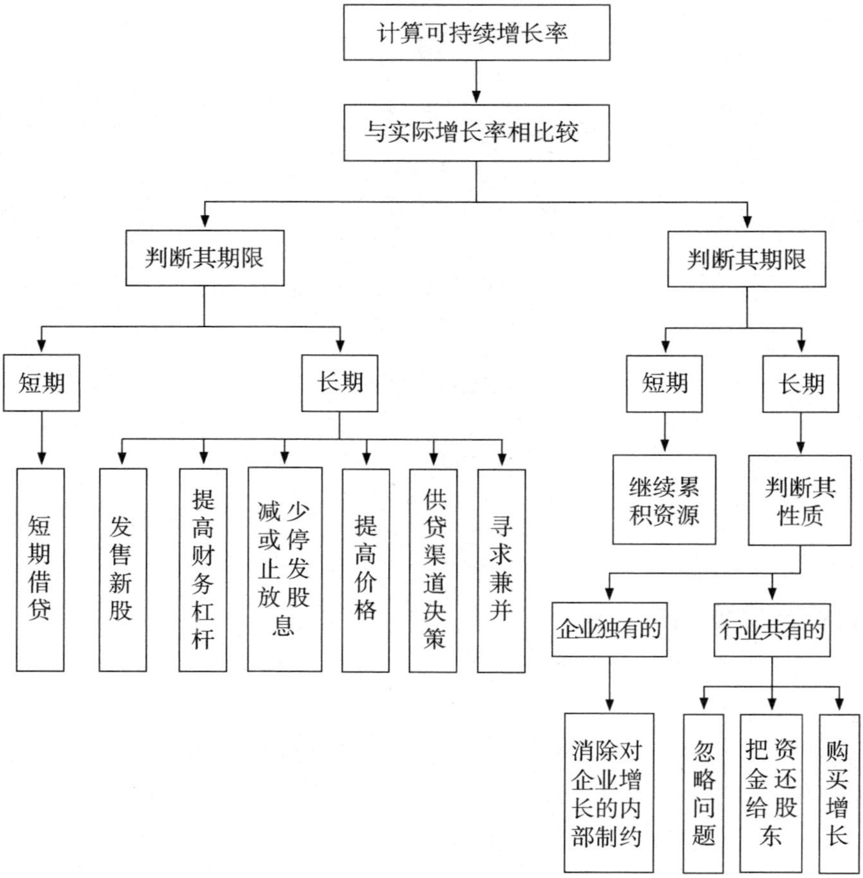
计算可持续增长率
与实际增长率相比较
判断其期限
判断其期限
短期
长期
短期
长期
短期借贷
发售新股
提高财务杠杆
减少或停止发放股息
提高价格
供贷渠道决策
寻求兼并
继续累积资源
判断其性质
企业独有的
行业共有的
消除对企业增长的内部制约
忽略问题
把资金还给股东
购买增长

现金预算的流程

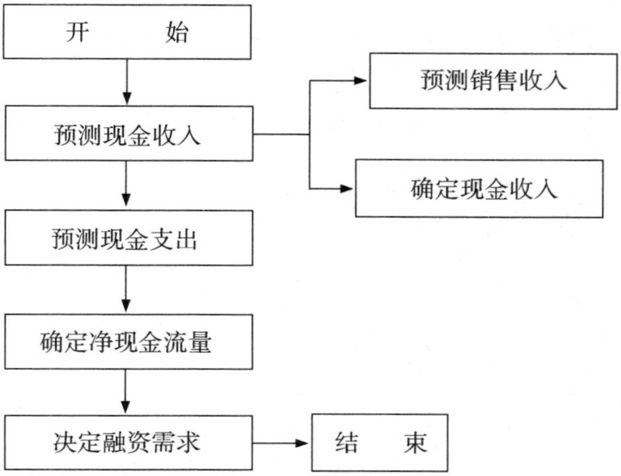

预算资料编制表

序号	资料名称	提供部门	编制期间	分送单位	说明
1	营业计划说明书初稿	贸易部 内销部	10/13－10/25	总经理办公室、生产管理中心和会计部	
2	客观别销售计划表初稿				
3	产品别销售计划表初稿				
4	生产计划说明书初稿	一厂、 二厂	10/13－10/25	总经理办公室、生产管理中心和会计部	
5	标准生产能力设定表初稿				
6	标准用料设定表初稿				
7	标准人工费用设定表初稿				
8	标准制造费用设定表初稿				
9	服务部门费用分摊设定表初稿				

续表

序号	资料名称	提供部门	编制期间	分送单位	说明
10	产销配合计划表初稿	总经理办公室和生产管理中心	10/26 - 10/31	贸易部、内销部和会计部	
11	生产计划表初稿			一厂、二厂	
12	第一项、第二项、第三项	贸易部、内销部	11/2 - 11/5	总经理办公室、生产管理中心和会计部	
13	第五、六、七、八、九项	一厂、二厂			
14	第十项	总经理办公室和生产管理中心		贸易部、内销部和会计部	
15	第十一项	生产管理中心		一厂、二厂和会计部	
16	主要材料耗用量预算表	一厂、二厂	11/6 - 11/8	供应部、会计部	
17	资材计划说明书	供应部	11/9 - 11/12	总经理办公室、会计部、一厂、二厂	
18	主要材料采购预算表				
19	固定资产扩建改良及专家费用预算表				
20	生产成本预算表				
21	销售成本预算表	会计部	11/20 - 11/30	总经理办公室	
22	营业收入预算表				
23	推销管理财务费用预算表				
24	损益预算表				
25	资金来源运用表				
26	管理计划说明书	总务部	11/13 - 12/1	总经理办公室和会计部	
27	经营计划说明书	总经理办公室	12/1 - 12/4	会计部	

预算申请表

编号：　　　　　　　　　　　　　填写日期：　　　　　　　　　　　　　单位：元

预算编号	预算名称	用途	说明	单价	数量	申请金额
合　　计						
批　　示						

填写：　　　　　　　　　　审核：

预算表

编号：　　　　　　　　　　　　　　　　　　　　　　　　　　　　单位：元

借方科目	借方金额	备注调整	贷方科目	贷方金额	备注调整
现金			股本		
应收账款			公积金		
应收票据			制造费用		
坏账准备			制成品		
原料			机器设备		
辅料			折旧设备		
在制原料			管理费用		
在制品辅料			销货		
在制人工			销货成本		
在制品费用			销货退回		
应付票据			销货折扣		
应付凭单			财务费用		
已分摊制造费			财务收入		
已分摊管理费			本期利润		

填写日期：

预算计算办法表

预算编号	预算项目	预算方法	另行考虑因素
使用单位		第一副本	

制表：　　　　　　　　　　　　制表日期：

预算控制表

日期		凭证号码	摘要	支付金额	累计金额	超支金额	备注
月	日						

说明：备注中应填写“变更”或“追加”并注明理由

制表：　　　　　　　　　　　　制表日期：

第五章　企业资金管理方案

第一节　企业的筹资管理

筹资管理的内容

筹集资金的渠道是指企业取得资金的来源。筹集资金的方式是指企业取得资金的具体形式。资金从哪里来和如何取得资金既有联系，又有区别。同一渠道的资金可以用不同的方式取得，而同一筹资方式又可适用于不同的筹资渠道。所以，企业管理者必须对各种筹资渠道和筹资方式的特点加以研究，以便确定最理想的资金来源结构。

筹资的渠道

1. 政府资金

政府对企业的投资是国有企业的主要资金来源，在各种资金来源中占有重要地位。在西方发达国家，也有许多公用事业和高风险的企业是依靠政府来投资的。

2. 借贷资金

企业借贷资金主要是指企业向各商业银行申请的借款。这是企业筹资的主要渠道。另外，借贷资金还包括企业向非银行金融机构，如信托投资企业、租赁企业、保险企业及民间金融组织借入的资金。

3. 企业之间的资金拆借

在生产经营过程中，企业往往有部分暂时闲置的资金，甚至可在较长时间内腾出部分资金，如未动用的企业留用利润等，可在企业之间相互调剂利用。随着横向经济联合的发展，企业间资金联合的资金融通有了广泛发展。其他企业投入资金包括联营、入股、债券及各种商业信用，既有长期的稳定的联合，又有短期的临时的融通。其他企业投入的资金往往同本企业的生产经营活动有密切联系，有利于促进企业间的经济联系，开拓本企业的经营业务。这种资金渠道得到了广泛利用。

4. 利用员工资金和民间资金

企业员工和城乡居民的投资，都属于个人资金渠道。企业员工入股可以增强员工归属感，激发员工的工作积极性。此外，有些企业向非本单位员工发行股票、债券，这一资金渠道在盘活闲置资金方面具有重要的作用。

5. 企业自留资金

企业自留资金主要是指企业留用的，用作企业的生产发展基金、新产品试制基金、后备基金、员工福利基金、员工奖励基金的利润，其中前三项在一定条件下可转化为生产经营资金。随着企业经济效益的提高，企业自留资金的数额将日益增加。

6. 国际资本市场资金

国际资本市场筹资已成为当今企业筹资的重要方式，越来越多的企业都选择在海外上市，也有越来越多的资金投入国际资本市场。

筹资的方式

1. 发行股票

即企业通过发行股票进行筹资。这是企业筹集长期资金的重要方式。

2. 发行债券

即企业通过发行债券进行筹资。这是企业筹集资金的又一重要方式。

3. 银行借款

即企业向银行申请贷款，通过信贷进行筹资。

4. 租赁

租赁是出租人以收取租金为条件，在契约或合同规定的期限内，将资产出让给承租人使用。现代租赁是企业解决资金来源的一种筹资方式。按其性质的不同，租赁可分为经营性租赁和筹资性租赁两种。

5. 联营

与筹资直接有关的联营，主要是原有企业吸收其他投入资金和若干企业联合出资建立的合资经营企业。兴办合资经营企业，能够集中多方面资金，扩大经营范围，甚至建立规模较大的经济联合体；还可以同时进行技术、劳力、土地、资源等多种生产要素的联合，发挥各方面的优势，增强企业的活

力和竞争能力。

6. 商业信用

商业信用是指商品交易中以延期付款或预收货款进行购销活动而形成的借贷关系，是企业之间的直接信用行为。其主要形式有先取货后付钱和先付钱后取货两种形式。它是企业筹集短期资金的一种方式。

7. 企业内部积累

即企业内部资金的筹资方式，主要是利用企业留存收益即盈余公积金、公益金、未分配的利润等。另外，西方国家的企业也有利用变卖企业资产筹资和利用企业应收账款筹资的方式。

上述各种不同的筹资方式是和不同的资金投向及筹集渠道相关联的，因此企业必须做出合理的选择。为了保护企业的长远利益，企业应以内部积累为首要筹资方式，以提高企业的适应能力；其他方式的筹资，则应以筹资速度的快慢、筹资弹性的大小、筹资成本的高低及风险的大小等因素进行综合考虑，加以选择。

银行借款的操作程序

1. 企业提出借款申请

企业需要向银行借款，应当向主办行或其他银行的经办机构直接申请，填写借款申请书，同时向银行提交以下资料。

（1）借款人及保证人的基本情况；

（2）财政部门或会计（审计）事务所核准的上年度财务报告以及申请借款前一期的财务报告；

（3）原有不合理占用的贷款的纠正情况；

（4）抵押物、质押物清单和有处分权人的同意抵押、质押的证明，以及保证人拟同意保证的有关证明文件；

（5）项目建议书和可行性报告；

（6）银行认为需要提供的其他有关资料。

2. 银行的审查和审批

银行接受企业的借款申请后，按企业的领导者素质、经济实力、资金结构、履约情况、经营效益和发展前景等因素，对其信用等级进行评估，并对借款的合法性、安全性、营利性等情况进行调查，核实抵押物、质押物、保证人的情况，测定借款的风险度。银行审查人员对调查人员提供的资料进行

核实、评定，复测借款风险度，提出意见，按规定权限报批。

3. 签订借款合同

银行对借款申请审查之后，认为各项均符合规定，并同意贷款的，即与借款人签订借款合同。在借款合同中约定借款种类、借款用途、借款金额、利率、借款期限、还款方式、借贷双方的权利与义务、违约责任、纠纷处理，以及双方认为需要约定的其他事项。

4. 借款的提取

借款合同在签订之日即发生效力。银行要根据借款合同规定按期发放贷款，否则应偿还违约金。企业可按借款合同办理提款手续。企业的提款应在合同规定的期限内按照计划一次或多次办理。

5. 银行贷后检查

企业提取借款后应接受银行对其资金使用情况和有关生产经营情况、财务活动的监督。一般，贷款发放后的 7 ~ 10 天内，银行要对借款用途、借款的物资保证情况、企业还款来源和还款能力，以及商业企业的库存情况进行跟踪检查。对未根据借款合同使用借款的，要提出处理意见，经同意后执行。

6. 借款的归还

借款企业应当根据借款合同规定按期足额归还借款本息。

一般情况下，在短期借款到期前一个星期、中长期借款到期前一个月，银行会向借款企业发送还本付息通知单。借款企业应及时筹备资金，主动开出结算凭证，归还借款本息或由银行从其存款账户上扣收借款本息。

筹资管理制度

第一章　总　则

第一条　为规范公司经营运作中的筹资行为、降低资本成本、减少筹资风险、提高资金运作效率，特制定本制度。

第二条　本制度适用于公司总部、各子公司、分公司的筹资行为。

第三条　本制度所指的筹资，是指权益资本筹资和债务资本筹资。权益资本筹资是由公司所有者投入及以发行股票方式筹资；债务资本筹资是指公司以负债方式借入资金并到期偿还资金的方式筹资，包括短期借款、长期借款、应付债券、长期应付款等方式筹资。

第四条 筹资的原则。

1. 遵守国家法律、法规原则；

2. 统一筹措、分级使用原则；

3. 综合权衡、降低成本原则；

4. 适度负债、防范风险原则。

第五条 资金的筹措、管理、协调和监督工作由公司财务部统一负责。

第二章 权益资本筹资

第六条 权益资本筹资通过吸收直接投资和发行股票两种筹资方式取得。

1. 吸收直接投资是指公司以协议等形式吸收其他企业和个人投资的筹资方式；

2. 发行股票筹资是指公司以发行股票来筹集资金的方式。

第七条 吸收直接投资筹资程序。

1. 吸收直接投资须经公司股东大会或董事会批准；

2. 与投资者签订投资协议，约定投资金额、所占股份、投资日期，以及投资收益与风险的分担等；

3. 财务部负责监督所筹集资金的到位情况和实物资产的评估工作，并请会计师事务所办理验资手续，公司据此向投资者签发出资报告；

4. 财务部在收到投资款后应及时建立股东名册；

5. 财务部负责办理工商变更登记和公司章程修改手续。

第八条 吸收投资时不得吸收投资者已设有担保物权及租赁资产的出资。

第九条 筹集的资本金，在生产经营期间，除投资者依法转让外，不得以任何方式抽走。

第十条 投资者实际缴付的出资额超出其资本金的差额（包括公司发行股票的溢价净收入）以及资本汇率折算差额等计入公司资本公积金。

第十一条 发行股票筹资程序。

1. 发行股票筹资必须经过股东大会批准。

2. 拟订发行新股申请报告。

3. 董事会向有关授权部门申请。

4. 申请被批准后，公告招股说明书和财务会计报表及附属明细表，与证

券经营机构签订承销协议；定向募集时向新股认购人发出认购公告或通知。

5. 招认股份，缴纳股款。

6. 改组董事会、监事会，办理变更登记并向社会公告。

第十二条 公司财务部建立股东名册，其内容包括股东姓名、名称、住所、所持股份、股票编号及股东取得股票的日期等。

第三章 债务资本筹资

第十三条 债务资本的筹资工作由公司财务部统一负责。经财务部批准，分支机构也可以办理短期借款。

第十四条 公司短期借款筹资程序。

1. 根据财务预算和预测，公司财务部应先确定公司短期内所需资金，编制筹资计划表；

2. 按照筹资规模大小，分别由财务部经理、财务总监和总经理审批筹资计划；

3. 财务部负责签订借款合同并监督资金的到位和使用，借款合同内容包括借款人、借款金额、利息率、借款期限、利息及本金的偿还方式以及违约责任等；

4. 双方法人代表或授权人签字。

第十五条 公司短期借款审批权限。短期借款采取限额审批制，投资限额标准（超过限额标准的由公司董事会批准）如下：

1. 财务部经理的审批限额为 10 万元（人民币）；

2. 财务总监的审批限额为 50 万元（人民币）；

3. 总经理的审批限额为 100 万元（人民币）。

第十六条 在短期借款到位当日，财务部应按照借款类别在短期筹资登记簿中登记。

第十七条 公司按照借款计划使用该项资金，不得随意改变资金用途，如有变动须经原审批机构批准。

第十八条 公司财务部及时计提和支付借款利息并实行岗位分离。

第十九条 公司财务部建立资金台账，以详细记录各项资金的筹集、运用和本息归还情况。对于未领取利息应单独列示。

第二十条 公司长期债务资本筹资包括长期借款、发行公司债券等方式。

第二十一条 公司长期借款必须编制长期借款计划使用书，包括项目可行性研究报告、项目批复、公司批准文件、借款金额、用款时间、周款计划、还款期限和还款计划等。

第二十二条 长期借款计划应由公司财务部经理、财务总监和总经理依其职权范围进行审批。

第二十三条 公司财务部负责签订长期借款合同，其主要内容包括贷款种类、用途、贷款金额、利息率、贷款期限、偿还方式、资金来源和违约责任等。

第二十四条 长期借款利息的处理。

1. 筹建期间发生的应计利息计入开办费；

2. 生产期间发生的应计利息计入财务费用；

3. 清算期间发生的应计利息计入清算损益；

4. 购建固定资产或无形资产有关的应计利息，在资产尚未交付使用或者虽已交付使用但尚未办理竣工决算之前，计入购建资产的价值。

第二十五条 公司发行债券筹资程序。

1. 发行债券筹资应先由股东大会做出决议；

2. 向国务院证券管理部门提出申请并提交公司登记证明、公司章程、公司债券募集办法、资产评估报告和验资报告等；

3. 制定公司债券募集办法。其主要内容包括公司名称、债券总额和票面金额、债券利率、还本付息的期限和方式、债券发行的起止日期、公司净资产、已发行尚未到期的债券总额以及债券的承销机构等；

4. 同债券承销机构签订债券承销协议或包销合同。

第二十六条 公司发行的债券应载明公司名称、债券票面金额、利率及偿还期限等事项，并由董事长签名、公司盖章。

第二十七条 公司债券发行价格可以采用溢价、平价和折价三种方式，公司财务部保证债券的溢价和折价采用直线法合理分摊。

第二十八条 公司对发行的债券应置备公司债券存根簿予以登记。

1. 发行记名债券的，公司债券存根簿应记明债券持有人的姓名、名称、住所、取得债券的日期，以及债券编号、债券总额、票面金额、利率、还本付息的期限、还款方式和债券的发行日期；

2. 发行无记名债券的，应在公司债券存根簿上登记债券的总额、利率、偿还期限、偿还方式、发行日期和债券的编号等。

第二十九条 公司财务部在取得债券发行收入的当日，应立即将款项存入银行。

第三十条 公司财务部指派专人负责保管债券持有人明细账，并组织定期核对。

第三十一条 公司按照债券契约的规定及时支付债券利息。

第三十二条 公司债券的偿还和购回，在董事会的授权下由公司财务部办理。

第三十三条 公司未发行的债券必须由专人负责管理。

第三十四条 其他长期负债筹资方式包括补充贸易引进设备价款和融资租入固定资产应付的租赁费等形成的长期应付款。

第三十五条 公司财务部统一办理长期应付款。

第四章　公司筹资风险管理

第三十六条 公司应定期召开财务工作会议，并由财务部对公司的筹资风险进行评价。公司筹资风险的评价准则如下：

1. 根据公司固定资产投资和流动资金的需要，决定筹资的时机、规模和组合；

2. 筹资时应充分考虑公司的偿还能力，全面衡量收益情况和偿还能力，做到量力而行；

3. 对筹集来的资金、资产、技术具有吸收和消化的能力；

4. 筹资的期限要适当；

5. 负债率和还债率要控制在一定范围内；

6. 筹资要考虑税款减免及社会条件的制约。

第三十七条 公司筹资效益的决定性因素是筹资成本，这对于评价公司筹资方式的选择具有重要意义。公司财务部采用加权平均资本成本最小的筹资组合评价公司资金成本，以确定合理的资本结构。

第三十八条 筹资风险的评价方法采用财务杠杆系数法。财务杠杆系数越大，公司筹资风险也就越大。

第三十九条 公司财务部应依据公司经营状况、现金流量等因素合理安排借款的偿及还期还款的资金来源。

第五章　附　则

第四十条 本制度由财务部编制，解释权、修改权归财务部。

第四十一条 本制度经公司董事会审核批准后，自公布之日起实施。

资金筹措工作准则

第一条 为加强财务管理、增进资金运用效益，特制定本准则。

第二条 凡年度计划内固定资产的购置、厂房的扩建及增加固定资产效能的修缮、在规定金额以上的资本性支出（即对外投资），所需资金应以资本公积金、计划增资的未分配盈余、折旧准备金或长期借款支付；非计划内固定资产的购置、增加固定资产效能的修缮，可以短期资金支付。

第三条 凡因生产所需原料、材料、物料、制造费用、销售费用、管理费用等一年期以内，或一个生产周转期以内所需的周转资金，其所需资金来源以生产运营收入、短期借款或额定生产周转金支付。但在规定金额以上及一年期以上、三年期以内的承建工程，所需的中期资金，在签订契约时，应尽量争取分期付款，使收益与费用配合，并协调财务调度、减轻财务负担。

第四条 年度计划内长期资金的筹措由财务科拟订计划，经送报核定后依规定程序办理；非年度计划内的长期资金的筹措，由财务科送报核定后办理。

第五条 无固定的长期资金来源，各企业都不得做长期固定资产的购置及对外投资；除本准则第二条规定外，非依规定程序核定的固定资产购置、厂房扩建、对外投资或超过原定计划而增加的固定资产投资计划，其所需资金，财务科不予支付。

股票事务处理办法

第一章 总 则

第一条 企业股票事务的处理，除依据有关法令、本企业与证券交易所所订合同及本企业章程的规定外，按本办法办理。

第二条 企业股票事务由企业财务室办理。

第二章 印 鉴

第三条 企业股票采取记名式发行，股东须使用本名，填盖印鉴卡。如属法人，应使用法人全名，填盖印鉴卡，送企业存查，以后股东向企业商谈办理有关股票事务时，以此印鉴为凭。

第四条 股东申请更新印鉴时，应填写“更换印鉴备案书”及“持有股票清单”加盖新旧印鉴，并填盖新印鉴卡，一并交企业存查，此后即以此新印鉴为凭。

第五条 股东原印鉴如遗失、毁灭或被盗窃时，应立即通知企业，同时填写“印鉴挂失更换申请书”及“持有股票清单”，并在企业或股东住所所在地的日报，连续刊登印鉴遗失作废声明三天，将所刊报纸的全份及政府部门发给的“印鉴证明书”，填写新印鉴卡交企业存查。企业自收到新印鉴卡之日起一个月内无人提出异议，即予换用新印鉴卡，并注销旧卡。

第三章　过户及换票

第六条 股票转让过户，应由出让人与受让人分别在股票背面加盖印鉴，并填写“股票转让过户通知书”，由受让人送企业办理过户手续，非经企业盖章不得生效；受让人如为新股东时，依第三条的规定填盖印鉴卡。

第七条 股东死亡，继承人申请过户时，应由继承人填写“股票继承过户申请书”，并在股票背面受让人栏加盖继承人印鉴、检验身份证、其他继承人同意书、全户户口簿（包括原股东死亡除籍及所有法定继承人记载）、印鉴证明书、遗产税缴清证明书、其他有关继承人股权的证明文件等，向企业办理继承过户手续。

第八条 换发股票应由股东填写“换发股票通知书”，加盖原印鉴，将股票送企业换发。

第四章　股票挂失

第九条 股票遗失、毁灭或被窃时，应立即由股东填写“股东挂失申请书”，交企业登记，以凭此通知证券交易所公告；同时由股东在企业所在地及遗失损毁地，各刊登通行日报连续公告三天声明作废，随即填写“遗失股票补发申请书”，并将刊登启事的报纸及本人身份证，原印鉴送企业办理。如由企业股东担保，则保证人的股权在两个月内，不得少于担保时挂失股票的股数。企业接受前项申请书，应认真审查其最后登启事之日起两个月后，无人提出异议，即予填发新股票。

第十条 股东股票及印章均遗失，应申请管辖法院依法裁判确定后，持裁判证明文件填写“印鉴挂失更换申请书”及“遗失股票补发申请书”，向企业申请补发新股票及更换印鉴。

第十一条 股票挂失后，所有应领而未领却已到期的股利，均暂停发放，直到企业核发新股票后，再行补发。

第五章 质权设定

第十二条 股票的质权设定，应由出质人与质权人填写“质权设定通知书”，由双方于股票背面及通告书上盖章，并将股票交企业登记，未经企业登记的股票质权不生效力。

第十三条 股票质权撤销时，应由出质人及质权人填写“股票质权撤销登记通知书”，由双方于股票背面和通知书上盖章，同股票一起作为企业质权撤销的登记。如质权撤销未经企业登记，企业认为该项质权继续存在。股票质权所担保的债权已届清偿期，质权人如未受清偿而依法处分股票时，应由质权人及因此而取得股票的所有权人，分别在股票背面加盖印鉴，并填写“股票转让通知书”，同股票及合法处分的证明文件一并送企业过户登记，申请登记股票的质权于过户手续办妥后销毁。

第六章 发放股利

第十四条 企业发放股利时应将发放的日期、地点分别通知各记名股东，并依法在报刊上公告。

第十五条 股东领取股利时应在收据上加盖印鉴。

第十六条 股东如因故未能前来本企业指定地点领取股利时，应将股利收据填妥，加盖印鉴，寄送企业，经查验无误后，企业可代查询。

第七章 附 则

第十七条 股东户籍地址以股东印鉴卡所载为准，如有变更，应随时填写“股东更换住址通知书”通知企业。

第十八条 股东咨询或办理股票事务，以书面提出的均应加盖原印鉴。

第十九条 本办法经企业董事会议通过后施行，修正时亦同。

筹资申请书

××银行：

为了调整产品结构、增加新品种、增强应变能力、提高经济效益和出口创汇能力，我公司在××××年新产品试制工作中，对××产品采用××方

法成功地分离出合格的××新产品，并取得了工艺控制参数。本公司开发的××新产品具有以下几个特点：

一、产品质量好，销路广。该产品系合成××和××的原料，国内生产该产品的只有××公司，年产量仅××吨，而国内需求量则为××吨，缺口为××吨。同时，该产品由于质量好，国内销路好，更可销往国外市场，故已完全具备了新产品开发的市场条件。

二、产品经济效益好。该产品市场销售价格每吨××—××元，而其原料的成本每吨只有××元。如年产量达到××吨，即可创税利××万元，经济效益相当可观。

三、产品原料有保证。该产品的原料××，本公司每年可生产××吨，如提取率按××%计算，可生产××吨。因此原料供应也是有充分保证的。

四、产品投资较少，建设工期短。该产品借××车间××××年一次大修机会进行技术改造，建设期只用×个月，预计在××××年××月××日即可投产。项目总投资仅需××万元，属于投资少、见效快项目。

五、产品还款能力强。该产品每年可实现经济效益××万元，年内即可增加经济效益××万元。

总之，本公司的××新产品属于科技开发项目，有投资少、工期短、见效快、效益高、还债能力强等特点，基本具备科技开发贷款资格。

现特向贵行申请给予科技开发贷款××万元，保证在××××年×季度末全部还清，望予以支持，以确保该开发项目能如期投产创利。

×××有限公司

××××年××月××日

筹资预算报告

一、情况说明（略）

二、固定资产投资估算

1. 工程费用。主要工程项目包括××、××、××等，估算为××万元，其中已建厂房价值××万元。

辅助工程项目包括××、××、××等，估算为××万元。除××需新建外，其余全部利用已建房改建，原有厂房价值××万元。

公用工程包括给排水、通信、电气、工艺外管等，估算为××万元，其中煤库、变电所、锅炉房、渣场利用已有建筑，价值××万元。

服务工程包括门卫室、厕所、办公楼、招待所、食堂等，估算为××万元。

工具及生产器具购置费估算为××万元。

工程费用估算为××万元，其中利用原有建筑物，价值为××万元。

2. 其他费用。包括土地使用费、建设单位管理费、技术转让费、生产员工培训费、勘察设计费、联合试运转费、办公和生活家具购置费、城市基础设施配套建设费等。根据国家规定的费率和标准估算为××万元，其中土地使用权由合资方入股，价值为××万元。

3. 预备费用。包括基本预备费和涨价预备费。根据国家其他相关费用取费标准，基本预备费按全部费用扣除已有建筑物等××万元的××%计算，考虑物价上涨因素，涨价预备费按工程费用扣除已有建筑物××万元，根据今年用款计划，每年按××%计算，该部分费用估算为××万元。

4. 固定资产调节税。根据有关固定资产方向调节税的规定，按本项工程全部投资完成额的××%纳税，该部分估算为××万元。

5. 建设期利息。本项目固定投资中申请银行贷款××万元，贷款年利率为××%，系统内各公司筹资××万元，年利率为××%，借款利息当年支付，以单利计算。经计算，建设期利息为××万元。

三、流动资金估算

本项目采用扩大指标法估算，参照同类生产企业流动资金占用和周转情况，正常年份所需流动资金按每百元销售收入占用××元计算，正常年份所需流动资金××万元（其中投产后第一年需××万元，第二年需××万元，第三年需××万元）。

项目投资由固定资产投资和流动资金构成，经测算，本项目投资总额××万元，其中固定资产投资××万元，流动资金××万元（逐年投入）。

四、资金筹措方式与筹资成本

1. 项目总资金筹措和筹资成本。本项目总投资××万元，自有资金××万元，由总公司拨付。土地使用权和已建房屋作价××万元；建行贷款××万元，年利率××%；总公司系统内各分公司集资××万元，年利率××%；尚有××万元需自筹或申请银行贷款。项目总资金成本为年利率××%。

2. 固定资产投资资金筹措和筹资成本。项目固定资产投资总额××万元；自有资金××万元；土地使用权和已建房屋作价××万元；申请银行贷款××万元，年利率××%；总公司系统内部集资××万元，年利率××%；尚有××万元需追加银行贷款加以解决。固定资产投资筹资成本为年利率××%。

3. 流动资金筹措和筹资成本。项目建成后正常年份所需流动资金××万元，按生产负荷逐年投入。项目自有资金××万元，由总公司拨付。其余尚需公司自筹或申请银行贷款，第一年需××万元，第二年需××万元，第三年需××万元。

×××公司财务部

××××年××月××日

项目融资可行性研究报告

一、项目提出的背景

1. 项目建设的必要性（略）

2. 项目建设资金的筹措

××××年××月，该项目正式向国家有关部门报送了项目建议书。在项目建议书中，对总投资以内、注册资金以外的资金建议采用项目融资的方式加以解决，但由于当时全国正紧缩经济建设规模、控制通货膨胀，项目融资可能会使国内建设规模失控。项目融资在境外筹集的外汇资金在该项目中虽然可以兑换成人民币使用，但该项目的产品完全内销，无外汇收入，属外汇不能自行平衡的项目，没有被批准。

该项目改为采用股东贷款的方式筹措注册资金以外、总投资以内的资金，即中外双方按各自在合作公司注册资本中所占的比例，分别筹措并各自担保注册资本以外的资金。具体做法是，中外双方首先以各自的资产为抵押向金融机构贷款，再将此贷款借给中外合作公司用于项目建设。这样，由于合作公司的中外双方分别成为第一债务人，负有第一位的偿债责任，项目的成功与否与该贷款的偿还在法律上没有直接关系，完全取决于中外双方的经营情况，也就是说这种贷款方式对中外双方是完全追索的。如果该项目未能达到预期的收益，中外双方必须以各自的资产来偿还贷款。

由于股东贷款增加了其承担的风险，外方同时要求增加收益，这样，项目的最终产品的价格会受到影响，而且中方按比例筹措贷款也存在着一定困难。但由于当时情况的制约，不可能利用项目融资方式。在这种情况下，经中外双方协商，同意修改合作协议书，将项目融资的内容改为股权融资，明

确中外双方各自在合作公司注册资本中的比例。但是，中外双方也达成了一个协议，即双方贷款保证不是双方该项目以外的资产，而是利用在××供热厂中的比例，以项目资产和所得合同权益作为还款保证。这样，××××年，有关部门批准了××供热厂的项目建议书，总投资××××万美元，由××市热力公司和美国××公司共同出资，建立中外合作经营企业，合作期限为合作企业正式成立之日起××××年。注册资本××××万美元，中方所占注册资本比例为××%，外方占××%。注册资金以外的××××万美元，由中外双方按各自的比例分别筹措并自行担保（即通常所说的股权融资）。

在项目进行前期准备和上报可行性研究报告期间，一些情况发生了变化，该项目的合作方××公司由于其总公司投资策略的改变，××××年××月正式提出终止与中方的合作。同时，天然气××工程迅速得以实施，使××市利用清洁燃料改善环境质量成为可能。这样，拟将该项目建设内容改为建设天然气燃气轮机联合循环热电厂，并将外方合作者改为××公司。项目建设规模初步确定为发电能力××~××兆瓦，供热能力××焦/小时，年耗气量在××亿立方米左右。总投资估算为×亿美元，其中注册资本为××××万美元，中方占××%，外方占××%。注册资本以外的××万美元采用项目融资方式解决。

二、项目融资与股权融资方式的比较

1. 项目融资与股权融资的含义

（1）项目融资的含义项目融资是一种特定的融资方式，它是利用项目未来自身的现金流量为担保条件的无追索权或有限追索权的融资或贷款。

项目融资有以下几个基本特征。

①至少有项目发起方、项目实体和贷款方三方参与；

②资金提供方（如贷款银行、债券购买人）主要依靠项目本身的资产和未来的现金流量作为资金偿还的保证；

③项目融资是一种无追索权或有限追索权的融资方式，即如果将来无力偿还借贷资金，债权人只能获得项目本身的收入与资产，但对项目发起人的其他资产基本无权染指。

（2）股权融资的含义股权融资是指一个项目的投资双方各自以自己的资产为担保向金融机构贷款的融资方式，提供贷款的金融机构享有对贷款人的资产的无限追索权。

2. 项目融资与股权融资有关技术指标的比较

（1）贷款利率项目融资的贷款利率大体为××%～××%之间；股权融资的贷款利率大体为××%～××%之间。

（2）贷款期限。项目融资一般为8～12年（包括建设期）；股权融资一般为5～7年（包括建设期）。

（3）偿债资金来源项目融资仅限于项目的未来收益和项目资产；股权融资偿债资金来源较多。

（4）融资文件的复杂程度项目融资的文件比较复杂；股权融资的文件相对比较简单。

（5）律师费用项目贷款融资部分的律师费用取决于合伙人的水平高低、项目前期的工作时间等因素，一般为×××～×××万美元；项目文件部分的费用为××～×××万美元，总体上为×××～××××万美元。股权贷款融资部分的律师费用如果不需要转贷文件，和项目融资大体相同。

（6）保险项目融资保险与股权融资相同，主要包括建设者一切险、财产险、锅炉和机械设备故障险、责任险、运营中断险和政治风险等。

（7）项目担保项目融资与股权融资都需要担保。

（8）偿债准备项目融资一般要求有六个月的偿债准备期。股权融资不要求以保留一定数量现金存款的形式储备，但在项目现金流量不足以满足偿债要求时，股东应以自有资金清偿债务。因此对于项目本身，费用与项目融资相同，如果股东贷款需要再融资，则需建立偿债准备金。

三、××供热厂进行项目融资的可行性

1. ××供热厂进行项目融资需要解决的问题

（1）与××电管局协商解决项目发电上网问题，主要是上网时间和上网电价问题；

（2）项目可行性研究报告批准后，需由市外汇管理局审核项目的融资条件；

（3）外方投资者的投资回报率；

（4）购电、购热协议；

（5）天然气与自来水长期供应合同；

（6）××市政府可能要为项目提供支持函；

（7）与工商局协商解决中方投资者将其净资产的××%入资的问题；

（8）采用项目融资方式，可能会使该项目的供电成本高于目前的发电成

本，涉及对热力公司增加财政补贴问题。

2. ××供热厂进行项目融资的机会

（1）××供热厂项目已经立项，由于项目融资方式当时只是处于探讨阶段，所以审批时有关部门只是对采用项目融资方式持有不同意见；

（2）国家准备今后继续扩大项目融资的试点，这就为××供热厂利用项目融资方式筹集资金提供了机会。

3. ××供热厂进行项目融资的可行性

（1）由于电网目前调控能力不足，该项目有可能与××电管局就上网问题达成一致意见。虽然目前电网供电能力基本能满足需求，但从城市发展的长远角度出发，整个城市对电力的需求还将不断增长，发展新电厂是必然的。燃气轮机联合循环发电由于利用天然气这一清洁能源，对改善大气环境将起到积极的作用，这也符合21世纪可持续发展的大政方针。

（2）在项目结构合理、产品销售协议有力、项目对所在地区具有重要性等前提下，项目融资条件将是有利的。因此，经国家有关部门批准后，运用项目发起人的能力，是可以获得外管局的认可的。

（3）外方投资的回报率，在有关部门统筹考虑需求的前提下，提出一定的要求，外方是可以理解的。并且，如果项目的收益稳定，还可运用财务杠杆，在项目总资本成本为××市政府接收的前提下，提高其股本金的收益。同时，考虑到中方收益处理的灵活性，外方的投资收益要求将可以完全解决。

（4）购电和购热协议必须严格按国际惯例制定，可通过有经验的律师的协助，使该协议既能满足合同各方的利益要求，又能满足贷款方的要求。

（5）由于西气东输，天然气的供应将有所保证。

（6）项目支持函作为一种道义上的支持，只是在原则上表示××市政府对项目的支持，不具有法律效力。

（7）中方净资产××%的投资限额完全可在××市的范围内协调解决。

筹资决策报告

董事会：

为适应本公司业务发展的需要，根据公司董事会提议，股东大会通过了于今年七月追加筹资1000万元的决议。我部对资金市场及其可能的筹资渠道和方式进行了广泛的调查研究和分析，认为可以采取向银行贷款、发行公

司债券、增发普通股等方式筹资。根据三种筹资渠道可能筹集的资金额，提出了两种筹资方案可供决策。现将筹资方案的可行性分析论证情况及其结果报告如下。

一、本公司现有的资金结构（如下表所示）

××公司现有资金结构表

筹资方式	金额（万元）	资金结构（%）	资金成本（%）
银行借款	1200	30	8
发行债券	1200	30	10
发行股票	1600	40	15
合　　计	4000	100	33

二、可供选择的追加筹资方案

本部经过认真的调查，提出了两个追加筹资的方案（如下表所示）。

追加筹资方案

筹资方式	追加筹资方案一		追加筹资方案二	
	筹资额	资金成本	筹资额	资金成本
长期借款 长期债券	400 万元 200 万元	年利率 12% 年利率 15% 筹资费 5%	300 万元 200 万元	年利率 12% 年利率 15% 筹资费 5%
普通股	400 万元（每股市价 400 元）	（每股股利 50 元，年增长率为 4%）	500 万元（每股市价 500 元）	（每股股利 65 元，年增长率为 4%）

三、追加筹资方案的论证

由于追加了筹资，使本公司的资金结构发生了变动（见下表所示），重新计算如下。

追加筹资方案资金对比

单位：万元

筹资方式	资金数额		资金比重（%）		资金成本率（%）	
	方案一	方案二	方案一	方案二	方案一	方案二
长期借款	1200	1200	24	24	8	8
	400	300	8	6	8.4	8.4

续表

筹资方式	资金数额		资金比重（%）		资金成本率（%）	
	方案一	方案二	方案一	方案二	方案一	方案二
长期债券	1200	1200	24	24	10	10
	200	200	4	4	11.05	11.05
普通股	1600	1600	32	32	16.5	17
	400	500	8	10	16.5	17
合计	3400	3500	68	70	54.05	55.05

根据上表，可以测算出两种方案的加权平均资金成本率。

方案一的加权平均资金成本率为：

8% ×24% +8.4% ×8% +10% ×24% +11.05% ×4% +16.5% ×40% =12.034%

方案二的加权平均资金成本率为：

8% ×24% +8.4% ×6% +10% ×24% +11.05% ×4% +17% ×42% =12.406%

以上计算结果表明，方案一的加权平均资金成本率为12.034%，比方案二的加权平均资金成本率12.406%要低，因此本公司追加筹资应采用第一种筹资方案。

四、追加筹资给公司带来的经济效益。(略)

通过上述比较分析表明，本公司采用第一种追加筹资的方案，能降低筹集资金的成本，并获得较为可观的经济效益。

×××公司财务部

××××年××月××日

筹资工作总结报告

××电厂B厂位于××区，距××最大的工业城市××公里。装机规模为××万千瓦，安装两台××万千瓦的进口燃煤机组。该项目总投资为××亿元，其中，总投资的××%，即××亿元为股东投资，由××电力公司和××电气公司分别按××%和××%的比例出资，作为项目公司的注册资本；其余的××%，通过有限追索的项目融资方式筹措。我国各级政府、金融机构和非金融机构不为该项目融资提供任何形式的担保。项目融资贷款由法国××银行、英国××投资银行及英国××银行组成的银行团联合承销，贷款中约××亿元由法国××保险公司提供出口信贷保险。

该项目特许期为××年，其中建设期为×年×个月，运营期为××年×个月。特许期满，项目公司将电厂无偿移交给××政府。在建设期和运营期内，项目公司将向××政府分别提交履约保证金××××万元，同时项目公司还将承担特许期满电厂移交给××政府后××个月内的质量保证义务。

××电力公司每年负责向项目公司购买××亿千瓦时（××××小时）的最低输出电量（超发电量只付燃料电费），并送入××电网。同时，由××建设燃料有限责任公司负责向项目公司供应发电所需燃煤，燃煤主要来自××省××矿区。

一、××电厂B厂招标过程

该项目自××××年得到批复后，由于建设资金得不到落实，曾与多家外商进行洽谈，但均未能取得实质性进展。为使该项目早日建成，××××年初××政府向国家发展计划委员会申请采用BOT方式进行试点，××政府随即委托××基础设施投资咨询有限责任公司为其招标代理人，正式开始了对外招标工作。整个招标过程共分为资格预审、投标、评标及确认谈判、审批及完成融资等四个主要阶段。

1. 资格预审阶段××××年××月××日，××政府在《××报》、《××报》和《××报》上发布了资格预审通告，公开邀请国外公司参加××项目的资格预审。截至同年××月底，共有××个国际公司或公司联合体向××政府递交了资格预审申请文件，这××家公司都是世界著名的大型电力投资运营公司、设备制造厂商和有实力的投资人。项目评标委员会经过对申请人的资格、专业能力、业绩等方面综合审查，确定其中××家公司（或联合体）列为A组，它们有资格单独或组成联合体参加投标；其余××家列为B组，它们需要加入列为A组的一家或几家所组成的联合体后方可参加投标。

2. 投标阶段××××年××月××日，××政府正式对外发售了项目招标文件，通过预审被列为A组的××家公司（或联合体）相继购买了招标文件，成为潜在投标人。××××年××月××日至××日，××政府组织它们进行了现场考察，使潜在投标人对项目的现场条件和××经济发展现状有了进一步的了解。××月××日，××政府在××召开了标签会，解答潜在投标人普遍关心的一些问题。参加标签会议的潜在投标人的代表超过了×××人。

经过×个月的投标准备，至××××年××月××日（招标文件规定的投标截止日）共有××个投标人向××政府递交了投标书，依照递交投标书的时间顺序，它们分别是××公司、××有限公司、××联合体、××电力联合体、××电力联合体和××联合体。

3. 评标及确认谈判阶段××××年××月××日至××月××日，××政府组成了专家组，对投标人递交的投标书进行了评估，最终写出了专家评估报告。××月××日至××日，项目评标委员会在专家组评估报告的基础上对每一份投标书进行了评审。经综合比较，充分讨论，评标委员会一致确定××电力联合体、××联合体、××公司为最具有竞争力的前三名投标人。

评标结束后，××政府组成了确认谈判小组，于××月××日正式开始了与第一名××电力联合体进行特许权协议的确认谈判，经过三轮四个阶段的紧张工作，至××××年××月底双方就所有需要确认的问题达成一致。××××年××月××日，××政府与××电力联合体在××进行了特许权协议的草签，同时经国家发展计划委员会批准，××政府向××电力联合体发布了中标通知书。

4. 审批及完成融资阶段项目特许权协议草签后，××政府随即将草签的特许权协议正式报请国家发展计划委员会批复，经报请国务院批准，国家发展计划委员会于××××年××月××日正式批复了项目特许权协议。在此基础上，中标人××电力联合体先后完成了项目初步设计、建设合同、运营维护合同、保险协议、融资协议的签署。同时，对外贸易经济合作部批准了项目公司的章程，完成了项目公司的注册成立工作。××××年××月××日，××政府与项目公司在××正式签署了特许权协议。特许权协议的正式签署，意味着项目特许权协议正式生效、特许期开始及工程正式开工。

二、××电厂B厂招标的成功之处

项目自××××年××月正式推向国际投资市场公开招标之后，不仅得到我国政府有关部门的大力支持，同时也得到了国际投资市场和国际金融市场的广泛关注。××××年，该项目被海外誉为世界十大BOT项目之一，××××年特许权协议草签后，该项目又被《××》杂志评为××××年亚洲最佳融资项目。该项目的国际招标工作是成功的，主要表现在以下几个方面：

1. 招标工作安排紧凑，用时较短。项目自××××年××月国家发展计划委员会正式批准进行 BOT 投资方式试点至××××年××月项目特许权协议正式签字生效后进入开工阶段，历时×年零×个月。在×年多的时间内完成一个总投资额超过××亿元的项目的招标及全部融资工作，这在国内外同类利用外资项目上是没有先例的，与国内其他形式的大型投资项目相比也算是快的。相对较短的招标时间，在一定程度上也减少了政府和项目投资人的前期开发费用。

2. 注重上网电价，走出回报率的误区。项目招标文件规定，上网电价水平、结构及走势占评标分数的××%，即在技术、法律、商务、融资等方面满足招标文件要求的前提下，引进竞争机制，让投标人就上网电价进行竞争。××政府不与投标人在回报率高低上讨价还价，改变了以往外商与电厂在谈判中先谈回报率，并由投资成本加一定回报率确定上网电价的做法。在项目建设和经营过程中，如果项目公司加强科学管理，降低投资成本和经营成本，则可获得比预期还高的回报率，否则会达不到预期的回报率。这较好地体现了“谁投资、谁受益、谁承担风险”的原则。

3. 充分体现竞争，电价较低。采用国际性竞争招标方式选择境外项目发起人，外商踊跃参与，通过激烈竞争，项目上网电价较低，再加上销售增值税，运营第一年为××××元人民币/千瓦时，在运营期××年内的水平电价为××××元人民币/千瓦时。而据对东南亚一些国家 BOT 电力项目和外商独资开发电力项目的调查，一般电价水平都在××××—××××元人民币/千瓦时之间。同时，与国内同等规模的中外合资、外商独资电厂相比，其电价也很有竞争力，且运营期限还少了大约×年。

4. 政策公开透明，外商放心。项目的国际招标，做到了 BOT 政策公开、招标程序公开、特许权协议内容公开、评标标准公开、谈判程序公开等，对外商普遍关心的问题也都有明确的答复，同时做到了对各投标人一视同仁。由于整个招标过程公开、公正、公平，不仅有力地促进了国外投资人的积极参与，同时也为政府创立了良好的形象，为政府今后其他类似项目的招标打下了良好的基础。

5. 特许权协议全面、严谨，有利于各方参与。项目的特许权协议包括协议正文及购电协议、燃料供应与运输协议、仲裁协议等 24 个附件，协议的拟定既遵循了国际惯例，同时又与我国国情相结合。在合理分担风险的基础上既保护了政府利益，又兼顾了投资人及贷款人的利益，有关各方的权利和义务在协议中得到充分的体现和落实；同时整个协议又具有较强的可操作

性。此外，项目特许权协议中的主要条款与其他国家类似项目的协议条款相比，对政府及广大消费者更为有利。

公开发行股票申请书

中国人民银行××市分行：

经批准，本公司已于××××年×月正式成立，并且具备了向社会发行股票的条件。按董事会提出的股票发行方案和××市会计师事务所注册会计师的验证评估，送审的新公司发行股票的数额、对象、时间分别如下：

一、股票种类：普通股××万股；

二、票面值：每股面值××元；

三、票发行起止日期：××××年××月××日至××日；

四、股票发行对象：社会、个人和内部员工；

五、股票代理发行公司：××证券公司、××证券公司。

现将经××市会计师事务所验证认同的股票发行报告书随文送上五份，请予审查批准。

××集团股份有限公司

××××年××月××日

股票上市申请书

股票上市申请书××证券交易所并转报国务院证券管理部门：本企业是股份制试点企业，经过筹备具备了股票上市的条件，现将有关事宜汇报如下。

一、本公司简介

1. 成立过程本企业××××年经××市政府［××××］××号文批准，于××××年××月××日在××市工商局登记注册成立，名称为××公司，注册资本为人民币××万元。××××年更名为××股份有限公司，报经××省政府批准，并经国务院证券管理部门批准，向社会公开发行股票。××××年××月××日，在××省工商局注册，注册资本为人民币××亿元。

2. 经营业绩本企业自××××年开业以来，至今已有××年。公司从小到大，已发展成为一个多元化、多功能的股份有限公司。多次被评为××省先进企业。下属企业有内联企业×个，中外合资企业×个。占地面积××平方米，总资产为人民币××亿元，总负债为人民币××万元，净资产为人民币××万元。总产值增长了×倍，平均每年增长×倍；利润增长×倍，平均每年增长×倍；出口创汇增长×倍，平均每年增长×倍。股东每年分红、派息率平均为××%，最近三年连续盈利。

3. 指导思想××××年前为投入阶段，无产出，以贸补工。××××年后为发展阶段，内联外引，内联企业×家，中外合资企业×家，每年出口创汇××万美元，净利润××万元。

4. 规范化实现过程

（1）本企业计划筹集国有股、法人股、社会个人股资金××万元；

（2）风险与对策

①对内对外关系风险与对策。本企业虽按股份制运作，但是由于股票不上市，企业内部的决策系统和监督系统还存在着某些薄弱环节，外部关系也不好理顺。如果成为上市公司，通过加强社会公众和社会职能机构对公司的监督，就能理顺公司内部的管理体制和运营机制，改善公司的外部关系。

②资金风险与对策。本公司需要更多资金开拓业务，发展外向型经济。只有进行产品更新、技术升级，才能不断提高产品的国际竞争能力。本企业拟用股票上市的办法，迅速筹集资金，投资于重点项目、高科技项目。

（3）改造措施从以下几方面对本企业进行了规范化改造。

①召开了股东大会，修改了原公司章程，新章程已经股东大会通过；

②资产已经××会计师事务所评估验证；

③国有股权已经××投资管理局审核确认；

④××省政府［××××］××号文确认本公司为“××股份有限公司”；

⑤本企业成立以来，无任何违法行为，财务会计报告无虚假记载。

二、股权结构

1. 组建时本公司股权结构（见下表）

××公司组建时的股权结构

持股人	金额（万元）	占总股比例（%）
国有股	××	××
法人股	××	××
社会个人股	××	××
合计	××	100

2. 增资后股权结构本企业××××年经过×次现金转增资本，×次盈余转增资本，×次资产评估增资，到××××年×月×日为止，经××会计师事务所评估验资，资产总额为××万元，总负债为××万元，资产净值为××万元。

3. 目前本公司股权结构（见下表）

××公司当前股权结构

持股人	金额（万元）	占总股比例（%）
国有股	××	××
法人股	××	××
社会个人股	××	××
其中：外地股东股本	××	××
内部职工股	××	××
合计	××	100

4. 占总股份×%以上股东持股情况（见下表）

××公司占股份×%以上股东情况

序号	名　称	持股数（万股）	占股份总额比例（%）
1	A 法人	××	××
2	B 法人	××	××
3	C 法人	××	××
4	D 法人	××	××
5	E 法人	××	××
6	A 自然人	××	××
7	B 自然人	××	××
8	C 自然人	××	××
9	D 自然人	××	××
10	E 自然人	××	××

截至××××年××月××日，本企业持有面值达××元以上的股东为××××人（不少于1000人），向社会公开发行的股份已达公司股份总数的××%。

三、增资方向

1. 本企业为进一步完善投资环境，进行重点工程建设，至××××年××月××日投资人民币共××万元；

2. 本企业为进一步扩大对外贸易和经营业务，至××××年××月××日，给下属公司追加投入流动资金人民币××万元。

四、盈利预测

本公司根据××会计师事务所对××××年的盈利预测（见下表）。

××公司××××年盈利预测

项　目	金额（万元）
税前盈利	××
其中：工业利润	××
商品销售利润和地产利润	××
投资收益	××
附营收入	××
预计每股税前盈利	××
合计	××

五、发展规划

多年来，本企业努力开拓国内外市场，已成为实业型、效益型、创汇型的，多元化、综合性的、实力雄厚的跨国大公司。今后发展规划的方向如下：

1. 本企业将充分利用现有工业基础，大力发挥×个内联企业的优势，通过合资企业引进国内急需的原材料和高科技产品。

2. 继续与国内同行业联合，进行技术改造、新产品开发、新技术项目引进，填补国内空白，形成长久稳定的投资收益渠道，以取得更好的社会效益和经济效益。

3. 继续重点工程建设，充分利用地理优势，取得可观的经济效益。

4. 抓住有利时机，大力开拓国外市场，开展长期大宗的国际贸易业务。

5. 吸引投资者，使公司顺利完成筹资计划。

本企业特申请股票在××证券交易所上市，本公司保证遵守该所的章程及业务规则。请审查批准。

××股份有限公司（盖章）

董事长（签名）

××××年××月××日

企业筹资需求分析表

项　　目	上年期末实际（元）	占销售额的比例（%）	本年计划（元）
资产			
流动资产			
长期资产			
资产合计			
负债及所有者权益			
短期借款			
应付票据			
应付款项			
预提费用			
长期负债			
负债合计			
实收资本			
资本公积			
留存收益			
股东权益			
融资需求			
总　　计			

企业筹资成本分析表

单位：元

对比分析期 / 项　　目	××××年	××××年	差　　量
主权融资（所有者权益）			
负债融资			
融资总额			

续表

对比分析期 / 项目	××××年	××××年	差量
息税前利润			
减：利息等负债融资成本			
税前利润			
减：所得税			
税后利润			
减：应交特种基金			
提取盈余公积金			
本年实现的可分配利润			
本年资本（股本）利润率			
本年负债融资成本率			

企业融资结构弹性分析表

项目		年初数	年末数	差异
弹性融资	流动负债			
	长期借款			
	应付债券			
	未分配利润			
	盈余公积（公益金部分）			
	弹性融资合计			
非弹性融资	长期应付款			
	实收资本			
	资本公积			
	盈余公积（非公益金部分）			
	非弹性融资合计			
总融资	融资合计			
弹性	资本结构弹性			

填写说明：资本结构弹性 = 弹性融资合计/融资合计

企业融资风险变动分析表

项目	××××年				××××年				差异（比重）%	
	期初数	期末数	平均数	比重	期初数	期末数	平均数	比重	比重差	升降程度
流动负债										
长期负债										
负债合计										
所有者权益										
融资总额										

银行短期借款明细表

截止时间：　　　　单位：万元

序号	贷款银行	贷款种类	贷款额度	利率	期限	已动用额度	尚可动用额度	备注

制表：　　　　科长：　　　　经理：

股东一览表

姓名	性别	出生日期	住址	所有股权	全额

股东印鉴表

印鉴式样	附记 住址： 户籍： 身份证号码： 出生日期：　　年　月　日 电话： 本卡启用日期：　　年　月　日

证券主管：　　　　印签卡主管人：

发行股票申请单

填写日期：

企业名称	（签章）		负责人姓名		
地　　址			电　　话		
企业性质		员工人数		银行账号	
工商登记证字号			批准日期		
企业注册资金额			自有资金总额		
上级主管部门					
申请发行额			每股面额		
股票	每股　　元				
	分配办法	甲种：只计红利，不计股息		若经营失利，投资者共负有限经济责任，但以投资额为限	
		乙种：股息年利率%，股息红利			
		合计不超过投资额 15%			
个人收入股息、红利按规定由企业代扣代缴个人所得税调节税 20%					
申请理由					
上级主管部门意见	（签章）	初审银行意见	（签章）		
分行复审意见	（签章）	银行主管处审批	银（　　）第　　号 批准日期：　年　月　日		

股票汇购书

编号：

本人自愿认购__________企业发行的股票__________股，每股__________元，共计__________元。

请予办理。

此致。

××信托投资企业

汇款人：

身份证明：

地址：

时间：

××信托投资企业

代收购款临时收据____________编号

今收到____________认购____________企业股票____________股

每股____________元，共计股款：____________待股票发行后根据公告日期凭本收据携带身份证明书和图章调换股票。

时间：　　　　经收单位公章：　　　　经收人印章：

填表说明：第一联，交购股人收执；第二联作收入传票附；第三联为存根。

股票调换申请书

原持有股票内容

票面股数	字号别	股票号码	张　数	股　数
××股		第　　号		
××股		第　　号		
××股		第　　号		
合　　计	××张	××股		

申请人（股东）：

住址：

以上各栏由申请人分别填写：

原印鉴

调换股票内容

票面股数	字号别	股票号码	张数	股数
××股		第　　号		
××股		第　　号		
××股		第　　号		
合　　计			××张	××股

卡别	股东			异动日期			凭证号码
	地区	股东代码	检算	年	月	日	

计算中心	机器操作室			资料操作室	
财务处	经理	主任	登记	有否质押	核对印鉴

第二节　企业的投资管理

投资的分类

1. 按照投资性质的分类

（1）权益性投资是指为获取另一企业的权益或净资产所做的投资。这种投资是为了取得另一企业的控制权，或对另一企业实施重大影响，或为其他目的而进行的。

（2）债权性投资是指为取得债权所做的投资。这种投资的目的不是为了获得另一企业的剩余资产，而是为了获取高于同期银行存款利率的利息，并保证能够按期收回本金和利息。

（3）混合性投资往往表现为混合性证券投资，是指既有权益性质，又有债权性质的投资，如投资者购买的上市企业对外发行的可转换企业债券等。

2. 按照投资对象的变现能力分类

（1）易于变现的投资是指能在证券市场上随时变现的投资。这类投资主要包括能够公开上市交易的股票和债券等。

（2）不易于变现的投资是指不能轻易在证券市场上变现的投资。这类投资主要包括不能或有条件公开上市交易的投资，如部分企业债券。

3. 按照投资目的分类

（1）短期投资是指能够随时变现并且持有时间不准备超过一年（含一

年）的投资。这种投资在很大程度上是为了使剩余资金“活化”，并通过这种投资取得高于银行存款利息的收入或价差收入，待需要使用时即可变现。

（2）长期投资是指短期投资以外的投资。这种投资在很大程度上是为了积累整笔资金，以供特定用途之需，或为了达到控制其他单位，或对其他单位实施重大影响，或出于其他长期性质的目的而进行的投资。

投资决策的评价方法

1. 净现值法

所谓净现值是指投资方案未来期间内现金流入量的现值和现金流出量的现值之差。净现值法就是根据项目的净现值大小判定投资项目可行性的方法。它首先要预测项目周期内现金流入量和流出量的时间分布和数额大小，然后根据一定的折现率（一般用资本成本）将其折现加总算出净现值。如果净现值大于0，项目可行；如果净现值小于0，则项目不可行。在实业投资评价中，一般认为净现值越大，项目的效益就越好。

由于考虑了货币的时间价值，因此净现值法的可靠性相对较高，但不便于对投资额相差较大的投资方案进行比较。

2. 现值指数法

现值指数法又称贴现后的投资收益率法。现值指数是指投资方案在未来期间现金净流入量的现值与初始投资额的现值之比，亦即单位投资额在未来期间可获得的收益现值的水平。当现值指数大于1时，方案可行；在若干个方案的比较中现值指数大者优先。

现值指数法有利于投资额不同时的投资方案的比较，但在投资额相差较大的互斥方案评价中，单位投资额报酬高（现值指数大）的项目不一定对企业总体财富的增加具有绝对优势。

3. 动态投资回收期

动态投资回收期是指用投资项目投产后所得的现金净流入量现值来回收初始投资所需的时间。

回收期表明了初始投资的回收速度，一般来说，投资早期收益大的项目，回收期短。投资的尽早回收可以避免环境变动造成的风险，但回收期的长短仅和项目前期的现金流量有关，并不能反映投资回收后的效益状况。因此，在实际中，投资回收期多作为衡量项目风险和变现能力的指标。

4. 内含报酬率

内含报酬率法是根据方案本身内含报酬率来评价方案优劣的一种方法。所谓内含报酬率，是指能够使未来现金流入量现值等于未来现金流出量现值的贴现率，或者说是使投资方案净现值为零的贴现率。

净现值法和现值指数法虽然考虑了时间价值，但没有揭示方案本身可以达到的具体的报酬。内含报酬率是根据方案的现金流量计算的，是方案本身的投资报酬率。内含报酬率的计算，通常需要“逐步测试法”：首先估计一个贴现率，用它来计算方案的净现值；如果净现值为正数，说明方案本身的报酬率超过估计的贴现率，应提高贴现率后进一步测试；如果净现值为负数，说明方案本身的报酬率低于估计的贴现率，应降低贴现率后进一步测试。经过多次测试，寻找出使净现值接近于零的贴现率，即为方案本身的内含报酬率。

投资管理制度

第一章 总 则

第一条 为加强公司投资管理、规范公司投资行为、提高资金运作效率、保证资金运营的安全性和收益性，根据外部规范与公司具体情况，特制定本制度。

第二条 本制度适用于公司总部、各子公司及各分公司的投资行为。

第三条 本制度所指投资分对外投资和对内投资两部分。

1. 对外投资指将货币资金及经资产评估后的房屋、机器、设备、物资等实物，以及专利权、商标权和土地使用权等无形资产作价出资，进行各种形式的投资活动；

2. 对内投资指利用自有资金或从银行贷款进行基本建设、技术更新改造，以及购买和建造大型机器、设备等投资活动。

第四条 投资目的。

1. 充分有效地利用闲置资金或其他资产进行适度的资本扩张，以获取较好的收益，确保资产保值增值；

2. 改善装备水平，增强市场竞争力，扩大经营规模，培育新的经济增长点。

第五条 投资原则。

1. 遵守国家法律、法规，符合国家产业政策；

2. 符合公司的发展战略；

3. 规模适度，量力而行，不能影响主管业务的发展。

第二章　对外投资

第六条　按投资期限的不同，对外投资可分为短期投资和长期投资。

1. 短期投资包括购买股票、企业债券、金融债券、国库券及特种国债等。

2. 长期投资

（1）出资与公司外部企业及其他经济组织成立合资或合作制法人实体；

（2）与境外公司、企业和其他经济组织开办合资、合作项目；

（3）以参股的形式参与其他法人实体的生产经营。

第七条　投资业务的职务分离。

1. 投资计划编制人员与审批人员分离；

2. 负责证券购入与出售的业务人员与会计记录人员分离；

3. 证券保管人员与会计记录人员分离；

4. 参与投资交易活动的人员与负责有价证券盘点工作的人员分离；

5. 负责利息或股利计算及会计记录的人员与支付利息或股利的人员分离，并尽可能由独立的金融机构代理支付。

第八条　公司短期投资程序。

1. 公司财务部应根据公司资金盈余情况编报资金状况表；

2. 证券资金部分析人员根据证券市场上各种证券的情况和其他投资对象的盈利能力编报短期投资计划；

3. 公司的财务部经理、财务总监和董事会按短期投资规模和投资重要性，分别依照各自的职权审批该项投资计划。

第九条　公司财务部按照短期证券类别、数量、单价、应计利息及购进日期等项目及时登记该项投资。

第十条　建立严格的证券保管制度，至少由两名以上人员共同控制，不得一人单独接触有价证券，证券的存入和取出须详细记录在证券登记簿内，并由在场的经手人员签名。

第十一条　公司购入的短期有价证券须在购入当日记入公司名下。

第十二条　有价证券的盘点工作应由公司财务部和证券资金部负责组织实施。

1. 证券保管员和会计人员应在每月终了时进行月终盘点，并完成下列程序。

（1）盘点前必须将截至当月最后一天的证券登记入账，并结出结存额；

（2）实地清点实物，核对卡片；

（3）月终编制有价证券盘点表。

2. 财务部根据有价证券盘点表，认为必要时，可以抽样核对，复核盘点表。

3. 年终时，根据公司盘点指令，组织人员全面清点，编制有价证券盘点表，并由公司财务部负责人（或聘请注册会计师）参加监盘。

第十三条 公司财务部应对每一种证券设立明细账加以反映，每月还应编制证券投资和盈亏报表；对于债券应编制折、溢价摊销表。

第十四条 公司财务部应将投资收到的利息、股利及时入账。

第十五条 应由财务部经理、财务总监及董事会按其职权批准处置公司短期投资。

第十六条 公司对外长期投资按投资项目的性质分为新项目投资和已有项目增资。

1. 新项目投资是指投资项目经批准立项后，按批准的投资额进行的投资；

2. 已有项目增资是指原有的投资项目根据经营需要，在原批准投资额的基础上增加投资的活动。

第十七条 对外长期投资程序。

1. 财务部协同投资部门确定投资目的，并对投资环境进行考察；

2. 对外投资部门在充分调查研究的基础上编制投资意向书；

3. 对外投资部门编制项目投资可行性研究报告，并上报财务部和总经理办公室；

4. 财务部协同对外投资部门编制项目合作协议书；

5. 按国家有关规定的程序办理报批手续；

6. 对外投资部门制定有关章程和管理制度；

7. 对外投资部门监控项目实施运作及其经营管理。

第十八条 对外投资权限。

1. 所有对外长期投资项目，均由总公司批准或由总公司转报董事会批准，各子公司、分公司无对外投资权，但享有投资建议权；

2. 总公司应在受理对外长期投资项目立项申请后一个月内做出投资决策。

第十九条 经批准后的对外长期投资项目，不得随意增加投资；如确需增资，必须重报投资意向书和可行性研究报告。

第二十条 对外长期投资兴办合营企业时对合营合作方的要求。

1. 要有较好的商业信誉和较强的经济实力；

2. 能够提供合法的资信证明；

3. 根据需要提供完整的财务状况、经营成果等相关资料。

第二十一条 对外长期投资项目必须编制“投资意向书”。它主要包括以下内容：

1. 投资目的；

2. 投资项目的名称；

3. 项目的投资规模和资金来源；

4. 投资项目的经营方式；

5. 投资项目的效益预测；

6. 投资的风险预测。包括汇率风险、市场风险、经营风险和政治风险；

7. 投资所在地（国家或地区）的市场情况、经济政策；

8. 投资所在地的外汇管理规定及税收法律、法规；

9. 投资合作方的资信情况。

第二十二条 在国（境）外投资项目时还应提供如下资料：

1. 有关投资所在国（地区）的现行外汇投资的法令、法规、税收规章及外汇管理规定；

2. 投资所在国（地区）的投资环境分析、合作伙伴的资信状况；

3. 投资外汇资金来源证明及投资回收计划；

4. 本国驻外使馆及经参处对项目的审查意见；

5. 本国外汇管理部门要求提供的其他资料。

第二十三条 投资意向书（立项报告）报总公司批准后，对外投资部门应委托专业机构编制可行性研究报告。项目可行性研究报告的主要内容如下：

1. 总论

（1）项目提出的背景，项目投资的必要性及其经济意义；

（2）项目投资可行性研究的依据和范围。

2. 市场预测和项目投资规模

（1）国内外市场需求预测；

（2）国内现有类似企业的生产经营情况的统计；

（3）项目进入市场的生产经营条件及经销渠道；

（4）项目进入市场的竞争能力及前景分析。

3. 投资估算及资金筹措

（1）项目的注册资金及生产经营所需资金；

（2）资金的来源渠道、筹集方式及贷款的偿还办法；

（3）资金回收期的预测；

（4）现金流量计划。

4. 项目的财务分析

（1）项目前期开办费及建设期间各年的经营性支出；

（2）项目运营后各年的收入、成本、利润和税金测算，投资收益率、净现值及资产收益率等财务指标的分析。

5. 项目敏感性分析及风险分析

（1）项目所涉及的敏感性区域；

（2）项目运作的社会风险和经济风险。

第二十四条 财务部和对外投资部应在项目可行性研究报告报总公司批准后，编制“项目合作协议书”（合同）。“项目合作协议书”（合同）的主要内容如下：

1. 合作各方的名称、地址及其法定代表人；

2. 合作项目的名称、地址、经济性质、注册资金及其法定代表人；

3. 合作项目的经营范围和经营方式；

4. 合作项目的内部管理形式、管理人员的分配比例、机构设置及实行的财务会计制度；

5. 合作各方的出资数额、出资比例、出资方式及出资期限；

6. 合作各方的利润分成办法和亏损责任分担比例；

7. 合作各方违约时应承担的违约责任及违约金的计算方法；

8. 协议（合同）的生效条件；

9. 协议（合同）的变更、解除的条件和程序；

10. 出现争议时的解决方式及所适用的法律；

11. 协议（合同）的有效期限；

12. 合作期满时财产清算办法及债权、债务的分担；

13. 协议各方认为需要的其他条款。

项目合作协议书（合同）由总公司法定代表人签字生效，或者由总公司法定代表人授权委托代理人签字生效。

第二十五条 对外长期投资协议签订后，公司协同办理出资、工商和税务登记及银行开户等工作。

第二十六条 确定对外投资价值及投资收益的原则。

1. 以现金、存款等货币资金方式向其他单位投资的，按照实际支付的金额计价。

2. 以实物、无形资产方式向其他单位投资的，按照评估确认或者合同、协议约定的价值计价。

3. 公司认购的股票，按照实际支付款项计价。实际支付的款项中含有已宣告发放但尚未支付股利的，按照实际支付的款项扣除应收股利后的差额计价。

4. 公司认购的债券，按照实际支付的价款计价。实际支付款项中含有应计利息的，按照扣除应计利息后的差额计价。

5. 溢价或者折价购入的长期债券，其实际支付的款项（扣除应计利息）与债券面值的差额，在债券到期以前，分期计入投资收益。

6. 公司以实物、无形资产向其他单位投资的，资产重估确认价值与其账面净值的差额计入资本公积金。公司以货币资金、实物、无形资产和股票进行长期投资，对被投资单位没有实际控制权的，应当采用成本法核算，并且不因被投资单位净资产的增加或者减少而变动；拥有实际控制权的，应当采用权益法核算，按照在被投资单位增加或者减少的净资产中所拥有或者分担的数额，作为公司的投资收益或者投资损失，同时增加或者减少公司的长期投资，并且在公司从被投资单位实际分得股利或者利润时，相应增加或减少公司的长期投资。

7. 公司对外投资分得的利润或者股利和利息，计入投资收益，按照国家规定缴纳或者补缴所得税。

8. 公司收回的对外投资与长期投资账户的账面价值的差额，计入投资收益或投资损失。

第二十七条 对外长期投资的转让与收回。

1. 出现或发生下列情况之一时，公司可以收回对外投资。

（1）按照章程规定，该投资项目经营期满；

（2）由于投资项目经营不善，无法偿还到期债务，依法实施破产；

（3）由于发生不可抗力而使项目无法继续经营；

（4）合同规定投资终止的其他情况出现或发生。

2. 出现或发生下列情况之一时，可以转让对外长期投资。

（1）投资项目已经明显有悖于公司经营方向的；

（2）投资项目出现连续亏损且扭亏无望、没有市场前景的；

（3）由于自身经营资金不足急需补充资金的；

（4）总公司认为有必要的其他情形。

3. 对外长期投资转让应由总公司财务部会同对外投资部提出投资转让书面分析报告，报总公司批准。

4. 对外长期投资收回和转让时，相关责任人员必须尽职尽责，认真做好投资收回和转让中的资产评估等项工作，防止公司资产流失。

第二十八条　公司累计对外投资不得超过公司净资产的50%。

第三章　对内投资

第二十九条　公司对内投资的程序。

1. 编制投资项目可行性研究报告；

2. 编制投资项目初步设计文件；

3. 编制基本建设及技术更新改造年度投资建议计划；

4. 按本制度规定的权限办理报批手续。

第三十条　对内投资权限。对内投资采取限额审批制，超过限额标准的由董事会批准。

第三十一条　可行性研究报告的编制。

1. 公司项目承办单位要在充分的调查研究、必要的勘察及科学实验的基础上，对建设项目建设的必要性、技术的可行性和经济的合理性提出综合研究论证报告。

2. 承担可行性研究工作的单位必须具有相应的资格。

3. 建设项目可行性研究报告的编制办法和内容按国家有关规定执行。

4. 建设项目可行性研究报告由公司财务部按本制度规定的权限报批。未经批准，不得擅自改变建设项目的性质、规模及标准；如需改变，必须报原

审批机构审批。

第三十二条 初步设计文件的编制。

1. 项目承办单位根据批准的可行性研究报告委托有资格的单位进行工程初步设计。

2. 初步设计必须以批准的可行性研究报告为依据，不得任意修改和变更建设内容、扩大建设规模或提高建设标准。初步设计概算总投资一般不应突破已批准的可行性研究报告投资控制数。概算总投资如超过已批准的可行性研究报告投资控制数的10%，必须重新报批可行性研究报告。

3. 经批准的初步设计文件，如确需进行设计修改和概算调整，必须由原初步设计文件编制单位提出具体修改及调整意见，经建设单位审查确认后报原批准单位批准。

第三十三条 年度计划和统计。

1. 各分支机构所有新建、续建基本建设及技术更新改造项目，必须编报基本建设及技术更新改造年度投资建议计划。

2. 年度投资建议计划于每年9月底前报总公司审批。总公司于每年1月底前下达当年基本建设及技术更新改造年度投资计划。

3. 凡列入公司基本建设及技术更新改造年度投资计划的投资项目，不需再行办理审批手续，当年新增加的基建及技改项目，必须按规定的投资限额办理报批手续，并增补列入当年的投资计划。

4. 编制年度计划时，除应认真填报有关的计划表外，还要有必要的说明，数据要准确、文字要精练。

5. 各分支机构必须严格执行总公司下达的年度投资计划，不得自行调整；如确需调整，必须履行报批手续。

6. 各分支机构必须及时、准确地向总公司报送基本建设及技术更新改造统计报表。

第三十四条 竣工验收。

1. 基本建设和技术改造工程完工后，项目承办单位应及时办理竣工验收手续。一般由公司财务部协同项目承办部门组织竣工验收；

2. 工程竣工验收参照有关国家标准执行；

3. 对于工程竣工资料及验收文件，财务部和项目承办单位应及时归档。

第四章　投资管理机构

第三十五条　公司有关归口管理部门或分支机构为项目承办单位，具体负责投资项目的信息收集，项目建议书及可行性研究报告的编制，项目申报立项和实施过程中的监督、协调，以及项目竣工后的评价工作。

第三十六条　公司财务部负责投资效益评估、技术经济可行性分析、资金筹措、投资手续办理及对外投资资产评估结果的确认等。

第三十七条　对专业性较强或较大型投资项目，其前期工作应由专门项目可行性调研小组来完成。

第三十八条　公司法律顾问和审计部门负责对项目的协议、合同及章程的法律主审。

第三十九条　公司分支机构的对外投资活动必须报总公司批准后方可进行，各分支机构不得自行办理。

第五章　附　则

第四十条　本制度由财务部编制，解释权、修改权归财务部。

第四十一条　本制度经公司董事会讨论决定后，自公布之日起实施。

投资价值分析报告

一、公司概况

××公司自1970年创建以来，历经创建起步、初步发展和大规模发展三个阶段，目前已形成年铝冶炼12万吨的生产能力。公司的主营业务是铝冶炼和铝加工，以及碳素及碳素制品的生产和销售。

二、近期业绩

1. 预测近期股价（见下表）

××公司业绩与股价表现

	年份	主营业务收入（万元）	主营利润（万元）	净利润（万元）	每股收益（元）	净资产收益率（%）	股价（最高/最低）	市盈率（倍）
近年业绩与股价表现	2004	63278.11	11344.10	5205.84	0.23	21.01	—	—
	2005	55597.84	2287.16	278.36	0.01	0.38	9.1/5.21	910/521
	2006	100292.02	16320.38	6360.24	0.21	8.57	8.03/4.78	23/38

2. 业绩及股价预测的分析论证。2004 年，××公司不仅主业收入较 2003 年增长了 80.4%，而且主业利润也增长了 613.6%，每股收益从 2003 年的 0.01 元（调整后）上升至 0.21 元，一举摆脱了经营微利的困境，步入了项目投资回报期。

××股份业绩增长基于三大方面：一是产量增加了 90%。新电解设备全部投入了生产，电解铝产量因此增加到 84818 吨，增幅达 90%，产量位居同行业第八名；二是铝锭市场售价同比提高了 5%；三是企业内部挖潜降低了生产成本，铝锭利润率达到了 15.16%，铝加工产品利润率达到 17.98%。年报还显示，该公司库存不多。据公司发言人介绍，目前公司库存已近乎为 0，产销两旺。

三、行业背景与产品竞争力

1. “××”品牌被××报评为“改革开放 20 年最具影响力的品牌之一”；

2. 在劳动生产率方面，××公司一直在全国同行中属拔尖，是国内先进水平的 5.2 倍；

3. 公司是××工业局指定的中国 13 家重点铝企业之一，在全国 113 家铝冶炼企业中，全年铝锭产量排名第 8 位。

四、管理战略分析

1. 管理创新发展战略简介

（1）用足西部开发中的优惠政策，争取年内完成公司“十五”规划，即年冶炼铝 15 万吨、碳素制品 9 万吨、总投资 14.5 亿元的项目的立项审批工作。

（2）已申报“高新技术企业”，同时争取年内通过 ISO 4000 标准认证。

2. 利润构成××公司在发展铝电解的同时，还适度发展附加值高的铝加工业。目前加工比例占铝冶炼量的 30% 左右，形成了合理的利润构架。

五、财务分析（见下表）

××公司财务分析表

项目 年份	主营利润比重（%）	存货周转率（%）	流动比率（%）	速动比率（%）	负债对资产比率（%）
2006	40.95	1.90	745.36	730.90	11.73
2005	73.01	0.73	179.52	152.61	31.36

六、资产重组动向

专注于主业的规模扩张，对资本运营方面基本不作考虑。

七、风险分析

1. 电解设备全面投入生产还存在资金方面的缺口，“十五”规划对资金的需求将更为庞大。

2. 电解铝所需要的主要原料（氧化铝）的价格直接影响生产成本。

3. 价格仍然是限制企业发展的主要因素，目前已经获得政府的扶持。

4. 我国加入世界贸易组织对公司来说既是挑战又是机遇，总的来看是利大于弊。一方面因国内铝工业用电成本较高，加入世界贸易组织后公司在成本方面很难与国外铝工业竞争。另一方面公司的经营格局是原料与产品“两头在外，大进大出”的模式，加入世界贸易组织后，原料关税必将大幅度降低，成本自然就会下降；同时，公司可以采用灵活的经营方式运作（如来料加工等）。所以，我国加入世界贸易组织对公司影响不大。

八、投资建议及主要理由

1. 投资建议：8～10 元是合理定价区域，只适宜做波段行情。

2. 主要理由。

（1）今年铝价继续走好，但同时作为公司原料的氧化铝的价格上涨更快。产品售价的上涨难以抵消成本增加的压力，故效益有所下降，整体处于微利的状态。

（2）国家将铝锭的出口退税率由 11% 上调至 15%，这进一步提升了出口量相对较大的××公司的出口竞争力。

（3）以全部募股资金投入的“××厂环境治理、节能技术改造工程”现已全面竣工，年内还将完成公司“十五”规划（年铝冶炼 15 万吨、碳素制品 9 万吨、项目总投资 14.5 亿元）的立项审批工作。

（4）产品的高技术含量不断提升。“高新技术企业”的申报工作已经完成，将享受所得税的优惠，但由于原来所得税返还取消，故刚好抵消此负面影响。

技术改造投资计划

AB 厂是一个以生产自卸车为主的企业。位于××城市市区，占地 70 公顷，有铁路专线，交通方便，生产用的电力、蒸汽和生活用水，分别由该区热电站和城市自来水公司供给。该厂的产品主要有自卸车车桥、变速箱、转向机、车身等，并进行整车装配，其他部件，如发动机、车架、车箱、举升缸等则由有关企业协作生产，专业化和协作生产条件较好。多年来我国一直使用进口的重型矿用自卸车，每辆车要花外汇 65000 美元。根据市场预测，2005 年国内对该种车大约需要 500 辆。

为保证正常运行，除装配整车外，每年需生产相当于整车数量 20% 的维修配件。为节约外汇和满足需要，决定在国内自行生产。为此决定在该厂原有基础上进行扩建。

根据现有条件，在不停产条件下进行技术改造，预计技术改造期为五年，第六年达到改造设计生产能力。生产量预计如下表所示。

一、技术改造总体方案的内容介绍

1. 产品分工协作方案

（1）铸件、锻件毛坯全由协作厂供应；

（2）主要总成发动机由国内 C 供应商供应；

（3）本厂生产车桥、变速箱、转向机、车身总成及配件。

2. 公司组成

（1）机械加工车间

重型矿用自卸车生产量预计表

序号	产品名称	单位	技术改造期					满足负荷生产时期
			0	1	2	3	4	
			1998 年	1999 年	2000 年	2001 年	2002 年	2002－2006 年
1	20 吨矿用自卸车	辆	80	120	200	300	400	3500
2	配件折合整车	辆	20	30	50	75	100	700
合计		辆	100	150	250	375	500	4200

（2）冲压车间

（3）焊接车间

（4）油漆车间

（5）热处理车间

（6）总装配车间

（7）内饰工段车间

（8）其他辅助车间及单位

3. 零件加工工艺方案（略）

4. 设备组成（略）

5. 人员数量

分车间、业务部门计算各类人员总和以便按平均工资水平计算工资总额。

6. 土建及公用设施

迁出装配车间的机械另外组建一个新的机械加工车间，原机械加工装配车间的多余厂房均用于装配。其他车间面积均能满足需要，只需适当增加一些设备及工具。动力及公用设施的容量略有增加，动力管线变动较大。据此分析，共新增面积 1400 平方米，占总面积的 40%，但产量却能增加四倍。

二、投资估算与资金筹措的情况

1. 固定资产投资估算

利用原有公司设备价值 1023.7 万元，厂房及生活间价值 330 万元，计 1353.7 万元；新增投资共 1046.8 万元（其中建设工程 418.3 万元、设备 471.6 万元、设备安装 18.6 万元、工器具及其他 138.3 万元），投资共计 2400.5 万元。

2. 流动资金估算（略）

3. 资金筹措问题

（1）利用企业原有设备资金 1353.7 万元（国家基金）。

（2）从 2004 年起，三年内动用固定资产更新改造基金共 200 万元。

（3）剩余的 846.8 万元从银行贷款获得。贷款从借款时起，第五年开始偿还。流动资金 1388 万元，也从银行贷款获得。

三、财务预算

1. 预计的销售收入、净收入及现金流动情况（略）

2. 净现值按 5% 贴现率计算（略）

投资资产委托管理协议书

甲方：

乙方：

丙方：

为充分发挥各自的资金优势、信息优势、技术优势和监督优势，甲、乙、丙三方就甲方的投资资产委托管理事项，经协商，达成如下协议。

一、甲方以自己的名义在丙方开设证券账户，将委托资金全额存入在丙方开设的保证金账户（以下简称甲方账户）。

二、委托期限开始日以资金到账的实际日期为准。委托期限到期日指委托期限开始日起______月后的当日。

三、甲方委托乙方对其账户内的委托资金进行管理，乙方保证甲方本金不受损失，最低收益率不低于同期年利率。委托期满后，甲方账户内实际收益超过约定收益部分的，甲、乙双方按______分成。

四、为保证甲方利益，乙方将相当于甲方委托资金总额______市值的股票，存放于乙方在丙方开设的账户（以下简称乙方账户）内，作为甲方资金不受损失和获得最低收益的保证。

五、如果甲方账户内市值加乙方账户内市值之和低于甲方本金时，乙方在一个工作日内须转入相应市值的股票，以补足至甲方本金的。

六、甲乙双方共同委托丙方对甲方证券账户和乙方账户实施监督，当任何一方的行为有任何可能危及双方利益时，丙方应予制止并及时通知对方。

七、违约责任（略）

八、纠纷解决（略）

甲方：（签章）	乙方：（签章）	丙方：（签章）
代表：	代表：	代表：
时间：	时间：	时间：

投资可行性报告的内容

1. 项目提出的背景，项目投资的必要性及经济意义

2. 项目投资可行性研究的依据和范围

3. 市场预测和项目投资规模

（1）国内外市场需求预测；

（2）国内现有类似企业的生产经营情况的统计；

（3）项目进入市场的生产经营条件及经销渠道；

（4）项目进入市场的竞争能力及前景分析。

4. 投资估算及资金筹措

（1）项目的注册资金及其生产经营所需资金；

（2）资金的来源渠道、筹集方式及贷款的偿还办法；

（3）资金回收期的预测；

（4）现金流量计划。

5. 项目的财务分析

（1）项目前期开办费及建设期间各年的经营性支出；

（2）项目运营后各年的收入、成本、利润和税金测算，可利用投资收益率、净现值及资产收益率等财务指标进行分析。

6. 项目敏感性分析及风险分析

风险投资计划书的结构

1. 计划摘要

计划摘要一般要包括以下内容：企业介绍、主要产品和业务范围、市场概貌、营销策略、销售计划、生产管理计划、管理者及其组织、财务计划、资金需求状况等。

在计划摘要中，企业还必须要回答下列问题：

（1）企业所处的行业，企业经营的性质和范围；

（2）企业的主要产品；

（3）企业的市场状况及顾客的需求；

（4）企业的合伙人、投资人的情况；

（5）企业的竞争对手及其对企业发展的影响。

摘要要尽量简明、生动，特别要详细说明自身企业的不同之处及企业获取成功的市场因素。

2. 产品（服务）介绍

产品介绍应包括以下内容：产品的概念、性能及特性；主要产品介绍；产品的市场竞争力；产品的研究和开发过程；开发新产品的计划和成本分析；产品的市场前景预测；产品的品牌和专利。在产品（服务）介绍部分，要对产品（服务）做出详细的说明，说明要准确、通俗易懂，使非专业人员的投资者能明白。通常情况下，产品介绍要附产品原型、照片或其他介绍。

产品介绍必须要回答以下问题：

（1）产品能解决顾客哪方面问题，顾客能从企业的产品中获得什么好处；

（2）与竞争对手的产品相比，本企业的产品有哪些优缺点，顾客为什么会选择它；

（3）企业为自己的产品采取了哪些保护措施，企业拥有哪些专利、许可证，或与已申请专利的厂家达成了哪些协议；

（4）为什么企业的产品定价可以使企业产生足够的利润，为什么用户会大批量地购买企业的产品；

（5）企业采用何种方式去改进产品的质量、性能，企业有哪些开发新产品的计划等。

3. 人员及组织结构

企业的管理人员应该是互补型的，而且要具有团队精神。一个企业必须要具备产品设计与开发、市场营销、生产作业管理、企业理财等方面的专门人才。在商业计划书中，必须要对主要管理人员加以阐明，介绍其所具有的能力、在本企业中的职务和责任及其详细经历和背景。

在这部分商业计划书中，还应该对企业结构做一简要介绍，如企业的组织机构图；各部门的功能与责任；各部门的负责人及主要成员；企业的报酬体系；企业的股东名单，包括认股权、比例和特权；企业的董事会成员及其背景资料。

4. 市场预测

首先要对需求进行预测，即市场是否存在对这种产品的需求，需求程度能否给企业带来所期望的利益，新的市场规模有多大，需求发展的趋向及其状态如何，影响需求的因素有哪些。其次，还要对市场竞争的情况、竞争格局进行分析，即市场中主要的竞争者有哪些，是否存在有利于本企业产品的市场空当，本企业预计的市场占有率是多高，本企业进入市场会使竞争者产生何种反应，这些反应对企业会有何影响等。

在商业计划书中，市场预测应包括以下内容：市场现状综述，竞争厂商概览，目标顾客和目标市场，本企业产品的市场地位，市场格局和特征等。

5. 营销策略

在商业计划书中，营销策略应包括以下内容：市场机构和营销渠道的选择，营销队伍和营销管理，促销计划和广告策略，价格决策。

对创业企业来说，由于产品和企业的知名度低，很难进入其他企业已经稳定的销售渠道中去。因此，企业不得不暂时采取高成本、低效益的营销战略，如上门推销，打商品广告，向批发商和零售商让利，或交给任何愿意经销的企业销售。对发展中企业来说，一方面可以利用原来的销售渠道，另一方面也可以开发新的销售渠道以适应企业的发展。

6. 制造计划

商业计划书中的生产制造计划应包括以下内容：技术和设备的现状，

新产品投产计划，技术提升和设备更新的要求，质量控制和质量改进计划。

生产制造计划应回答以下问题：所需的厂房、设备情况如何；怎样保证新产品在规模生产时的稳定性和可靠性；设备的引进和安装情况，谁是供应商；怎样设计生产线和组装产品；资源的需求量如何；如何制定生产周期标准；如何编制生产作业计划；如何进行质量控制；相关的其他问题。

7. 财务规划

财务规划一般要包括以下内容：商业计划书的条件假设，预计的资产负债表，预计的损益表，现金收支分析，资金的来源和使用。

企业的财务规划应和商业计划书的假设相一致。要完成财务规划，必须要明确下列问题：

(1) 产品在每一个期间的发出量有多大；

(2) 什么时候开始产品线扩张；

(3) 每件产品的生产费用是多少；

(4) 每件产品的定价是多少；

(5) 使用何种分销渠道，所预期的成本和利润是多少；

(6) 需要雇用哪几种类型的人；

(7) 雇用从何时开始，工资预算是多少，等。

投资风险的调整方法

一、按风险调整贴现率法

1. 用资本资产定价模型调整贴现率。证券的风险可分为两部分：可分散风险和不可分散风险。可分散风险可通过企业的多元化经营而消除，在进行投资时，应注意的风险只是不可分散风险。

2. 用风险报酬模型调整贴现率。一项投资的总报酬可分为两部分：无风险报酬率和风险报酬率。

3. 按投资项目的风险等级调整贴现率。这是对影响投资项目风险的各因素进行评分，按评分来确定风险等级，并按风险等级来调整贴现率的一种方法。按风险调整贴现率后，具体的决策评价方法与无风险时大致相同。这种方法，对风险大的项目采用较高的贴现率，对风险小的项目采用较低的贴现率，简单明了便于比较。但这种方法把时间价值和风险报酬混在一起，人为地假设风险随时间的推延而逐年增大。

二、按风险调整现金流量法

风险的存在使得各年的现金流量不确定，为此，就需要根据风险程度对各年的现金流量进行调整，并以此计算投资项目的净现值，评价投资方案的优劣。按风险调整现金流量，其具体的调整办法很多，其中最常用的是确定等值法。

确定等值应先用一个系数将有风险的现金流量调整为无风险的现金流量，再用无风险的贴现率去计算项目的净现值。确定等值系数的取值范围为0~1.0。系数值越大，未来现金流量的稳定性越高；系数值越小，未来现金流量的不确定性越大。在运用确定等值法时，决策者常按风险投资项目现金流量期望值的离散程度，主观地估定确定等值系数。

投资可行性研究报告

一、公司概述

××公司位于××省××市。××市濒江临海，素以轻纺工业、港口运输业发达而著称，是我国对外开放的沿海城市之一。然而，近年来由于电力能源匮乏，许多公司能源供应不足，从而严重影响了××省的经济发展。本公司拟建设规模为35万千瓦的机组，以缓解××省目前严重缺电的局面。

本公司在原有××电力公司基础上扩建的水源、灰场、燃料来源及运输等外部条件均已落实，环保措施也已经通过环保部门验收。本公司扩建新增年燃煤量××万吨，除本省地方煤矿供应××万吨外，由外省调运××万吨。

二、基本数据

1. 主要技术数据包括公司厂区占地面积、工程量、施工进度、建设周期、单位造价、施工高峰平均人数、厂用电率、线损率、发电利用小时数、固定资产形成率、基本折旧率、贷款偿还期、生产流动资金、员工人数、年平均工资、设备大修折旧率、企业留利、税金、经济年限和售电价格。（具体数值略）

2. 投资构成工程投资构成见“总概算表”。（略）

3. 分年度投资计划根据总投资额、建设进度及与外商所签订的交货合同，并按照国家计划要求，制定分年度“投资计划表”。（略）

4. 资金筹措

(1) 由××银行以出口信贷支付的成套设备及部分主材贷款××万美

元，按年利率×%复利计算。

（2）由××省和××市统筹集资建设费用及输变电工程所需费用贷款额××万元，其中××省筹××万元，××市筹××万元，均按年利率×%复利计算。

三、财务评价

1. 产品成本包括发电成本和供电成本两部分，按国家现行的财务制度和规定计算。

2. 销售收入、税金、利润计算

3. 偿还借款资金包括扣除企业留利后的发电利润和可用于还款的基本折旧。

4. 现金流量分析主要包括静态分析和动态分析。前者主要分析逐年现金流量和累计现金流量；后者主要分析财务内部收益变化。

5. 财务平衡分析

（1）投产第一年销售利润为××万元；第二年达到设计生产能力，销售利润为××万元。计算期销售利润总额为××万元，其中发电利润总额为××万元。

（2）固定资产借款总额为××万元，共付借款利息××万元，偿还期为××年，还贷能力强。

（3）从“财务平衡表”可见，整个计算期×年除偿还国内外借款本金和利息外，上缴销售税金××万元，所得税××万元，企业盈余资金达××万元。

四、国民经济评价

1. 修正汇率根据世界年通货膨胀率及实行浮动汇率后，美元成为一种软货币而呈现日趋疲软的形势，美元与人民币的比价在未来五年后，将由×∶×变为×∶×。因此，本工程投资中，××万美元＝××万元人民币，所以，工程总投资拟按××万元人民币计算。

（1）影子成本（略）

（2）影子价格

影子价格＝单位生产成本＋单位经营利润

其中，单位生产成本为××元/度，所以，影子价格为××元/度。

单位经营利润：净利润税金÷年发电量＝××元/度

2. 国民经济动态分析评价

（1）经济现金流量分析对基础数据调整后，编制了全部投资和国内投资经济“现金流量表”；

（2）经济净现值和经济内部收益率由经济现金流量表计算经济内部收益率（EIRR）为××%，经济净现值（ENPV）为××万元，大于0，因此本工程从国家角度考虑亦是可行的。

3. 社会效益分析

（1）社会收益和社会投资收益率

社会利益 = 企业利润 + 销售税金 = ××万元

社会投资收益率 = 社会利益 + 总投资 ×100%

这项指标低于经济内部收益率，这是因为还贷期中第×年只有××%的生产能力而影响了社会收益总额，若目标贴现率取××% - ××%的平均值，则可认为是符合要求的。

（2）就业效果和劳动生产率

投资就业效果系数：总就为人数/项目总投资 = ××人/万元

全员劳动生产率 = 销售收入/员工人数：××万元/人

尽管就业效果并不理想，但劳动生产率指标却很高。

（3）可以缓解缺电矛盾，间接效益十分显著

五、综合评价

1. 本项目各项财务评价指标较好，表现在以下三个方面：

（1）财务内部收益率为××%，高于基准收益率×%；

（2）贴现率为××%，财务净现值为××万元，大于0；

（3）投资回收期为××年（静态）和××年（动态），不确定性分析具有一定抗风险能力，因此，本项目的建设从财务上是可行的。

2. 本项目各项国民经济评价指标也较好，表现在以下三个方面：

（1）经济内部收益率为××%，高于社会折现率；

（2）经济净现值以××%贴现，大于0；

（3）缓解缺电矛盾等间接效益也十分显著。因此，本项目的建设从国民经济角度看应是可行的。

投资预算报告

总经理办公室：

关于本公司在技术改造中决定增设××吨油压生产线和监控系统的投资

问题，有关部门已提出三个投资方案（见下表）。现对这三个方案（以下简称甲、乙、丙方案）的净现值做如下计算和分析比较。

甲方案一次投资 10 万元，有效使用期为四年，期末无残值；乙、丙方案一次投资均为 20 万元，有效使用期均为五年，乙期末有残值 5000 元，丙无残值。三个方案的利率均为 18%。

投资方案比较分析表

单位：千元

有效使用期	甲方案			乙方案			丙方案		
	净利	折旧	每年现金净流量合计	净利	折旧	每年现金净流量合计	净利	折旧	每年现金净流量合计
1	40	25	65	50	39.9	89.9	20	40	60
2	40	25	65	50	39.9	89.9	20	40	80
3	40	25	65	50	39.9	89.9	50	40	90
4	40	25	65	50	39.9	89.9	10	40	100
5	—	—	—	50	39.9	89.9	40	40	80
合计	160	100	260	250	199.5	449.5	140	200	410

（一）甲方案

查 1 元的年金现值表，4 年、18% 的年金现值系数为 2.69。

未来报酬的总现值 = 每年现金净流量折成的现值

= 65000 × 2.69

= 174850（元）

净现值 = 未来报酬总现值 − 投资额总现值

= 174850 − 100000

= 74850（元）

（二）乙方案

查 1 元的年金现值表，5 年、18% 的年金现值系数为 3.127；查 1 元的现值表，5 年、18% 的复利现值系数为 0.437。

未来报酬总现值 = 每年现金净流量折成现值 + 残值折成现值

= 89900 × 3.127 + 5000 × 0.437

= 281117 + 2185

= 283302（元）

净现值 = 未来报酬总现值 - 投资额

= 283302 - 200000

= 83302（元）

（三）丙方案

因为 1 ~ 5 年现金净流量不等，不能采用与甲、乙两个方案类似的年金法，应按普通复利计算。查 1 元的现值表，复利现值系数分别为：1 年，18%、0.847；2 年，18%、0.718；3 年，18%、0.609；4 年，18%、0.516；5 年，18%、0.437。则每年现金净流量折成现值如下。

第 1 年 160000 × 0.847 = 50820（元）

第 2 年：80000 × 0.718 = 57440（元）

第 3 年：90000 × 0.609 = 54810（元）

第 4 年：140000 × 0.516：72240（元）

第 5 年：80000 × 0.437 = 34960（元）

未来报酬的总现值 = 50820 + 57440 + 54810 + 72240 + 34960

= 270270（元）

净现值 = 270270 - 200000

= 70270（元）

通过上述计算，可以看出，甲、乙、丙三个方案净现值均为正数，都有可行性。如果不考虑投资时间长短及投资额多少，则乙方案最优；如果考虑这两个因素，则甲方案为最优。我们的意见也是以采用甲方案为好。

以上测算，仅供参考。

××公司财务部

××××年×月

投资回报预测报告

××总经理：

为搞好公司主要产品的更新换代、满足市场需要，技术科、设备科等有关部门在研究权衡从哪一国引进电气植绒布生产线为好的问题。总会计师为节省投资并能使产品较快地打入国际市场，从而尽快地回收投资，曾将日、德两国厂商的报价和有关资料交给我们，要求财会人员从投资回收期长短的角度，加以对比分析，并向您提出自己的意向或看法。为此，我们围绕引进

设备投资回收期的问题，对日、德两国厂商提供的材料，认真进行了测算和分析。现将测算结果和论证意向，报告如下。

一、对引进设备投资回收期的测算

按技术科取得的日、德两国厂商材料，其报价折合人民币分别为 260 万元和 240 万元。根据对相关资料与市场前景的分析，可得出两者的创利情况与投资回收期情况（如下表）。

厂商	台数	年生产能力（米）	厂商报价（折合人民币万元）	年销售收入（万元）	年税后利润（万元）	投资回收期（年）
日本××公司	5	350000	260	455	50	5.2
德国××公司	5	350000	240	465	51	4.7

根据以上所列数据计算，日、德两国厂商生产线的投资回收期分别为：

按日本厂商报价计算的投资回收期 = 260/50 = 5.2（年）

按德国厂商报价计算的投资回收期 = 240/51 = 4.7（年）

二、对引进设备投资回收期的分析与论证

从以上计算的几个数据中，可以清楚地看出，不仅日、德两国厂商的报价有区别，而且在销售收入、年税后利润、投资回收期等几个方面都有一些区别。

1. 投资回收期不同日本××公司生产线的投资回收期为 5.2 年；德国××公司生产线的投资回收期为 4.7 年。两个厂商的设备在投资回收期上尽管都是高效益型的，但两者毕竟还是有些差别的，德国××公司的产品优于日本××公司的产品。

2. 销售收入不同从机械性能上看，按技术科提供的资料，也是德国××公司的产品稍好于日本××公司的产品。根据我们按出口商品作价标准计算，仅产品光洁度一项，在销售收入上即可形成 2% 左右的差别。

3. 在创利水平上也稍有不同由于销售收入略有不同，因而在年税后利润总额上，两者也相差 2%，还是德国××公司提供的产品略高于日本××公司的产品。

4. 另据业务伙伴提供的信息，他们公司自××××年引进德国××公司提供的生产线以后，运转情况良好，生产的高档产品已畅销加拿大、美国、意大利、瑞典、挪威、丹麦等国，出口创汇产品则超过 40%；该公司计算的引进设备投资回收期也是四年多。

5. 德国××公司的信誉好于日本××公司，在纺织机械制造水平上也不低于日本××公司。

三、对决策的建议

综合以上几点情况，我们认为，如厂商报价无较大的变化，还是以引进德国××公司的产品为好。但是，即使最后选定引进德国厂商的设备，亦应在洽谈中尽量少花钱，并在到岸期限上提出明确要求，以便加速公司技术改造的进程。另据我们从销售部得到的市场调查材料，目前高档植绒布不论在国内市场还是在国际市场均属畅销商品，如引进设备能提早到货投产，即可早见效益。因此，在您决策时，两国厂商的到货期，亦应作为一个因素加以考虑。

以上意见，仅供参考。

××公司财务部

××××年×月

投资的流程

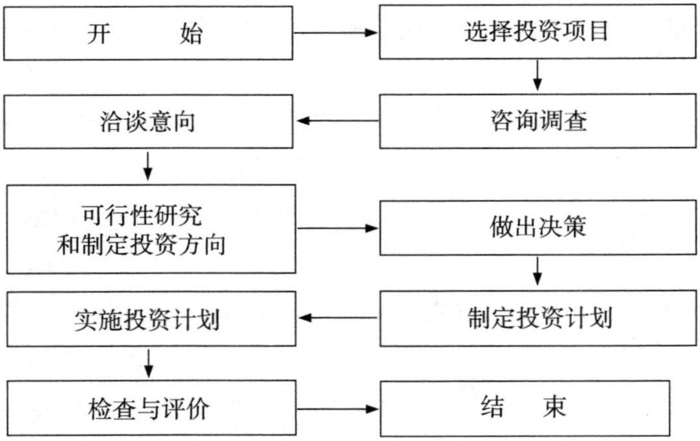

投资会计岗位核算流程

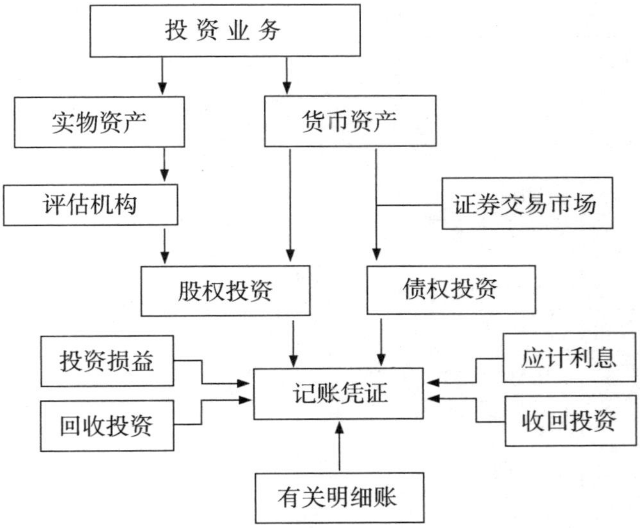

投资明细表

利润中心代号： 名称： 单位：元

科目代号	会计科目	细目	金额	备注
	土地			
	房屋及设备			
	机械及设备			
	开办费			
	建筑物装修	装修		
		装修设计费		
	各项设备	音响		
	餐饮设备	厨具		
		冷冻柜		
		桌子		
		椅子		
		餐具		
		布巾		
		厨房备品		
	合计			

投资项目分析表

专案名称及内容说明					根据计划或理由		风险性	
投资金额及支出预计			收益分析估计					
项目	说明	金额	年度说明	××××年	××××年	××××年	××××年	合计
			增加收益					
			投资金额					
			增加人工成本					
			增加折旧					
			增加材料支出					
			增加毛利					
			增加利息费用					
			增加净收益					
			增加周转金					
			累计净收位置					
合计			累计投资支出					

投资效益分析表

投资名称	投资类别				预计投资金额	已支付金额	完成程度		估计收益状况			
	产品	产量	财务	其他			已完	%	金额	收益期间	回收年限	收益率（%）
合计												

投资项目管理卡

项目名称：　　　　　　　　　　　　　　　　　　　　　　　　编号：

专案进度

	年度 说明	××××年	××××年	××××年	××××年	××××年	合计
收益状况分析	实际增加收益①						
	实际投资金额②						
	净收益③						
	预计净收益④						
	累计净收益⑤						
	预计净利益⑥						
	累计净利益⑦						
	预计投资额⑧						
	累计投资额⑨						
	差额④－⑤－⑦＋⑨						

资金用途说明表

单位：元

项　　目	共需资金	自有资金（含贷款）	需向金融机构融资部分
土　　地			
建筑物			
机械设备与公共设施			
营业用品与各项设备			
装　　修			
开张前费用（开办费）			
营运资金			
合　　计			
偿还贷款			

投资资金完成情况表

类别	累计完成上年计划投资额		本期累计完成本年计划投资额		本月投资资金来源						销售企业收购数目
	计划工作量	实际完成财务工作量	计划工作量	实际完成财务工作量	合计	上年投资额结余	月初投资额结余	自有资金	内部分割建设资金	借款	
总计											

重要投资方案绩效核计表

年度：

投资编号	投资名称	收回期间	估计投资金额	实际投资金额	预计应回收金额	实际已回收金额	预计回收率		预计收益率		备注
							预计	修正	预计	修正	
合计											

投资专案管理卡

投资编号：　　　　　　　　　　　　　　　　　　　　投资名称：

专案进度	说　　明
1	
2	
3	

	年度 说明	××××	××××	××××	××××	××××	合计
收益状况分析	实际增加收益①						
	实际投资金额②						
	净收益③						
	预计净收益④						
	累计净收益⑤						
	预计净利益⑥						
	累计净利益⑦						
	预计投资额⑧						
	累计投资额⑨						
	差额④－⑤－⑦＋⑨						

部门盈亏管理计划表

部门＼项目			销售总额	变动费用	边际收益	销售固定费用	部门直接收益	回收总额
	销售部门合计	计划						
		实际						
		完成率						
	本公司	计划						
		实际						
		完成率						
	本公司第一科	计划						
		实际						
		完成率						
	本公司第二科	计划						
		实际						
		完成率						
	分店（一）	计划						
		实际						
		完成率						
	分店（二）	计划						
		实际						
		完成率						

盈亏统计表

项　　目	金　　额		备　注
	小　计	合　计	
上期末分配盈余			
本期税后收益			
调整项目			
1			
2			
…			
分配项目			
法定盈余公积			
特别盈余公积			
各项准备			
股利			
本期末分配盈余			

盈亏平稳计算表

部门：　　　　　　　　　　　　　　　　填写日期：

月份 成本项目	1	2	3	4	5	6	7	8	9	10	11	12	合计
固定费用													
营销费用													
折旧													
间接人工													
其他杂费													
变动成本													
直接材料													
间接物料													
劳力费													
加班费													
奖金													
生产数量													
单位变动成本													
生产金额													
平均单价													
平衡产量													
利润													

投资经济分析表

<table>
<tr><td rowspan="4">投资类别</td><td colspan="2" rowspan="4">□购置更换设备
□开发产品组件
□提高生产效率
□财务投资</td><td rowspan="4">投资方案说明</td><td colspan="2" rowspan="4">1.
2.
3.
4.</td><td colspan="2">投资有效期限</td><td rowspan="4"></td></tr>
<tr><td colspan="2">预计开始日期</td></tr>
<tr><td colspan="2">负责部门</td></tr>
<tr><td colspan="2">利息计算方式</td></tr>
<tr><td rowspan="8">投资收益分析</td><td>年度</td><td>投资收益说明</td><td>收益性质或资金来源（利率）</td><td>当期收益金额</td><td>累计收益总额（利息）</td><td>当期投资金额</td><td>累计收益总额（利息）</td><td>净利益</td></tr>
<tr><td></td><td></td><td></td><td></td><td></td><td></td><td></td><td></td></tr>
<tr><td></td><td></td><td></td><td></td><td></td><td></td><td></td><td></td></tr>
<tr><td></td><td></td><td></td><td></td><td></td><td></td><td></td><td></td></tr>
<tr><td></td><td></td><td></td><td></td><td></td><td></td><td></td><td></td></tr>
<tr><td></td><td></td><td></td><td></td><td></td><td></td><td></td><td></td></tr>
<tr><td></td><td></td><td></td><td></td><td></td><td></td><td></td><td></td></tr>
<tr><td colspan="2">合计</td><td></td><td></td><td></td><td></td><td></td><td></td></tr>
<tr><td></td><td>填表说明</td><td>填写投资款项及收益性质的说明</td><td>收益名称或资金来源及利息填写</td><td>预定收益金额</td><td>当期收益总额加本期利息及收益</td><td>填写预定投资金额</td><td>前期投资总额加本期投资、利息</td><td>收益总额减投资额</td></tr>
<tr><td colspan="2">回收期限</td><td></td><td>利益总额</td><td></td><td>投资价值</td><td colspan="3">□良好□尚可□不佳</td></tr>
</table>

第六章　企业资产管理方案

第一节　企业的有形资产管理

财产管理办法

第一条　为加强公司财产管理，确保公司经济利益不受损失，特制定本办法。

第二条　本公司财产管理系由财务部统筹管理并委托使用单位保管，依其性质划分如下：

1. 土地；

2. 房屋及建筑设备：办公室、厂房、酸洗间、仓库、宿舍、护堤、水道、围墙、停车场、道路；

3. 交通及运输设备：小轿车、客货车、推高机、起重机、机车、手推车、台车；

4. 机器设备：连续式铸造钢板设备、钢铁热轧设备、钢铁冷轧及冷压成型设备、金属热处理设备；

5. 电气设备：输电、配电、变电设备、照明设备；

6. 空气调节设备：冷气机、抽送风机、电扇；

7. 事务设备：机具设备（计时机、复印机、打字机、计算机、电话机、对讲机、扩音机、油印机等）、家具设备（写读家具、储放家具、作息家具）、通信设备；

8. 供水设备：水塔、储水池、过滤设备、抽水机、马达、给水配管设备；

9. 其他设备：防护设备（消防警卫、医疗）、装潢设备、康乐设备。

第三条　财产保管部门应会同财务部每年定期盘点，但对新置者每月对账一次，其盘盈或盘亏应据实办理增值或减损。

第四条　由购入而取得之不动产，应即办理所有权移转登记，其有关产

权之登记与变更登记及税法规定事宜与减损报废之报备均由财务部另行规定办理。

第五条　各项工程修造不论金额多寡均应编列预算表，并送财务部备查复核，其紧急处理者仍应补办手续。

第六条　有关不动产出租或租入，均应事先订立契约书，并会财务部复核转呈总经理核准后始得办理。

第七条　资本支出与费用支出划分之标准如下：

1. 支出结果能获得其他资产者属资本支出，否则应列为费用支出；

2. 资产之因扩充、换置、改良而能增加其价值或效能者属资本支出，否则即为费用支出；

3. 支出结果所获得之固定资产，其耐用年限在两年以上，且其金额在5万元以上者属资本支出，其耐用年限不及两年或其效用仅及本期者属费用支出；

4. 凡为维持财产之原始使用效能，所需之维护费用作为费用支出。

第八条　财产支出核决权限，依内购核决权限表之规定办理。

第九条　固定资产的折旧采用平均法，并以账面价值为准，其折旧耐用年限依所得税规定。

第十条　使用年限届满之固定资产，仍继续使用者，得不折旧，但主要或重要生产设备得予调整以往旧额，并继续折旧。

第十一条　有关固定资产设账，财务部于总分类设置“土地”“房屋及建筑”“机器设备”“电气设备”“空气调节设备”“事务设备”“供水设备”“其他设备”，机械与各项设备之“备抵折旧”等科目，设置财产目录卡，并于各负责管理部门设置同式财产目录表，详细记录负责保管人及移动情况，并经使用人签认留存。财务部门与管理部门于每年会同盘点时并应互为核对双方登记卡表所载内容是否相符，如有不符应即查明更正。

第十二条　本办法经呈准公布实施，修改时亦同。

固定资产管理制度

第一章　总　则

第一条　目的

为加强固定资产的保管及使用管理，促进固定资产的利用率，特制定本制度。

第二条 范围

本制度所称固定资产包括土地、房屋及建筑物、机械设备、运输设备、马达、仪表、工具等。

第三条 会计科目列账原则

前项固定资产，耐用年数在两年以下，未超过一定金额的应以费用科目列账，不可以固定资产科目列账。

第四条 管理部门

固定资产按下列类别，由指定部门负责管理，其管理及保养细则由各公司管理部门会同使用部门自行制定。

1. 机械设备、马达、仪表、机电设备由工务部门负责管理，但须视实际需要归性质相关部门管理；

2. 土地、房屋及建筑物、运输设备、事务性什项设备由总务部门负责管理；

3. 工具由资材仓库部门负责管理。

第五条 编序

固定资产取得后，即归固定资产管理部门管理。管理部门应会同会计部门依类别及会计科目统驭关系，予以分类编序并粘贴样签。

第六条 移交

人员移交时，对于固定资产应依相关的管理规定详列清册办理移交。

第七条 增减报告

会计部门应于次月 15 日前，就土地、房屋及建筑物、运输设备等项目编制“固定资产增置表”一式三联，并填列异常或更正内容后，送固定资产管理部门核对。其中第一联固定资产管理部门留存，第二联送返会计部门自存，第三联送使用部门留存，采用电脑处理报表代替之。

第八条 盘点

固定资产管理部门应会同会计部门每年对固定资产盘点一次。另应于每季就固定资产登记卡册，每一类别至少抽点 10 项。盘点后应填写“盘存单”一式三份，并注明盈亏原因。其中一份自存，一份呈报（总）经理核决后送会计部门，一份送总管理处总经理室备查。

第九条 增置、营造、修缮处理

固定资产的增置、营造、修缮应分别依照《材料管理办法》《工程修造发包事务处理规则》及《营建工程管理办法》等有关规定办理。

第二章　增置及登记

第十条　增置手续

固定资产增置验收后，使用部门应即填写“固定资产增加单”一式三联，经固定资产管理部门签章后，送会计部门填注购置金额、耐用年限、月折旧额。第一联送管理部门转计入“固定资产登记卡”，第二联由会计部门自存转计入“固定资产登记卡”，第三联送使用部门留存。会计部门应每月与管理部门核对“固定资产登记卡”的记载事项。

第十一条　受赠处理

固定资产因其他公司拨入、捐赠而取得者，应填明价格，如原价无法查得或根本无原价者，须由固定资产管理部门会同会计部门予以估价，并按第十条固定资产增置手续办理。

第十二条　登记

土地、房屋及建筑物等不动产取得所有权后，由总务部统一进行产权登记及善后工作。

第十三条　保险

固定资产应依《关于企业财物保险事务处理程序》的规定办理保险。

第三章　资产移转、闲置及减损

第十四条　资产移转处理

固定资产在公司内相互拨转时应由移出部门填写“固定资产移转单”一式四联，并由固定资产管理部门签章后，送移入部门签认。其中，第一联送固定资产管理部门，第二联送会计部门，第三联送移入部门，第四联送移出部门。

第十五条　资产送修处理

固定资产须送厂商修复时，应依照《工程修造发包事务处理规则》办理，于送修时由工务部门或固定资产管理部门填写“料品交运单”一式六联。其中，第一联经办部门自存；第二联送会计部门；第三联由守卫室暂存，于次日转送会计部门；第四、五、六联交承运商随同物品出厂，第四联交收料厂商暂存，作为物品回厂交货的凭证，经办部门于验收后转交会计部门核销；第五联供申请运杂费；第六联由收料厂商签收并送回经办部门。

第十六条 出租或外借处理

固定资产出租或外借，固定资产管理部门应先会同会计部门后按序呈（总）经理核准后始得办理，并应制定契约，副本送会计部门以备核对。其出入厂区应另填写“料品交运单”一式六联，并依第十五条规定办理。

第十七条 减损处理

固定资产因减损拟报废者，应由使用部门填写“固定资产减损单”一式四联，注明减损原因，送固定资产管理部门及会计部门签注处理意见后呈报（总）经理。经核准后，第一联送管理部门转计入“固定资产登记卡”；第二、三联依处理意见办理后连同该废品送资材仓库签收，其中第二联连同有关资料送会计部门据以向主管机关办理报备，抵押权变更及解除保险等手续；第三联自存。

第十八条 闲置固定资产处理

固定资产管理部门至少每三个月应将经营上无利用价值的闲置固定资产予以整理，填写“闲置固定资产明细表”，并拟定处理意见后呈报（总）经理。经核定标售者须按下列规定办理：

1. 固定资产管理部门应按“闲置固定资产明细表”所列经批示计售部分开具“固定资产让售比价单”一式四联，由（总）经理指派专人或由采购部门负责招商比价，并将比价结果转记于“标售比价单”中。其中，第三联自存，第四联送资管科，第一、二联呈（总）经理核决后，由经办人将第二联送会计部门凭以核对，第一联送管理部门以便发货。

2. 发货时，由标售经办人填写“料品交运单”一式六联（第四、五、六联为承运商联，勿填）凭以入厂提货，经守卫签注出厂时间及过磅记录后，由标售经办人填写“缴款单”向出纳解缴货款，并于“料品交运单”备注栏填写“固定资产让售比价单”号码、发票号码。其中，第一联送资财部门，第四联送承购商收执，第二、三联送守卫查对放行，于翌晨转会计部门复核。

3. 提货出厂后固定资产管理部门应即填写“固定资产减损单”一式四联（第四联免填）。其中，第一联自存转计入“固定资产登记卡”，第二联送会计部门，第三联送使用部门留存。

第十九条 抵押资产的减损、出租、外借处理

经提供抵押借款的固定资产如有减损、出租或外借时，会计部门应事先备函写明抵押编号及资产名称、数量，向总管理处财务部报备，由财务部向

贷款及抵押权登记机构办理标的物增减变更手续。

第四章 工具、附属设备、事务性什项设备处理

第二十条 马达、仪表处理

1. 本项资产经验收后应用使用部门逐件填写“固定资产增加单”一式三联，并加盖“附属设备管理”章。其中，第一联送固定资产管理部门计入“固定资产登记卡”，第二联送会计部门，第三联使用部门自存。

2. 固定资产转移时由固定资产通知管理部门在“固定资产登记卡”上记载移转情况。其出入厂区内的应填写“移转交运单”后办理交运。

3. 需送厂外修理的，比照第十五条的规定办理。

4. 其保养细则由管理部门会同使用部门自行制定。

5. 每年必须全面盘点一次，其闲置部分应比照第十八条的规定办理。

6. 各公司自定管理对象的标准（如冷气机里的马达不列入管理的对象等）。

7. 减损的部分比照第十七条的规定办理，减损单位应盖“附属设备管理”章以资区别。

第二十一条 工具处理

1. 本项资产的购置需全部经由资材仓库收料，未领用前由仓库保管，归入物料账。

2. 本项资产系指物料的工具类，但各公司须定出各项品名。

3. 本项资产列为个人保管时应依个人别设立“财产保管卡”两份（以不同颜色区分）。其中一份存发料部门仓库，一份留存于各科集中保管。

4. 领用时，由领用人开具“材料领料单”向仓库领料，并在“财产保管卡”上签认。

5. 移交时，有关本项资产的保管清册须填写一份送管理部门据以转记“财产保管卡”。

6. 领用本项资产时，如系新领或追加领料单须经厂（处）长核准，如系以旧换新者，凭科长核准的领料单办理。

7. 本项资产不用拟退回时，须呈请厂（处）长核准后方能办理退库。资材仓库对该退回品须例行管理。

第二十二条 事务性什项设备处理

1. 本项资产的购置经由物料账处理，于验收后直接以设备或费用列账。

2. 本项资产各公司应列出品别，于请购时由资材仓库在“请购单”上盖“列入财产管理”章并会同管理部门办理请购。办理验收后，“请购单”的会计联及仓库联同送会计部门整理付款，仓库联并于传票开制后，由会计部门转送管理部门转记“财产保管卡”。

3. 本项资产列为个人保管时，应依个人别设立“财产保管卡”。其余均以科别设立“财产保管卡”，科长为当然保管人，须指定专人负责实际保管工作。

4. 对于非消耗性文具用品的保存期限及对象，各公司须自定项目及保有期限，超过保有期限时免办报废或缴还。

5. 移交时有关本资产的移交清册须送固定资产管理部门，据以转记于“财产保管卡”。不用或报废时，须编制保管清册经厂（处）长核准后，送交固定资产管理部门点收（报废部分免办点收）及转记于“财产保管卡”。

现金收支管理制度

第一条 为加强现金收支管理，明确现金收支范围和收支标准，规范现金收付手续，特制定本制度。

第二条 “现金收支旬报表”上的收入金额，是指由财务部汇入各单位银行账户内的金额。支出金额则仅指各单位的费用。各单位应自行支付的一切费用，包括可控制费用与不可控制费用，均应从财务部汇入的金额中支付。

第三条 财务部应于每月月底前就下个月份各单位的可控制费用概算一次（必要时须分次），汇入各单位的银行账户内备支。

第四条 除财务部汇入的款项外，各单位的收入款项一律不得自行挪用单位内收回的应收账款（包括现金及支票）。其收回的应收账款，应依账款管理办法的规定，悉数寄回总公司财务部。

第五条 “现金收支旬报表”的填写应一次复写两联，第一联于每旬第1日（即每月1日、11日、21日）中午以前就上旬收支逐项编制妥当，连同费用科目的正式收据或凭单呈单位主管签核后限时转送财务部；第二联由各单位自行汇订成册作为费用明细账，并据此于月底当天填写“费用预算分析表”。

第六条 现金收支旬报表上的编号，采用每月一次连续编号方式。月内的每日编号应相互衔接并连续编至当月月底。次月1日再行重新编号。

第七条 “现金收支旬报表”上科目栏中的类别系指所发生的各项费用其分属类别，分别以“营”“服”或“管”等字表示，其性质的区分如下：

1. 营业费用凡属营业人员（包括营业主任及外务人员）所发生的费用；

2. 服务费用凡属服务人员（包括服务主任）所发生的费用；

3. 管理费用除营业费用及服务费用外所发生的一切费用。

第八条 “现金收支旬报表”上科目栏中的“名称”系指各项费用的科目名称，明细如下：

1. 营业费用

（1）汽车诸费营业人员所付汽油费、机油费、过桥费及存车费等；

（2）旅费营业人员所支付的出租车费及因业务之需所付的差旅费；

（3）公共关系营业人员因业务上的应酬所需开支；

（4）员工津贴营业人员薪资（包括基本薪金、交通津贴、交际津贴、奖金、各项加班及值班费等）；

（5）坏账账款尾数无法收回或导致公司损失者；

（6）名片营业人员所印名片费用。

2. 服务费用

（1）汽车诸费服务人员所付汽油费、机油费、过桥费和存车费等；

（2）旅费服务人员所支出租车费及因服务的需要所支差旅费；

（3）公共关系服务人员因服务上的交际需要所支；

（4）员工津贴全体服务人员的薪资（包括基本薪金、交通津贴、绩效奖金、加班费等）；

（5）坏账账款尾数无法收回或导致公司损失者；

（6）名片全体服务员工所印的名片费用；

（7）工具单价在 100 元以下的工具费。

3. 管理费用

（1）汽车诸费除营业人员及服务人员外所支付的汽油费、机油费；

（2）旅费除营业人员及服务人员外所支付的出租车费或差旅费；

（3）运费装载货物所支付的费用；

（4）文具用品日常所用的文具纸张等办公用品费用；

（5）清洁费用清洁公司打扫所支付的费用；

（6）邮费邮寄函件及包裹的邮资等；

（7）电话费因业务上的长途电话费及市区电话费；

(8) 电力费用电所支付的费用；

(9) 自来水费用自来水所支付的费用；

(10) 修理费汽车修理及保养费等；

(11) 人事广告费刊登招聘启事等费用；

(12) 报章杂志订阅报刊所支付的费用；

(13) 固定薪资除营业人员及服务人员外的薪资；

(14) 公共关系除营业人员及服务人员外，因管理之需所支付的交际费；

(15) 租金支出所支付房屋的租金；

(16) 税捐支付营业印花税；

(17) 其他变动费用未能列入上述分类科目的费用。

第九条 上述所列项目，会计人员应按其性质区分（即营业费用、服务费用及管理费用等）妥当予以分类报支，不得相互混淆。

第十条 各单位与总公司间如有代收或代支事项发生时，一律以“内部联络函”联系，其规定如下：

1. 总公司代各单位收款时，应由财务部于收款日以“内部联络函”述明代收款项内容。若为票据应注明票据内容，所收款项则暂代留存。被代收单位于接获财务部的通知时，应即于当天的“收款及成交奖金明细表”上加入该笔账款，增加其收款总额，并将入账情形回复财务部。

2. 各单位代总公司或其他分公司收款时，应以“内部联络函”的方式于收款当日述明代何单位收款。代收现金应先换购汇票；若代收票据，须注明代收票据内容，并连同票据一起寄送总公司财务部。财务部在通知被代收单位入账的同时，将入账情形回复代收单位。

3. 各单位代总公司支付款项时（如押标金、权限内购入的生产用器具，或单价在100元以上的工具、油墨等），不得计入“现金收支旬报表”，而应另行备忘登记，并于每旬寄送“现金收支旬报表”时，另以“内部联络函”将所代支的款项明细及总额述明后连同单据一并寄送总公司财务部，由财务部依此汇入该笔款项。若为紧急代支事项，必须立即处理时，除以电话通知财务部电汇处理外，仍应填具“内部往来联络函”述明，以资凭证。

4. 总公司代各单位支付费用款项时（如预付房租等），应于每月25日前由财务部以“内部联络函”通知被代支单位在其“现金收支旬报表”上的“收入金额”栏和“支付金额”栏内以虚收虚付方式直接登入该笔费用款项，以增加账面的收入金额与费用金额。

第十一条　各单位全体员工的借支总额在3000元以内者，须经单位主管核准后，由库存现金中先行借支，并限于每月10日发薪时一次扣回；若借支总额超过3000元者，应依权责划分逐笔专案报备核准后，方能由财务部汇寄支付。

第十二条　各单位会计人员应于每月月底当天，凭留存的当月份该单位“现金收支旬报表”，依费用类别分别统计当月份发生的各项费用的总额，将其填入“费用预算分析表”中，并就可控制费用中的各项费用实际与预算的差异，详加分析，呈单位主管查核。

第十三条　“费用预算分析表”一式两联，各单位应于每月3日前将此表（两联一起）连同“直线单位经营绩效评核表”一并寄送总公司业务部；业务部查核“直线单位绩效评核表”所填的费用数字无误后，即转送财务部复核，并呈所属副总经理填具总评。

第十四条　“费用预算分析表”上的费用率系指当月份的费用与营业额的百分比，“本月费用预算”一栏的计算公式如下：

1. 本月“营业费用”预算 = 上月营业费用 ×（1 ± 本月营业收入成长率）

2. 本月“服务费用”预算 = 上月服务费用 ×（1 ± 本月服务收入成长率）

3. 本月“管理费用”预算 = 上月管理费用 ×（1 ± 本月营业及服务总收入成长率 ×20%）

第十五条　本制度由财务部制定，经呈总经理核准公布后实施，修订时亦同。

现金及债券管理规定

第一章　业务范围

第一条　公司所属机构现金及债券的管理，除法律另有规定外，均依本规定处理。

第二条　业务范围内系指现金预算、登记报告等事项，涉及出纳、保管及转移事务，应由出纳室办理。

第三条　各机构的现金，除供日常零星支付所需定额的库存现金外，均应存入银行。各机构的收入，人民币部分应存入银行；外币部分应存入政府指定的银行；债券由会计室集中管理。

第四条　各机构的库存现金和债券应由会计部门负责随时或定期派员抽

查盘点。

第五条 各机构购入公司、政府债券，应报请总公司核准后办理签报，由公司集中保管。

第六条 各机构的银行支票，应由其负责人或其授权人、主办会计人员及主办出纳人员会同签章。

第二章 现金预算

第七条 现金的支出应由会计室编列预算，并切实执行。如因事必须变更时，须由会计室主管签呈财务部核准后修正。此外的现金预算是在财务部的现金预算系统下的子系统。

第八条 现金预算应力求配合业务部门的需要，以财力的经济有效运用为原则，并分为年度预算及分期或分月预算。

现金预算依业务计划、固定资产建设改良扩充计划、举债及偿债计划、资金转投资计划、资金调度计划及盈余的分配等编制。

第九条 每期或每月终了，应将现金实际收支数与预算数进行分析比较，列报有关财务部的调度主管人员参考。

第三章 登记报告

第十条 每日收支完毕，在出纳登记“现金簿”和“银行存款明细账”后，应编制“现金及银行存款日报表”，连同该日收支传票，于次日交送会计室。

第十一条 会计室对银行对账单应进行核对，并编制调节表。

第四章 调转金设置与收付

第十二条 公司下属机构有关部门视其业务需要可呈准设置周转金，其金额由各有关部门会同会计室报请财务部核定。

第十三条 周转金的动用须由各部门主管核定。设置周转金的部门，应设置周转金收支登记单，根据原始凭证登记。

第十四条 周转金的支出以原设置目的的范围为限，不得作为其他用途。周转金于年终时应一次退回会计室，必要时于次年再向会计室续借。

第十五条 周转金的经营情况应由会计室不定期派员检查，并将检查结果签报主管核阅。

第十六条 经管周转金的人员应尽管理之责，如因玩忽职守而致公司蒙受损失，应负赔偿责任，有关主管人员受连带处分。

第十七条 周转金如因公司要求撤销时，原请领部门应将周转金立即缴回。

固定资产火灾保险事务处理准则

总 则

第一条 目的

为确保本企业各公司固定资产安全，对于各项固定资产的危险转移、损失请求等保险事务处理有所遵循，特制定本准则。

第二条 范围

（一）本准则所称保险系指火灾保险，但如有必要时，得增附加保险；

（二）本准则所称应保险的固定资产系指易引起灾害致发生重大损失的固定资产，如建筑物、机器设备、器具设备等。

第三条 投保要件

（一）各公司对于第二条所列固定资产包括现有、增设或承受，于取得后有尚未投保而具有危险者，应办理火灾保险及（或）附加保险，其不易发生损失危险者，得于呈准后不予投保；

（二）已办理保险但受益人更变时，须办理变更手续；

（三）固定资产充为抵押品，虽认定不易发生损失危险未投保者，但质权人要求投保，仍应予投保。

第四条 投保办理部门

（一）申请部门：由固定资产管理部门负责投保申请；

（二）审核部门：由安全工程师负责投保的申请的审核，并汇会计部门；

（三）经办部门：由总管理处财务部负责办理投保的手续。

投 保

第五条 投保申请

（一）正式投保固定资产管理部门于取得固定资产时，对于应投保者，须即填写“投保申请书”一式三份，经经理核准送安全工程师审核后会“会计部门”签注意见后，转呈（总）经理核准后，一份送总管理处财务部，一份送回固定资产管理部门，一份送会计部门。会计部门对未投保的固定资产会安全工程师后，认为有必要投保时，得函请固定资产管理部门提出投保申请。

（二）预约投保

1. 各公司认为有必要者，得附有关资料，委托总管理处财务部办理预约保险，并应于每月 3 日前具体报保险标的物异动情形，由总管理处财务部凭以向保险公司冲抵预约保险，但外购机器有本准则第三条第三款情形者，总管理处财务部得先向保险公司投保预约火险后，通知所属公司；

2. 机器进厂后，资材管理部门应在每月 3 日前填送“外购机器进厂置放明细表”三份，依置放厂地暨贷款银行别分别编列，呈厂处长核章后，一份留存，两份送总管理处财务部，其中一份汇送承保保险公司，一份自存；

3. 机器安装试车后，资产管理部门应按同条第一款规定重新提出申请，并注明原投保预约保单号码。

第六条 投保手续

总管理处财务部接到“投保申请书”经审查后，填具“要保书”向保险公司办理投保手续，但有特殊情形者，总管理处财务部应将投保权利要点函请申请公司认可。

总管理处财务部于订立保险契约后，保单正本由总管理处财务部自存，保单副本两份连同收据送固定资产管理部门核对后，保单副本一份留存，一份连同收据送会计部门凭以整理付款。如投保的固定资产因提供抵押而必须办理受益人移转时，则保单正本交债权人收执。

第七条 增投、减损、移转及撤除处理

投保的固定资产因增设、减损、移转及撤除等原因而发生变动时，固定资产管理部门应填具“投保物”变动（续保）通知单一式三份，经经理核准会安全工程师送会计部门审核呈（总）经理核准后，一份送总管理处财务部审查后向保险公司办理另订契约、变更契约或解约等手续，但有特殊情形者，总管理处财务部应将投保权利要点函请申请公司认可，一份送回固定资产管理部门，一份送会计部门。

第八条 续保手续

固定资产管理部门于投保物保险期届满时，如需续保，应填具“投保物变动（续保）通知单”一式三份，经经理核准会安全工程师送会计部门审核呈

（总）经理核准后，于投保期限届满一个月前，一份送总管理处财务部审查后，向保险公司办理续保，一份送回固定资产管理部门，一份会计部门留存。

第九条 灾害报告

固定资产管理部门于投保物遭受灾害时，应即通知总管理处财务部以照会保险公司，并会同总务、会计部门、安全工程师进行现场调查，将受灾害的原因、时间、状况及损害概算等填入“固定资产灾害报告书”一式四份，经经理核章会安全工程师送会计部门审核呈（总）经理核准后，于3日内将两份送总管理处财务部以凭向保险公司办理索赔手续，一份由固定资产管理部门自存，一份送会计部门。

第十条 公证勘查报告

固定资产管理部门如认有必要，得委请公证机构会同安全工程会、会计、总务部门至现场勘查，凭公证机构的“损失报告”以作为向保险公司索赔的依据。

第十一条 索赔手续

总管理处财务部于接到“固定资产灾害报告”及公证机构的“损失报告”后，即填具保险公司规定的“火灾赔偿申请书”及“损失清单”，于损失发生后六日内向保险公司请求赔偿，并将其副本送投保公司，受损固定资产如已提供质押，应将送保险公司的“火灾赔偿申请书”副本送质权人。

第十二条 赔偿金入账

总管理处财务部于领到保险公司损失赔偿金后，应立即连同有关文件汇送会计部门复核办理入账手续，并将处理经过及结果通知投保公司。

第十三条 索赔驳诉

投保物损失赔偿的请求，如有异议，总管理处财务部应于接获通知一个月内并附有关资料，汇送总管理处法律事务室向法院提起诉讼，以维护保险权益。

第十四条 投保金额及费用统计

总管理处财务部于每月10日前应根据“投保申请书”“投保物变动（续保）通知单”“固定资产灾害报告书”“保单正本”编制上月份“投保公司别固定资产保费月报表”一式数份，呈科长复核，经理核章后，一份财务部自存，其余分送各固定资产管理部门、会计部门，并同时编制上月份“保险公司别保险保费月报表”一式一份呈科长复核，经理核章后，由经办人留存备查。

附　　则

第十五条　各公司所有外购资材、外购产品、原物料、成品保险等保险事宜除另有规定者外，依本准则处理，但车辆保险则由固定资产管理部门自行办理。

第十六条　本准则经总管理处总经理核准后实施，修改时亦同。

财务盘点制度

第一条　目的

为求存货及财产盘点的正确性，盘点事务处理有所遵循，并加强管理人员的责任，以达到财产管理的目的，特制定本办法。

第二条　盘点范围

（一）存货盘点：系指原料、物料、在制品、制成品、商品、零件保养材料、外协加工料品、下脚品；

（二）财务盘点：系指现金、票据、有价证券、租赁契约；

（三）财产盘点：系指固定资产、保管资产、保管品等的盘点而言。

1. 固定资产：包括土地、建筑物、机器设备、运输设备、生产器具等资本支出购置；

2. 保管资产：凡属固定资产性质，但以费用报支的杂项设备；

3. 保管品：以费用购置者。

第三条　盘点方式

（一）年中、年终盘点

1. 存货：由资材部门或经管部门会同财务部门于年（中）终时，实施全面总清点一次；

2. 财务：由财务科与会计科共同盘点；

3. 财产：由经管部门会同财务部门于年（中）终时，实施全面总清点一次。

（二）月末盘点

每月末所有存货，由经管部门及财务部门实施全面清点一次。（经管项目 500 项以上时，得采取重点盘点。）

（三）月份检查

由检核部门（总经理室）或财务部门照会其部门主管后，会同经管部

门，做存货随机抽样盘点。

第四条 人员的指派与职责

（一）总盘人由总经理担任，负责盘点工作的总指挥，督导盘点工作的进行及异常事项的裁决；

（二）主盘人由各事业部主管担任，负责实际盘点工作的推动及实施；

（三）复盘人由总经理室视需要指派及事业部经管部门的主管（含科长、厂长、处长），负责盘点监督之责；

（四）盘点人由各事业部财务经管部门指派，负责点计数量；

（五）会点人由财务部门指派（人员不足时，间接部门支援），负责会点并记录，与盘点人分段核对、确实数据工作；

（六）协点人由各事业部财务经管部门指派，负责盘点时的料品搬运及整理工作；

（七）特定项目按月盘点及不定期抽点的盘点工作，亦应设置盘点人、会点人、抽点人，其职责亦同；

（八）监点人由总经理室派员担任。

第五条 盘点前准备事项

（一）盘点编组：

由财务部门主管于每次盘点前，事先依盘点种类、项目编排“盘点人员编组表”，呈总经理核定后，公布实施。

（二）经管部门将应行盘点的财务及盘点用具预先准备妥当；所需盘点表格，由财务部门准备。

1. 存货的堆置，应力求整齐、集中、分类，并置标示牌；

2. 现金、有价证券及租赁契约等，应按类别整理并列清单；

3. 各项财产卡依编号顺序，事先准备妥当，以备盘点；

4. 各项财务账册应于盘点前登记完毕，如因特殊原因无法完成时，应由财务部门将尚未入账的有关单据如缴库单、领料单、退料单、交运单、收料单等利用“结存调整表”一式两联，将账面数调整为正确的账面结存数后，第二联财务部门自存，第一联送经管部门。

（三）盘点期间已收到料而未办妥入账手续的原物料，应另行分别存放，并予以标示。

第六条 年中、年终全面盘点

（一）财务部门应于呈报总经理并经核准后，签发盘点通知，并负责召集各事业部的盘点负责人召开盘点协调会后，拟订盘点计划表，通知各有关部门，限期办理盘点工作。

（二）盘点期间除紧急用料外，暂停收发料，至于各生产单位于盘点期间所需用料的领料，材料可不移动，但必须标示出。

（三）年中、年终盘点，原则上应采用全面盘点方式，如确因事情特殊无法办理时，应呈报总经理核准后改变方式进行。

（四）盘点应尽量采用精确的计量器，避免用主观的目测方式，每项财物数量，应于确定后，再继续进行下一项，盘点后不得更改。

（五）盘点物品时，会点人均应依据盘点人实际盘点数，翔实记录于“盘点统计表”，并每小段应核对一次，无误者于该表上互相签名确认后，将该表编列同一流水号码，各自存一联备日后查核，若有出入者，必须再重点；盘点完毕，盘点人应将“盘点统计表”汇总编制“盘存表”一式两联，第一联由经管部门自存，第二联送财务部门，供核算盘点盈亏金额。

第七条 不定期抽点

（一）由总经理室视实际需要，随时指派人员抽点；可由财务部门填具“财务抽点通知单”于呈报总经理核准后办理。

（二）盘点日期及项目，以不预先通知经营部门为原则。

（三）盘点前应由会计部门利用“结存调整表”将账面数先行调整至盘点的确实账面结存数，再行盘点。

（四）不定期抽点，应填列“盘存表”。

第八条 盘点报告

（一）财务部门应依“盘存表”编制“盘点盈亏报告表”一式三联，送经管部门填列差异原因的说明及对策后，送回财务部门汇总转呈总经理签核，第一联送经管部门，第三联转送总经理室，第二联财务部门自存作为账项调整的依据。

（二）不定期抽点，应于盘点后一星期内将“盘点盈亏报告表”呈报上级核实。年中、年终盘点，应由财务部门于盘点后两星期内将“盘点盈亏报告表”呈报上级核实。

（三）盘点盈亏金额，平时仅列入暂估科目，年终时始以净额转入本期营业外收入的盘点盈余或营业外支出的盘点亏损。

第九条 现金、票据及有价证券盘点

（一）现金、银行存款、零用金、票据、有价证券、租赁契约等项目，

除年中、年终盘点时，应由财务部门会同经管部门共同盘点外，平时总经理室或财务部门至少每月抽查一次。

（二）现金及票据的盘点，应于盘点当日下班未行收支前或当日下午结账后办理。

（三）盘点前应先将现金存放处封锁，并于核对账册后开启，由会点人员与经管人员共同盘点。

（四）会点人依实际盘点数翔实填列“现金（票据）盘点报告表”一式三联经双方签认后呈核，第一联经管部门存，第二联财务部门存，第三联送总经理室。

（五）有价证券及各项所有权状等应确实核对认定，会点人依实际盘点数翔实填列“有价证券盘点报告表”一式三联，经双方签订后呈核。第一联存经管部门，第二联存财务部门，第三联送往总经理室，如有出入，应即呈报总经理批示。

第十条 存货盘点

（一）存货的盘点，以当月最末一日举行为原则；

（二）存货，原则上采全面盘点，如因成本计算方式，无须全面盘点，或实施上有困难者，应呈报总经理核准后始得改变盘点方式。

第十一条 其他项目盘点

（一）外协加工料品由各外协加工料品经办人员，会同财务人员共同赴外盘点，其“外协加工料品盘点表”一式三联。应由代加工厂商签认。第一联存经管部门，第二联财务部门存查，第三联送总经理室。

（二）销货退回的成品应于盘点前办妥退货手续，含验收及列账。

（三）经管部门将新增加土地、房屋的所有权的影印本，送财务部门核查。

第十二条 注意事项

（一）所有参加盘点工作的盘点人员，对于本身的工作职责及应行准备事项，必须深入了解。

（二）盘点人员盘点当日一律停止休假，并须依时间提早到达指定的工作地点向该组复盘人报到，接受工作安排。如有特殊事故而觅妥代理人应事先报备核准，否则以旷职论处。

（三）所有盘点财务都以静态盘点为原则，因此盘点开始后应停止财物的进出及移动。

（四）盘点使用的单据、报表内所有栏位若遇修改处，均须经盘点人员签认始能生效，否则应查究其责。

（五）所有盘点数据必须以实际清点、磅秤或换算的确实资料为据，不得以猜想数据、伪造数据记录之。

（六）盘点人员超时工作时间得报加班或经主管核准可以轮流编排补休。

（七）盘点开始至工作终了期间，各组盘点人员均受复盘人指挥监督。

（八）盘点终了由各组复盘人向主盘人报告，经核准后始得离开岗位。

第十三条 盘点工作奖惩

（一）盘点工作事务人员要依照本办法的规定，切实遵照办理。表现优异者，经由主盘人签报，各嘉奖一次。

（二）违反本办法的视其违反情节的轻重，由主盘人签报人事部门议处。

第十四条 账载错误处理

（一）账载数量如因漏账、记错、算错、未结账或账面记载不清者，记账人员应视情节轻重予以申诫以上处分，情况严重者，应呈总经理议处；

（二）账载数字如有涂改，未盖章、签章、签证等凭证可查，凭证未整理难以查核或有虚构数字者一律由直接主管签报总经理议处。

第十五条 赔偿处理

财、物料管理人员、保管人有下列情况者，应送总经理议处或赔偿相同的金额：

（一）对所保管的财物有盗卖、调换或化公为私等徇私舞弊者；

（二）对所保管的财物未经报准而擅自移转、拨借或损坏不报告者；

（三）未尽保管责任或由于过失致使财物遭受盗窃、损失或盘亏者。

第十六条 本办法制订后，应呈董事长核准后实施，修改时亦同。

固定资产的计价方式

1. 按原始价值（历史成本）计价是指按取得该项资产时实际发生的耗费计价，以相应的凭证为依据，是固定资产计价的基本计价标准；

2. 按重置价值计价是指在当前的条件下，按重新购置同样新的固定资产所需付出的代价作为入账价值；

3. 按折余价值计价是指按固定资产原值减去已提折旧的余额计价。

资产评估报告

总会计师：

为转换企业经营机制，我们按厂部的决定，于××月委托××会计师事务所对本厂全部资产重新进行了评估，现将评估结果报告如下。

一、资产总额

经评估验资后确认，本厂××××年×月×日的资产总额为××万元，比账面原值××万元增加××万元。

二、固定资产

经评估确认，本厂××××年×月×日的固定资产总值为××万元，比账面原值××万元增加××万元。各类固定资产的总价值分别如下：

1. 生产使用的固定资产××万元；

2. 未使用的固定资产××万元；

3. 闲置未用的固定资产××万元；

4. 待处理的固定资产××万元。

三、流动资产

经验资确认，本厂的流动资产为××万元，同账面值相符。明细如下：

1. 现金与银行存款××万元；

2. 应付账款××万元；

3. 待摊费用××万元；

4. 存货××万元；

5. 其他应收款××万元。

四、流动负债

验资确认，本厂的流动负债为××万元，同账面数值相符。明细如下：

1. 短期借款××万元；

2. 应付账款××万元；

3. 应交税金××万元；

4. 应付工资××万元；

5. 其他应付款××万元；

6. 应付福利货款××万元。

五、所有者权益

经验资确认，本厂××××年×月×日所有者权益为××万元，比账面原值××万元增加××万元。

附：资产评估报告书一份。（略）

××厂财务科

××××年×月×日

固定资产加速折旧的请示

××主管部门：

一、我公司于××××年×月×日从××厂购进××机床一台，价值××万元。该机床属换代产品，技术较为先进，性能稳定，自同年×月份投入使用，效益良好，替代了不少人工单机精加工工艺，使阀门精加工的工效明显提高，而且精加工产量也呈稳定态势。

二、目前社会对4寸、6寸阀门的需求攀升，市场预测明年的阀门需求量将继续上升，而阀门组合机床的制造技术有日新月异的变化，加之全国各类油库对阀门质量和功能的要求越来越高。根据以上情况，经我公司研究，拟对该组合机床实行加速折旧以加快技术和固定资产更新。

三、我们拟采用双倍余额递减法进行加速折旧，其计算公式如下：

1. 年折旧率＝2/折旧年限×100%

2. 月折旧率＝年折旧率÷2

3. 月折旧额＝固定资产账面净值×月折旧率

四、加速折旧方法自××××年×月起执行。

特此请示，请批示。

××××年×月×日

企业资产周转情况报告

总经理：

按照您的指示，现将本公司2004年资产周转情况报告如下。

2004年，公司资产周转比率比上年有较大的提高。其主要原因是出口服装增加，产品销售收入上升幅度较大，负债较小。

一、总资产周转率

2004年，公司产品销售净额已达464.2万元，比上年的383.9万元增长20.9%；总资产平均余额为611.8万元，比上年的647.2万元减少了5.5%。故而总资产周转率已由上年的59.3%提高到75.9%。

2004年总资产周转率＝销售净额/总资产平均余额＝464.2/611.8＝75.9%

2003年总资产周转率＝383.9/647.2＝59.3%。对2004年公司总资产周转率提高的情况若加以具体分析，大致的情形是，受服装销量增多的影响总资产周转率提高12.4%；受负债减少的影响总资产周转率提高4.2%。

2003 年实际 =383.9/647.2 =59.3%

换算：464.2/647.2 =71.7%

2004 年实际：464.2/611.8 =75.9%

因负债减少而提高的资本周转率为 75.9% -71.7% =4.2%

因销售增加而提高的资本周转率为 71.7% -59.3% =12.4%

总差异：12.4% +4.2% =16.6%

二、固定资产周转率

2004 年，本公司固定资产平均净值为 148.5 万元，比上年的 165 万元减少 10%，在产品销售净额有较大增加的情况下，公司本年的固定资产周转率比上年的 2.33 次升到 3.13 次。

2004 年固定资产周转率 =464.2/148.5 =3.13 次

2003 年固定资产周转率 =383.9/165 =2.33 次

三、流动资产周转率

2004 年，公司流动资产平均余额为 351.5 万元，比上年的 342.6 万元增长了 2.6%，但因产品销售净额幅度增长大，故而公司的流动资产周转率仍然达到 1.32 次，比上年的 1.12 次升高 0.2 次。

2004 年流动资产周转率 =464.2/351.5 =1.32 次

2003 年流动资产周转率 =383.9/342.6 =1.12 次

上述三方面数据表明。2004 年，在运用现有资产增产增效方面，本公司确已取得了较好的成果。但从流动资产的周转情况看，则没有实现预期的目标，这主要是受应收款余额和存货增多的影响所致。如果流动资产周转率能进一步提高，公司的资产周转速度还可以加快。

××公司财务部

××××年×月×日

企业试算资金需要量报告

总会计师：

按照您的指示，我们对本厂 2005 年的资金需要量进行试算，现将试算情况报告如下。

一、试算数据

1. 基期（2004）资产总额 2738 万元；

2. 预测期的产品销售收入增长率 17.5%；

3. 与销售有关的资产 1237 万元；

4. 与销售有关的负债 269 万元；

5. 预测期新增的零星开支 57 万元。

二、对 2005 年资金需要量的试算

按以上数据计算，2005 年我厂的资金需要量为 2964 万元，比上年的 2738 万元净增 226 万元，增长 8.3%。

2005 年资金需要量 = 2738 + 17.5% ×（1237 − 269）+ 57

= 2738 + 169 + 57 = 296427 元

2005 年资金需要净增加额 = 2964 − 2738 = 226 万元

2005 年资金需要量增长率 = 8.3%

以上报告，仅供参考。

××厂财务科

2005 年 1 月 12 日

企业设立验资报告

×××：

我们接受委托，对拟设立的××有限公司截至××××年×月×日止的实收资本及相关的资产和负债的真实性和合法性进行了审验。在审验过程中，我们按照《独立审计实务公告第 1 号——验资》的要求，实施了必要的审验程序。××有限公司的责任是提供真实、合法、完整的验资资料，保护资产的安全、完整；我们的责任是按照《独立审计实务公告第 1 号——验资》的要求，出具真实、合法的验资报告。

××有限公司申请的注册资本为××万元。根据我们的审验，截至××××年××月××日止，××有限公司已收到其股东投入的资本××万元，其中实收资本××万元，资本公积××万元。与上述投入资本相关的资产总额为××万元，其中货币资金××万元，实物资产××万元，无形资产××万元。

×××会计师事务所（公章）

注册会计师：（签名盖章）

地址：

报告日期：××××年×月×日

流动资金借贷合同

贷款方：

借款方：

保证方：

为明确责任，恪守信用，特签订本合同，共同信守。

一、贷款种类（略）

二、借款金额（略）

三、借款用途（略）

四、借款利率

借款利率为月息×‰，按季收息，利随本清。如遇国家调整利率，按调整后的规定计算。

五、借款期限

借款时间自××××年××月××日起，至××××年××月××日止。借款实际发放额和期限以借据为凭，分×次或一次发放和收回。借据应作为合同附件，同本合同具有同等法律效力。

六、还款资金来源及还款方式（略）

1. 还款资金来源；（略）

2. 还款方式。（略）

七、保证条款

借款方请××公司（或个人）作为自己的借款保证方。经贷款方审查，保证方具有担保资格并有足够代偿借款的能力。保证方有权检查和督促借款方履行合同。当借款方不履行合同时，由保证方连带承担偿还借款本息的责任。必要时，贷款方可以从保证方的存款账户内扣收贷款本息。

八、违约责任

1. 签订合同后，贷款方应在借款方提出借据×日内（假日顺延）将贷款放出，转入借款方账户。如贷款方未按期发放贷款，应按违约数额和延期天的贷款利息的20%计算，向借款方偿付违约金。

2. 借款方如不按合同规定的用途使用借款，贷款方有权收回部分或全部贷款。对违约使用部分，按银行规定加收罚息。借款方如在使用借款中造成物资积压、损失浪费，或进行非法经营，贷款方不负任何责任，并有权按银行规定加收罚息，或从存款户中扣收贷款本息。如借款方有意转移并违约使用资金，贷款方有权商请其他开户行代为扣款清偿。

3. 借款方应按合同规定的时间还款。如借款方需要将借款展期，应在借款到期前五日内向银行提出申请；有保证方的，还应由保证方签署同意延长担保期限，经贷款方审查同意后办理展期手续。如借款方不按期偿还借款，贷款方有权限期追回贷款，并按银行规定加收逾期利息和罚息。如借款方经营不善发生亏损或虚盈实亏，危及贷款安全，贷款方有权提前收回贷款。

九、其他

除因《借款合同条例》规定允许变更或解除合同的情况外，任何一方当事人不得擅自变更或解除合同。当事人一方依据《借款合同条例》要求变更或解除合同时，应及时采用书面形式通知其他当事人，并达成书面协议。本合同变更或解除后，借款方占用的借款和应付的利息，仍应按本合同的规定偿付。

本合同经各方签字后生效，贷款本息全部清偿后自动失效。

本合同正本一式三份。贷款方、借款方和保证方各执一份，合同副本×份。

贷款方：（公章）	借款方：（公章）	保证方：（公章）
法人代表：（盖章）	法人代表：（盖章）	法人代表：（盖章）
开户银行和账号：	开户银行和账号：	开户银行和账户：

资金使用效果考察报告

××厂是生产小型交流电动机的专业厂。同 2003 年相比，2004 年该厂工业总产值（按不变价）增长 2.2 倍，产量增长 2.2 倍，品种规格增长 2.3 倍；质量稳步提高，已有 38% 的产品达到国际标准；产品不仅畅销全国，还远销欧美和东南亚。近几年来，该厂出口电机共达××万台，创汇×××万美元，税利总额达××万元。

但从资金使用上分析，该厂还存在一定的差距。定额流动资金周转天数 2004 年为××天，比 2003 年的××天慢××天，相对多占用流动资金××万元。

一、流动资金周转缓慢

1. 产品降价，销售收入减少，影响流动资金周转××天；

2. 产品直接对外后，资金结算方式改变，使流动资金周转缓慢×天。

该厂出口产品原由外贸公司经销，产品完工后，工贸双方立即结算，付

款周期最长×天。去年，公司直接对外，外贸公司只代理发运和外汇结算，要等商品上船六个月后，外商将货款汇入，再由外贸公司按月结算，货款回笼期大大延长。调查发现，该厂2004年中期发出到年底没有回笼的出口产品占用资金达×××万元，影响当年销售收入××万元，比2003年缓慢×天。

二、定额资产占用额上升

1. 由于出口产品品种增加而使资金多占用××万元。国外进口轴承、出口包装物等储备增多而使资金多占用××万元。

2. 库存材料结构不合理，主要材料储备偏低，辅料储备偏高，以致该厂2004年曾几度出现过停工待料现象。

3. 产品单位成本增加。以可比产品按加权平均计算，2004年单台成本平均为××元，比2003年增加××元；2004年库存量×××台，成品资金多占用××万元。

4. 产销率降低，成品库存量加大。其中A系列电机2004年平均产销率仅为××%，比2003年减少××%，即相对减少销售××××台，平均占用资金××万元。B系列电机2004年产销率平均为××%，比2003年减少××%，即相对减少销售××××台，多占用资金××万元。

三、关于改进的意见

为进一步挖掘资金潜力，减少资金占用，加速资金周转，现提出如下意见：

1. 抓采购供应计划管理，特别是在制定一系列辅料采购计划时，优先考虑现有库存，逐步把库存偏高的材料资金压下来，可压低××万元以上。

2. 抓产销率的提高，如能使产销率提高到2003年××%的水平，则成品库存量可比2004年库存量减少1/3，即可压缩××万元资金占用。实现这项目标，应着重抓生产均衡率，同时抓产品验收、装箱、发运、托收结算各环节的协调工作。

3. 通过外销贸易谈判，争取缩短货款回笼结算期限。以该厂与×国××公司业务为例，产品发出后，货款实际回笼期达八个月。如促使外商改为信用证结算方式，则可缩短结算在途期四个月；同时与代理出口的外贸出口公司协商，若能当月将货款划付，则又可平均缩短半个月的结算在途期，进而提高资金的周转速度。

×××厂财务科经济分析处

××××年×月×日

固定资产登记卡

（正面）

总账科目： 本卡编号：

明细账目： 财产编号：

中文名称		抵押权设定、解除及保险记录	抵押行库			
英文名称			设定日期			
规格型号			解除日期			
厂牌号码			险　　别			
购置日期			承保公司			
购置金额			保单号码			
存放地点			投保日期			
使用年限			费　　率			
附属设备			保险费			
			备　　注			

移动情形							
日期	使用部门	用途	保管员	日期	使用部门	用途	保管员

（反面）

维修情况	年　月　日	原　　因

固定资产减损单

管理部门： 使用部门： 财产编号：

名称		中文				规格				耐用年限			
		英文				厂牌				已使用年数			
购置日期				数量		取得价值		已提折旧		账面残值			
减损原因										估计废品价值 处理费用 实际损失额			
拟处理办法		资料仓库								抵押行库			
										保险单号码			
										月折旧额			
总经理		经理		管理部门		会计		厂长		科长		主办	

固定资产累计折旧明细表

项　目	期初余额	本期增加额	本期减少额	期末余额	备　注

固定资产出售比价单

名　称		厂牌规格			使用部门	
					附属设备	
					购置日期	
单　位		数量			使用年限	
					已用年数	
比价记录	厂　商				原价	
	单价				已提折旧	
	总价				净值	
					备值	

总经理		经理		部门主管		经办人	

固定资产转移单

管理部门：　（移出）　　　　　（移入）　　　　　填写日期：

使用部门：　（移出）　　　　　（移入）　　　　　财产编号：

中文名称		数量		购置日期		
规　　格		附属设备		使用年限		
				已使用年数		
移前用途	（移出单位）			已折旧金额		
				剩余价值		
				月折旧额		
移后用途	（移入单位）			存入地	移出	
					移入	
				备　注		
经　　理		会计		管理部门	移入	
					移出	

资金调度计划表

表号：　　　　　　　　　　　　　　填写日期：

摘　　要	合计	现金	银行存款					
本月（周）结存								
加：预计票兑收入								
预计现销收入								
预计其他收入								
减：预计票据到期								
预计薪资支出								
预计水电费用								
预计税捐支付								
预计利息支出								
预计经常支出								
预计购料还款								
预计偿还借款								
预计其他支出								
下月（周）余缺								
经调度后结存								
资金调度计划								

总经理：　　　　　　经理：　　　　　　主管：　　　　　　经办：

各月份周转金统计表

资金类别	1月	2月	3月	4月	5月	6月	7月	8月	9月	10月	11月	12月	平均
现金													
应收账款													
应收票据													
成品													
在制品													
原料													
短期投资													
合计													

													说明与分析	
1	2	3	4	5	6	7	8	9	10	11	12	月份		

资金调度日报表

填写日期：

销货收入		其他收入		转账收入		借入款项		已动用借款	
项目	金额	项目	金额	项目	金额	项目	金额	项目	金额
直接外销		利息收入							
现销		退税收入							
票据兑现		其他							
合计		合计		合计		合计		合计	
本日累计		本日累计		本日累计		本日累计		本日累计	

制表：　　　　　　　　　　　　　　　　　　审核：

资金差异报告表

填写日期：　　　　　　　　　　　　　　　　　　　　　　　单位：千克

项目	实际数	预计数	比较增减	差异原因
				说明适用范围：供资金预计数与实际数差异分析说明 填表说明： （一）凡实际与预计数比较每项差异在10%以上者均由资料提供部门列明差异原因，并于每月10日前送会计室。 （二）本表由会计科填列实际数及预算数比较增减后送各资料提供部门。

经办部门主管：　　　　　经办：　　　　　会计部门主管：　　　　　经办：

第二节　企业的无形资产管理

无形资产的内容

无形资产项	内　　容
专利权	专利权是指政府给予发明者对某一产品的造型、配方、结构、制造工艺或程序的发明创造拥有使用或转让的专门权利。专利权允许其持有者拥有独家使用或控制的特权，但它并不保证一定能给持有者带来经济效益。有的专利可能无经济价值或只有很小的经济价值，有的专利可能会被另外更有经济价值的专利所淘汰等。因此，财务主管在管理无形资产时明确一点，不能将企业所拥有的一切专利都予以资本化，只有那些能够给企业带来较大经济价值的，并且企业为此做了支出的专利，才可作为无形资产进行管理。
商标权	商标是用来辨认特定的商品或劳务的标记。商标权是指专门在某种指定的商品或产品上使用特定的名称或图案的权利。商标权及类似的商号标记等对消费者的接受具有重要的意义。一般来说，取得信誉卓著的商标权的商品或产品往往能使企业赢得大量顾客，并能获得超额利润。

续表

无形资产项	内　　容
非专利技术	非专利技术又称专有技术，是指持有人未申请专利或不够专利的条件，不为外界所知的，能为企业带来经济效益的技术和制造工艺过程的秘密与各种诀窍。它和专利权一样，也具有垄断商品生产和销售性质，但非专利技术不是专利法的保护对象，要依靠持有人自我保密的方式来维持其独占权，不具有有效期限，但可转让和用于投资。
土地使用权	土地使用权指企业经营者依法取得的在一定时期内使用土地的权利。在我国，土地归国家所有，出资方不能用土地投资，只能用土地使用权进行投资，企业对土地只有使用权，没有所有权。土地使用权具有以下特征。 （1）在土地使用权的存续期内，其他任何人包括土地的所有人，不得任意收回土地和非法干预使用人的经济活动。 （2）使用人在法定范围内有在其拥有使用权的土地上进行建筑、生产或其他活动的权利等。
专营权	专营权是指企业获准在一定区域内生产或销售某种特定商标的产品及劳务的专有权利。它包括由政府授予的使用公有财产，或在一定区域内享有经营某种业务的独占权，以及其他企业根据合同授予的使用其商标、商号、专利权、非专利技术等的权利。
商　　誉	商誉通常是指企业由于所处地理位置优越或信誉卓著，获得了客户的信任，或经营效益好，或由于历史悠久，积累了丰富的从事本业的经验，或由于技术先进，掌握了生产经营上的某些诀窍等原因，而使企业获得了比同行业正常投资报酬率高的获利能力的无形价值。

技术持股协议书

甲方：×××教授

乙方：××公司

一、合作宗旨和目的

为了促进高科技生物技术的推广应用，推动高技术农业产业化经营和本公司上市工作，现甲方和乙方充分利用各自科技优势、投资优势、融资优势和品牌优势，共同进行涉及胚胎技术的开发和应用推广工作，共同成立生物技术研究所。

二、拟成立研究所的基本情况

1. 研究所名称：××生物科技应用研究所

2. 组织形式：法人企业

3. 注册资金：××万美元

4. 注册地：××市××路××大厦××楼

5. 法定代表人：×××教授

6. 职能和经营范围：为××公司进行配套的胚胎技术开发推广应用

三、甲方出资条件及享有的权益条件约定如下

1. 甲方无须进行实物、土地使用权、货币及有价证券的投入。

2. 甲方以其专有的技术投入研究所，如系专利或专利技术则需办理转移手续。

3. 乙方同意甲方技术折成研究所股份××%，即乙方拥有研究所的××%的股权。

4. 甲方投入的技术必须达到以下条件。(略)

5. 如甲方的技术无法办理转移手续，则乙方需为研究所工作满三年以上才可以拥有本条第三款规定的完全股权；否则，依年份的长短计算，未满一年以实际月份计算。

6. 甲方每满一年，于该年的会计年度末的最后两天可以依据其拥有的股份权享有研究所的利润分成。如不参加研究工作或拒绝参加工作则不能参与分成。

四、乙方以现金××万美元出资，占有研究所××%的股份。如果甲方根据本协议第三条第五项规定，乙方将拥有甲方依约减少的股份。乙方××万美元注册资金于××××年×月×日到位。

五、甲方应根据勤勉原则以其拥有的技术为研究所工作。甲方到研究所工作的基本要求如下。

1. 组织胚胎技术的研究开发工作，以能适应甲方生产经营的需要；

2. 组织乙方为研究所招聘的技术人员进行相关技术的培训工作，使其掌握相关技术（三年内完成）；

3. 甲方在经营生产中需积极配合乙方；

4. 甲方拥有的技术描写。(略)

六、乙方拟将乙方公司上市，如乙方公司能够上市，乙方也同意将公司股份的10%送给甲方参股的研究所；如乙方公司未能上市，乙方也同意依前述比例赠送给研究所；甲方据其在研究所持有的股权比例享有相关权利。

乙方将本条规定10%的公司股权赠送给研究所，需甲方达到以下条件；否则，乙方无须承担上述义务。

1. 甲方必须为研究所工作满三年。

2. 甲方由乙方聘任为研究所的主任，副主任由乙方委托，主任缺位工作时，由副主任行使主任之权。前述工作的年限以聘书为准。聘任的工作为本协议第五条规定的内容。

七、甲乙双方同意研究所租用乙方的场地为工作场地，乙方以市场价格为准收取租金。

八、乙方负责研究所的成立注册事宜。研究所最迟不得迟于××××年×月×日注册成立。

九、研究所为营利性机构。甲乙双方对研究所的分红依据《公司法》的会计制度执行。

十、研究所的会计由乙方委派，出纳由双方共同聘任。乙方有责任要求其委派的会计每月出具一份研究所的会计报表供甲方查阅。

十一、当本协议第六条规定的条件满足后，研究所即依法享有分红权和相关的股东权益（以整体的研究所作为股东）。

十二、研究所股份的转让需双方同意。乙方不能在五年内要求退股或转让研究所的股份。

十三、甲方不能要求研究所或乙方将其技术股折成现金退出，或要求乙方强制收购。

十四、甲方不得从事下列工作和进行其他同业竞争。

1. 不得利用其技术与其他机构进行合作或进行营利性的工作。

2. 甲方不得免费为其他营利性机构做相关技术性工作。

十五、违约责任。违约方将支付对方10万美元的违约金。

十六、纠纷的解决途径。出现纠纷，任何一方均可在××法院起诉。

十七、本协议于××××年×月×日生效。

甲方：　　　　　　　　　　乙方（公章）

代表：

时间：　　　　　　　　　　时间：

发明专利申请表

<table>
<tr><td colspan="2">发明名称</td><td colspan="5"></td></tr>
<tr><td rowspan="2">发明人</td><td colspan="6">姓 名</td></tr>
<tr><td colspan="6">地 址</td></tr>
<tr><td rowspan="3">申请人</td><td>姓名或名称</td><td></td><td>电话</td><td></td><td>地址</td><td></td></tr>
<tr><td>国籍或总部所在地国家名称</td><td colspan="2"></td><td colspan="2">经常居所或营业所在地国家名称</td><td></td></tr>
<tr><td>代表姓名</td><td colspan="5"></td></tr>
<tr><td rowspan="2">专利代理机构</td><td>名 称</td><td colspan="2"></td><td>地址</td><td colspan="2"></td></tr>
<tr><td>代理人姓名</td><td colspan="2"></td><td>登记号</td><td colspan="2"></td></tr>
</table>

□申请费__________元，已通过□邮局□银行□专利局收款处缴纳

□已在中国政府主办或承认的国际展览会上首次展出

□已在规定的学术会议或技术会议上首次发表

□可能涉及国家重大利益需要保密处理

<table>
<tr><td colspan="3">申请文化清单</td><td colspan="3">附加文件清单</td></tr>
<tr><td colspan="3">1. 请求书_______份每份_______页
2. 说明书_______份每份_______页
3. 权利要求书_______份每份_______页
4. 说明书附图_______份每份_______页
5. 说明书摘要_______份每份_______页</td><td colspan="3">□代理人委托收　□实质审查请示书
□要求优先权　□不丧失新颖性
□优先权证明材料　□证明文件
□要求提前公开声明</td></tr>
<tr><td>上述以上的发明人</td><td></td><td>上述以外的申请人</td><td></td><td>申请人或代理人签章</td><td></td></tr>
</table>

发明申请说明书摘要表

1. 发明或实用新型名称

2. 所属技术领域

3. 需要解决的技术问题

4. 主要技术特征和用途

5. 能说明发明的化学式或者一幅附图

签署

年　　月　　日

第七章　财务分析评估管理方案

第一节　精准的财务分析

财务分析的内容

1. 财务报表分析

财务报表分析的信息，主要来自于企业定期编制的资产负债表、损益表、现金流量表及其附表和财务状况说明书。对财务报表的分析，包括盈利能力分析、偿债能力分析、财务状况分析、筹资和投资状况分析、成本费用开支情况分析。

2. 偿债能力分析

偿债能力是指企业以自有资产偿还所欠债务的能力。偿债能力一方面反映企业对债权人债务的保障程度；另一方面，企业偿债能力也体现企业持续经营的能力与经营风险的大小。偿债能力越强，则持续经营能力越强，经营风险越小；反之亦然。

企业负债分为流动负债和长期负债两类，相应地，偿债能力的分析也包括短期偿债能力分析和长期偿债能力分析。

3. 获利能力分析

获利能力是指企业获取利润的能力，是企业经营能力的核心。企业投资者和潜在投资者投资的主要目的在于获取最大的收益，企业管理者的工作业绩主要体现在所管理企业的获利能力。因此，获利能力分析是企业投资者和经营管理者最为关注的财务报表分析内容之一。

4. 资金营运能力分析

资金营运能力是指企业充分利用所有资金创造财富的能力。企业资金营运能力是其获利能力和偿债能力的基础，体现企业在市场竞争中的经营绩效。在其他条件不变的情况下，加速企业资金的周转，使单位资产在单位时间内发挥更大作用，就能不断降低产品的生产成本和费用，获取更多利润。

可用一系列指标来分析企业资金营运能力，一般采用将这些指标进行纵向分析和横向分析的方法。纵向分析是一种趋势分析法，是将本期指标与上期或上若干期指标进行比较，以考查企业营运能力的发展方向，并有针对性地提出下一步改进措施。横向分析是将本企业的分析期指标，与同行业平均水平和先进水平进行比较，找出差距所在，以加强薄弱环节，改进经营管理。

资金营运能力分析指标体系包括总资产周转率、固定资产周转率和流动资产周转率。

财务分析撰写办法

第一条 为规范公司财务管理，切实发挥财务分析在企业管理中的作用，特制定本办法。

第二条 本办法适应于本集团的所有核算单位，包括独立核算单位和单独核算单位。

第三条 各项指标数值的计算填列

（一）各指标的计算口径和格式按附表一和企业财务分析表进行；

（二）表中的计划数指各公司每年度的承包指标数；

（三）工业企业应揭示工业产品销售率及上年同期对比的增减水平；

（四）投资收益率指标只限于年度分析填列。

第四条 生产经营状况分析

从产量、产值、质量及销售等方面对公司本期的生产经营活动作一简单评价并与上年同期水平作一对比说明。

第五条 成本费用分析

（一）原材料消耗与上期对比增减变化情况，对变化原因做出分析说明；

（二）管理费用与销售费用的增减变化情况（与上期对比）并分析变化的原因，对业务费、销售佣金单列分析；

（三）以本期各产品产量大小为依据确定本公司主要产品，分析其销售

毛利，并根据具体情况分析降低产品单位成本的可行途径。

第六条 利润分析

（一）分析主要业务利润占利润总额的比例（主要业务利润按工业、贸易和其他行业分为产品销售利润、商品销售利润和营业利润）；

（二）对各项投资收益、汇总损益及其他营业收入做出说明；

（三）分析利润无成情况及其原因。

第七条 资金的筹集与运用状况分析

（一）存货分析

1. 根据产品销售率分析本公司产销平衡情况；

2. 分析存货积压的形成原因及库存产品完好程度；

3. 本期处理库存积压产品的分析，包括处理的数量、金额及导致的损失。

（二）应收账款分析

1. 分析金额较大的应收账款形成原因及处理情况，包括催收或上诉的进度情况；

2. 本期未取得货款的收入占总销售收入的比例，如比例较大的应说明原因；

3. 应收账款中非应收货款部分的数量，包括预付货款、定金及借给外单位的款项等，对于借给外单位和其他用途而挂应收账款科目的款项应单独列出并做出说明；

4. 季度、年度分析应对应收账款进行账龄分析，予以分类说明。

第八条 负债分析

（一）根据负债比率、流动比率及速动比率分析企业的偿债能力及财务风险的大小；

（二）分析本期增加的借款的去向；

（三）季度分析和年度分析应根据各项借款的利息率与资金利润率的对比，分析各项借款的经济性，以作为调整借款渠道和计划的依据之一。

第九条 其他事项分析

（一）对发生重大变化的有关资产和负债项目做出分析说明（如长期投资等）；

（二）对待摊费用、预提费用超过限度的现金余额做出分析；

（三）对其他影响企业效益、财务状况较大的项目和重大事件做出分析说明。

第十条 通过分析对所存在的问题，提出解决措施和途径，包括：

（一）根据分析结合具体情况，对企业生产、经营提出合理化建议；

（二）对现行财务管理制度提出建议；

（三）总结前期工作中的成功经验。

第十一条 财务分析应有公司负责人和填表人签名，并在第一页表上的右上盖上单位公章，如栏目或纸张不够，请另加附页，但要保持整齐、美观。

第十二条 各企业财务分析应在每月十日前报财务管理部，一式二份。

各项财务指标说明

（一）应收账款周转天数 = 应收账款平均点用额 ×30/本月销售收入（或营业收入）

（二）流动资金周转天数 = 全部流动资金平均占用额 ×30/本月销售收入（或营业收入）

（三）存货周转天数 = 存货平均占用额 ×30/本月销售收入（或营业收入）

（四）销售利润率 = 销售利润（或营业利润）/本月销售收入（或营业收入）×100%

财务分析的方法

1. 比率分析法

比率分析法是指运用财务报表中相互关联的项目之间的百分比或比例关系，来揭示和评价企业财务状况和经营成果。运用比率分析法，可以定量分析企业的财务状况、获利能力、偿债能力和营运能力等。

比率分析法简便、实用、准确可靠，适合于绝大多数企业，是财务报表分析中最常用的一种分析方法。

2. 趋势分析法

趋势分析法是将连续几期财务报表上有关项目的绝对数或相对数进行比较，用以揭示当期财务状况和经营成果的好坏及其发展趋势。采用趋势分析

法，至少要比较两期以上的财务报表资料。通过比较，可以揭示出其变化情况。

趋势分析法可以采用两种分析形式，即统计图表方式和比较报表方式。统计图表方式是将有关项目各期数据制作成各种统计图表，以反映各项目不同期间数据的相互关系和变化趋势。比较报表方式是在一般财务报表中设置历史数据栏目，将相同项目的连续数期数据并列在一起，从中可以分析出这些项目数据的变化趋势。这些数据可以是绝对数据，也可以是百分数。

3. 结构分析法

结构分析法是指通过对总额内每一项目的相对大小的对比，来分析企业各项资产和收益状况。通过对企业的财务状况进行结构分析，可以从总体上了解和评价企业的财务结构合理与否、企业偿债能力的大小、获利能力的强弱等。

结构分析的财务数据资料，主要来自于企业的资产负债表，重点应分析企业的资产结构、负债结构和所有者权益结构。

年度财务分析报告

2006 年，公司进行了一系列的内部改革及技术改造，完成了产品结构的局部调整，生产经营情况和财务状况明显好转。工业总产值达××万元，比上年增加××%；产品销售收入为××万元，比上年增加××%；实现利润××万元，比上年增加××%；人均创利润达到××万元，比上年增加一倍。

一、利润情况分析

本年，公司实现利润××万元，比上年增加××%，净增××万元。产值利润率达××%，销售收入利润率达到××%，创历史最高水平。

1. 属于增加利润的因素，共使利润增加××万元。

（1）由于提高了部分产品价格，利润比去年增加××万元；

（2）产品销售量增加，使公司比上年增加利润××万元；

（3）技术改造之后，品种结构发生变化，增加新产品七种，增加利润××万元；

（4）由于减少外协加工部件，公司比去年减少亏损××万元；

（5）由于部分物资消耗定额比去年略有降低，部分产品成本降低××万元；

（6）营业外收入比去年增加××万元；

（7）由于财务费用下降，比去年增加利润××万元；

（8）投资收益比去年增加××万元。

2. 属于减少利润的因素，共使利润减少××万元；

（1）由于销售成本增加，利润比去年减少××万元；

（2）由于增值税税率比去年有所提高，利润减少××万元；

（3）销售费用上升，比去年减少利润××万元；

（4）由于外卖材料亏损，减少利润××万元；

（5）管理费用上升，减少利润××万元；

（6）营业外支出增加，相应减少利润××万元。

二、资金情况分析

1. 公司存货积压现象较明显，流动资金紧张，周转情况欠佳，具体表现如下：

（1）本年应收账款周转率为××%，比去年降低××%。主要是产品赊销情况较多，货款不能及时回收所致。

（2）存货周转率为××%，比去年降低××%。主要是调整产品结构后，库存钢材有所增加，原积压材料又未能及时处理所致。

2. 流动资金周转天数为××天，比去年增加××天。

3. 流动比率为××%，尚属正常；速动比率为××%，低于常规水平。

三、成本情况分析

本年度，公司全部商品总成本为××万元，可比产品成本××万元，按去年平均单位成本计算，为××万元，上升××%。

1. 原材料价格变动，导致成本上升××万元。

（1）部分钢材价格上调，使成本上升××万元；

（2）灰铸铁价格上调，使成本上升××万元；

（3）铜材价格上调，使成本上升××万元。

2. 燃料、动力及运费提价，导致成本上升××万元。

（1）煤炭提价××万元；

（2）电提价××万元；

（3）运费提价××万元；

（4）水提价××万元。

3. 工资及附加费增加××万元。

4. 通过“双增双节”活动，部分产品的原材料消耗定额得以降低，从而使成本下降××万元。

5. 通过技术改造，废品损失比上年减少××万元。

四、费用情况分析

本年度管理费用为××万元，比去年增加××万元；销售费用××万元，比去年增加××万元。主要原因在于汽车、铁路、航空运费普遍涨价，以及按国家政策调升了员工工资。

财务费用××万元，比去年减少××万元。系归还银行贷款，从而减少利息支出所致。

五、需说明的问题

1. 固定资产盈亏报废情况

按规定公司以 11 月末财务账面数为准，对固定资产实物进行盘点，处理盘盈资产××万元；处理盘亏资产××万元；报废清理固定资产××万元。报废固定资产的主要原因如下。

（1）固定资产已超过使用期限，不能维持正常生产；

（2）进口设备磨损严重，无备件更换；

（3）设计结构落后，能耗高。

以上资产都是经有关部门鉴定、确认后报废的。

2. 坏账损失处理情况

共处理坏账××笔，金额××万元。其中债务人破产造成坏账损失××万元，债务人调离或死亡造成坏账损失××万元。

综上所述，本年公司经济效益良好，这是企业进行技术改造、产品结构调整的结果，也是公司内部改革逐步深化及开展“双增双节”活动所带来的成效。但是，我们也要看到，由于受整个市场形势的影响，大量货款不能收回，企业内部库存物资清理工作没有很好地开展，资金大量占用在应收账款及存货上，从而严重影响企业的生产经营活动。按目前的财务状况，至少需补充××万元的流动资金，才能确保生产经营的良性循环。现在，公司技术改造工作虽已局部完成并已发挥效用，但若彻底进行技术改造还需筹集大笔资金。在明年的工作中，建议公司加强销售收入回收、存货清理和物资管理工作，完成产品结构的全面调整及技术改造工作，加强财务管理，提高资金使用效率，使公司经济效益更上一层楼。

××公司财务部

××××年×月×日

盈利状况分析报告

总会计师：

本公司自 2004 年从国外引进二平板纸机和机内桥式涂布机生产涂料白板纸以来，经济效益有了较大的提高。为单独观察这一新产品的盈亏平衡点和盈利状况，我们按公司的要求，对涂料白板纸的产、销、利，进行了以下四方面的计算和分析。

一、对盈亏平衡点的计算

据计算，每吨涂料白板纸的销售价格为 2350 元、变动成本为 1980 元，每年固定成本总额为 407 万元。根据这些数据再按方程式法计算出来的盈亏平衡点的销量应为 11000 吨。根据本公司去年的实际销售情况，本年度业已达到 17400 吨，超过盈亏平衡点 6400 吨，盈利 236.8 万元，此产品已成为公司盈利较多的一种新产品。

1. 盈亏平衡点上的销量

盈亏平衡点上的销量＝4070000/2350－1980

＝11000（吨）

2. 按去年实际销量计算的利润总额

＝（17400×2350）－（17400×1980）－4070000

＝40890000－34452000－4070000

＝2368000（元）（税前利润）

从以上情况可以看出，新产品具有两个鲜明的特点：一是盈亏平衡点的销量较高；二是销量越过盈亏平衡点之后，盈利的数额和增长幅度大。这是引进设备的一次性投资较大，固定成本总额偏高所致，但只要产量、销售量达到一定程度，效益还是相当可观的。

二、利润总额达到400万元时的销售量

按以上数据计算，在公司涂料白板纸的利润总额要求达到400万元时，这种新产品的销售量必须达到21810吨，才能实现。

$40000 + 4070000/2350 - 1980 = 8070000/370 = 21810$（吨）

而从今年上半年的实际销售情况来看，外销渠道已逐步打通，出口数量逐渐增多，新产品的销售量已达13412吨，如不发生特殊情况，预计全年销售量可实现2.5万吨，利润总额也可以达到518万元左右。

销售量达到2.5万吨时的利润如下：

$=(25000 \times 2350)-(25000 \times 1980)-4070000$

$=58750000-49500000-4070000$

$=5180000$（元）

三、销售量达到3万吨时的利润总额

如果按引进设备的设计能力计算，涂料白板纸的最高年产量可以达到三万多吨。若销售数量每年能达到3万吨，仅该产品即可创利703万元，扣缴税、费之后，企业留利至少可以达到300万元。这既是该产品创利的最高点，也是本公司创利最多的产品。

销量达到3万吨时的利润如下：

$=(30000 \times 2350)-(30000 \times 1980)-4070000$

$=70500000-59400000-4070000$

$=7030000$（元）

为确保数字计算准确可靠，以上所用销售价格都是按最低价计算的；如售价升高，创利数还可增多一些。

四、市场调查的预测销量

从外商订货情况看，本公司产品质量已经赶上××和××等国产品，而且价格也略低于国际市场的平均价格，所以外商提出如果出厂价格能保持在每吨420430美元之间，仅两家外商即可包销两万吨以上。至于国内市场，在省内几个大城市便可卖出一万吨左右。只是目前因设备尚处于调整阶段，还不具备满负荷运行的条件，预计明年能达到设计能力，如电力供应充足，最高年产量可达到3.3万吨左右。所以，我们预测明年该产品的产、销、利将达到最高限。

以上几点分析仅供公司领导参考，并请技术部、供销部对上列数据予以验证，如有差错请指正。

××公司财务部

××××年×月×日

财务指标完成情况分析报告

一、利润完成情况

1. 计划1至9月实现利润100万元，实际完成102.1万元，超额2.1万元。但与去年同期相比利润减少了21.7万元。

2. 与去年同期相比较，今年1至9月利润减少的主要原因是产值、产量、销售都比去年同期有所下降。今年1至9月产值681万元，去年同期产值为743万元，减少了62万元；今年1至9月销售额618万元，去年同期为679万元，减少了61万元。如按20%销售利润率计算，因销售减少而致使利润减少12万元以上。如按车间来分析，除铸工车间、综合车间利润比去年同期增加外，其他车间都不同程度地下降了。由于调价因素，铸工车间产品销售利润从去年的15.2万元增加到18.1万元，增加了近3万元；综合车间的金属模销售收入增加，利润从去年的3.1万元增加到今年的3.9万元，增加8000元；锻工车间的利润从去年的42.1万元下降到36.4万元，减少5.7万元；铜铝车间的利润从去年的72.2万元下降到今年的42.2万元，减少30万元；铸钢车间去年亏损12.8万元，今年亏损2.6万元，减少亏损10万元。如从今年品种产量变化来看，影响利润较多的是铝铸件。去年铝铸件1~9月产量304吨，今年同期产量197.5吨，减少106.5吨。产量降低、成本升高，致使利润减少20多万元。

3. 截至今年9月全厂员工人数771人，而去年同期为702人，增加69人。今年全员劳动生产率每人9279元，去年同期为10626元，减少1347元。今年出勤率为90.7%，工日利用率为81.69%；去年出勤率为88%，工日利用率为81%。工资总额今年1至9月为47.6万元，去年同期为45万元，增加了2.6万元。

4. 今年1至9月公司管理费为33.7万元，去年同期为26.9万元，增加了6.9万元。其中运输费支出比去年增加1.5万元，管理人员工资比去年增加7000元，劳动保护、营养餐、冷饮费用比去年同期多支付6000元，修理费支出也比去年同期增加了3.1万元，保险费支出比去年多0.27万元，水电费支出比去年同期多支付0.3万元，废水罚款今年4个月支付0.22万元，比去年有所增加，办公费及利息支出比去年减少。

5. 营业外支出基本上接近，均为10.3万元左右。但是培训费今年支付1.3万元，去年支付2.4万元，减少1.1万元；退休劳保人员工资今年比去年多支0.7万元。

二、成本完成情况

本年度计划可比产品成本降低率为1%，实际1至9月可比产品成本降低率是1.66%，超过原计划0.66%。主要原因如下：

1. 锻工车间高碳、中碳、加工件都比去年平均单位成本降低，中炭比去年平均单位成本每吨下降24元，加工件成本单价下降30元。成本下降使今年锻钢件产量比去年同期增加80多吨。另外煤气改造后，单位耗用煤气量从去年的964立方米/吨下降到今年的787立方米/吨。

2. 铸工车间今年1至9月平均每吨单位成本534元，比去年平均单位成本每吨538元下降4元。

3. 铸钢车间不锈钢今年1至9月的单位成本是5810元/吨，比去年平均单位成本7752元/吨下降了1882元。下降原因是不锈钢产量比去年有所增加，其次是材料单耗有所下降。

4. 铜铝车间铸铜件成本今年1至9月平均单位成本是5363元/吨，与去年平均单位成本5475元/吨相比，每吨下降112元。下降原因是今年的产量比去年同期增加25吨。另外铜板产量高，损耗较低。今年三季度铜损耗比去年同期有所下降，去年三季度损耗率为4.3%，今年损耗率为4.19%，下降0.11%。三季度节约铜5.3吨，节约铝2.8吨。

5. 失蜡车间除不锈钢外的四种产品单位成本均比去年升高。究其原因，主要是因为产量急剧下降。今年1至9月比去年同期减少产量27.5吨，而固定费用不变，该车间耗电量超过了公司核定的水平。

三、资金完成情况

1. 公司核定的定额流动资产平均余额是9027，1至9月累计数是88.8万，减少1.2万元。公司核定每百元占用流动资金是12元，今年1至9月累计数是9.78元，下降2.22元。公司下达周转天数38天，实际数是38天，完成指标。

2. 以上三项资金考核指标与去年同期比较都略有上升，主要是因为产值、销售额都比去年同期下降了60万元。定额流动资产平均余额比去年同期上升2.9万元；同时成品资金上升较多，今年9月底成品资金余额是26.9万元，比计划的20.27万元上升近7万元。

四、参考意见

1. 今年第四季度要完成40万元利润指标，即平均每月要达到13万元以上。按照第四季度产值销售计划220万元计算，平均销售利润率要达到20%左右，而1至9月的销售利润率只有16.6%。这就要求一方面要抓好增产计划，另一方面要做好节支工作，否则要完成利润指标困难很大。

2. 要做好成品发运工作，加速资金周转。今年成品资金上升较多，一方面是由于生产安排的影响；另一方面是成品发运工作做得不细致的原因。我们要进一步加强对销售工作的领导，抓好成品发运工作，加速流动资金的周转。

3. 必须抓好重点车间、重点产品的生产进度的安排。铜铝车间铝铸件利润是影响今年利润指标完成的关键，希望厂部在劳动力安排、材料供应、工艺技术质量等方面都应给予优先照顾，以保证生产任务的完成。

4. 必须大力压缩公司管理费的支出。公司下达的车间经费、企业管理费是53万元，1至9月实际支付37万元，第四季度我们要加强控制，不让它突破指标。我们希望车间要抓好消耗材料和物料领用的控制工作，节约各项费用支出，以增加利润，保证三项财务指标的完成。

××公司财务科

××××年××月××日

财务分析流程

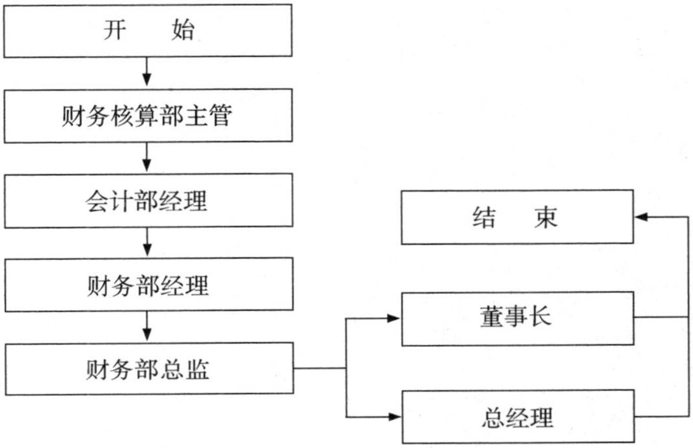

财务分析报告流程

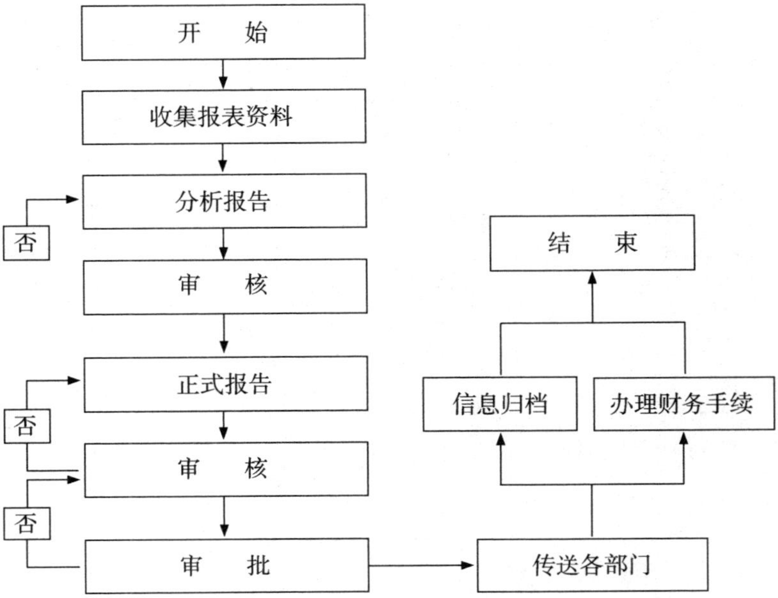

财务状况分析表

项次	检讨项目	检讨	评核		
			良	可	差
1	资金状况	□投资事业过多 □增资困难			
2	资金冻结	□严重 □尚可 □轻微			
3	利息负担	□高 □中 □低			
4	设备投资	□过多未充分利用 □可充分利用 □设备不足 □设备陈旧			
5	销售价格	□好 □尚有利润 □差			
6	销售量	□供不应求 □供求平衡 □竞争激烈 □销售水平差			
7	应收款	□赊销过多 □尚可 □甚少			
8	应收票据	□期票过多 □适中 □支票甚少			
9	退票坏账	□很多 □尚可 □甚少			
10	生产效率	□高 □尚可 □差			
11	附加价值	□低 □尚可 □差			
12	材料库存	□多 □适中 □短			
13	采购期	□过长 □适中 □短			
14	耗料率	□高 □中 □理想			
15	产品良品率	□低 □中 □高			
16	人工成本	□高 □适中 □低			
17	成品库存	□多 □适中 □少			
18	在制品库存	□多 □适中 □少			

月份财务分析表

资产项目	上月价值	本月价值	净增加	负债项目	上月金额	本月金额	净增加	
现金				应付账款				
银行存款				应付票据				
应收账款				暂收款				
应收票据				其他				
在制品库存				小计				
在制品价值				借款				
原料库存				股本				
物料库存				本期盈余				
				累计盈余				
其他				合计				
小计				存货类别	原料	物料	在制品	制成品
固定资产				上期结存				
折旧				本期入库				
存出保证金				折让				
暂存款				本期结存				
其他				本期出库				
小计				生产耗用				
合计				其他耗用				

年度财务分析表

盖章单位：

指标名称	本期数	上年同期数	增减率
营业收入（元）			
利润（元）			
创汇额（美元）			
存货（元）			
借款总额（元）			
应收账款（元）			
员工人数（人）			
总产值（元）			
应收账款周转天数（天）			
流动资金周转天数（天）			
存货周转天数（天）			
销售利润率（%）			
产品销售率（%）			
负债比率（%）			
投资收益率（%）			
本年度财务状况分析			

资金收支实际与预算比较表

月份：

摘要	实际金额	预算金额	差异金额	差异（%）	说明
收入					
销货收入					
废料收入					
短期借款					
其他收入					
收入合计					
支出					
工资					
原料					
物料					
间接材料					
维护修理					
设备零件					
电力动力					
水电费					
工程、机器设备					
运费					
交通费					
员工福利					
劳工保险					
保险费					
利息					
伙食费					
交际费					
广告费					
其他费用					
支出合计					
收支差额					

百分数资产结构表

项　目	年初（%）	年末（%）	差异率（%）	相邻两项之和	相邻两项之差
流动资产					
货币资金					
……					
减：坏账准备					
应收账款净额					
预付账款					
……					
投资					
其他流动资产					
流动资产合计					
长期投资					
短期投资					
……					
减：累计折旧					
固定资产净值					
……					
固定资产合计					
无形及递延资产合计					
其他长期资产					
其他短期资产					
固定及长期资产总计					
资产总计					

损益比较表

单位：元

项　　目	年度			年度			年度		
	金额	%	趋势	金额	%	趋势	金额	%	趋势
销货净额									
减：销货成本									
销货毛利									
减：营销费用									
营业利益									
加：营业外收入									
减：利息支出									
其他费用									
本期净利（损）									

支票票期分析表

分析期间：　　年　　月　　日至　　年　　月　　日　　　　单位：元

票　　期	张数统计	支票票额张数统计						票额合计	平均票额
即日									
1—7 天									
8—14 天									
15—21 天									
22—30 天									
31—45 天									
46—60 天									
61—75 天									
76—90 天									
91 — 120 天									
121 — 150 天									
151—180 天									
181—270 天									
271—365 天									

制表：　　　　　　　　　　填表日期：

企业主要财务比率分析表

项　目		年	年	年	年同业平均比率
偿债能力分析	流动比率	%	%	%	%
	速动比率	%	%	%	%
	应收款项周转率	次（天）	次（天）	次（天）	次（天）
	应付款项周转率	次（天）	次（天）	次（天）	次（天）
资本结构分析	负债款净值比率	%	%	%	%
	净值对固定资产比率	%	%	%	%
	长期资金对固定资产比率	%	%	%	%
获利能力分析	销货增长率	%	%	%	%
	销货获利率	%	%	%	%
	净值获利率	%	%	%	%
	资产获利率	%	%	%	%
	财务费用率	%	%	%	%
经营管理分析	存货周期率	次（天）	次（天）	次（天）	次（天）
	总资产周转率	次（天）	次（天）	次（天）	次（天）
	固定资产周转率	次（天）	次（天）	次（天）	次（天）

企业经济效益分析表

<table>
<tr><td colspan="2">建造名称</td><td colspan="2"></td><td>建造类别</td><td colspan="2">□扩建□新建□改善</td></tr>
<tr><td colspan="2">产品名称</td><td>规格</td><td>单位</td><td>数量</td><td colspan="2">说明</td></tr>
<tr><td colspan="2"></td><td></td><td></td><td rowspan="2"></td><td colspan="2" rowspan="2">本工程预计　年　月起至　年　月止计　月完成</td></tr>
<tr><td colspan="2"></td><td></td><td></td></tr>
<tr><td colspan="2">摘　　要</td><td>附表</td><td>预计年经济效益</td><td>审核后经济效益</td><td>差异</td><td>审核说明</td></tr>
<tr><td colspan="2">甲：收益项目</td><td></td><td></td><td></td><td></td><td></td></tr>
<tr><td colspan="2">1. 增加产量</td><td></td><td></td><td></td><td></td><td></td></tr>
<tr><td colspan="2">2. 节省人工</td><td></td><td></td><td></td><td></td><td></td></tr>
<tr><td colspan="2">3. 节省物料</td><td></td><td></td><td></td><td></td><td></td></tr>
<tr><td colspan="2">4. 节省费用</td><td></td><td></td><td></td><td></td><td></td></tr>
<tr><td colspan="2">5. 品质改进</td><td></td><td></td><td></td><td></td><td></td></tr>
<tr><td colspan="2">6. 增加效率合计</td><td></td><td></td><td></td><td></td><td></td></tr>
<tr><td colspan="2">乙：支出项目</td><td></td><td></td><td></td><td></td><td></td></tr>
<tr><td colspan="2">1. 变动成本</td><td></td><td></td><td></td><td></td><td></td></tr>
<tr><td colspan="2">2. 固定成本</td><td></td><td></td><td></td><td></td><td></td></tr>
<tr><td colspan="2">3. 财务费用</td><td></td><td></td><td></td><td></td><td></td></tr>
<tr><td colspan="2">4. 销管费用</td><td></td><td></td><td></td><td></td><td></td></tr>
<tr><td colspan="2">5. 其他</td><td></td><td></td><td></td><td></td><td></td></tr>
<tr><td colspan="2">合计</td><td></td><td></td><td></td><td></td><td></td></tr>
<tr><td colspan="2">经济效益净额</td><td></td><td></td><td></td><td></td><td></td></tr>
<tr><td rowspan="7">投资概算金额</td><td>厂房设备</td><td></td><td></td><td></td><td></td><td></td></tr>
<tr><td>机械设备</td><td></td><td></td><td></td><td></td><td></td></tr>
<tr><td>电仪设备</td><td></td><td></td><td></td><td></td><td></td></tr>
<tr><td>公共设备</td><td></td><td></td><td></td><td></td><td></td></tr>
<tr><td>公用设备</td><td></td><td></td><td></td><td></td><td></td></tr>
<tr><td>土地</td><td></td><td></td><td></td><td></td><td></td></tr>
<tr><td>合计</td><td></td><td></td><td></td><td></td><td></td></tr>
<tr><td colspan="2">投资比率</td><td></td><td></td><td></td><td></td><td></td></tr>
<tr><td colspan="2">投资回收时间</td><td></td><td></td><td></td><td></td><td></td></tr>
</table>

资产负债表

资　　产	年初数	期末数	负债及所有者权益	年初数	期末数
流动资产：			流动负债：		
货币资金			短期借款		
短期投资			应付账款		
应收账款			预收账款		
减：坏账准备			其他应付款		
应收账款净额			应付工资		
预付账款			未交税金		
其他应收款			未付利润		
存货			其他账款		
待摊			预提费用		
待处理流动资产净损失			一年内到期的长期负债		
其他流动资产			其他流动负债		
流动资产合计			流动负债合计		
长期投资：			长期负债：		
长期投资			长期借款		
固定资产：			应负债款		
固定资产原价			长期应付款		
减：累计折旧			其他长期负债		
固定资产净值			长期负债合计		
待处理固定资产净损失			所有者权益：		
固定资产合计			实收资本		
无形及递延资产					
无形资产					
递延资产					
无形及递延资产合计					
其他资产					
其他长期资产					
资产总计			负债及所有权益总计		

第二节　正确的财务评估

资产评估协议书

项目名称：对固定资产、流动资产、无形资产（土地）进行评估

委托单位：××（以下简称甲方）

评估单位：××审计事务所（以下简称乙方）

协议签订日期：××××年×月×日

协议有效期限：××××年×月×日至××××年×月×日

一、甲方事项

1. 乙方未按协议规定的要求完成委托项目且无正当理由的，甲方可拒付评估费用；

2. 甲方有义务向乙方提供所需的真实资料和必要的工作条件，指定有关人员积极配合，如实介绍情况，并负责乙方工作人员在资产评估期间的食宿费用；

3. 甲方同意乙方所定的收费标准和支付办法。

二、乙方事项

1. 乙方为甲方的股份制改造进行资产评估，并对投资方进行产权界定；

2. 于××××年×月×日开始资产评估；

3. 于××××年×月×日将产权界定报告提供给甲方；

4. 乙方按协议约定的内容向甲方出具真实、客观的资产评估报告；

5. 由于甲方未能履行其义务，委托项目受阻或无法进行，乙方不承担责任，仍按协议商定的内容收取评估费用；

6. 当甲方提供虚假材料，致使乙方无法进行真实的评估工作时，乙方有权拒绝出具报告。

三、甲乙双方事项

1. 费用估算和结算方法。根据国家收费标准，经双方商定，评估费用为×万元，开始资产评估时，支付评估费用的50%，其余50%在出具资产评估报告后结算。

2. 双方必须共同遵守本协议，在执行中除不可抗力外，任何一方不得随

意终止协议。如有未尽事宜，双方协商补充，所补充的内容和协议正文一样具有同等效力。

3. 本协议正本一式两份，双方各执一份。

四、本协议自签章之日起生效。

委托方盖章： 受委托方盖章：

负责人： 委托日期： 受托日期：

联系人： 联系人：

地址： 地址：

电话： 电话：

股份公司年度业绩报告书

××股份公司年度业绩报告书

重要提示：

本公司董事会愿就本报告所载资料的真实性、准确性和完整性负共同及个别责任，并确信未遗漏任何会致使本报告内容有误导成分的重大事项。本报告内容由本公司董事会负责解释。

一、公司简况（略）

二、近三年财务指标（如下表所示）

近三年财务指标

指　　标	单位	2004 年	2003 年	2002 年	2004 年比 2003 年增长率（%）
营业收入	万元	5966	4988	3833	20
其中：主营业务收入	万元	5947	4988	3833	19
利润总额	万元	2801	1606	994	74
税后利润	万元	2380	1324	637	80
资产总额	万元	20083	17627	6319	14
股东权益	万元	18400	16423	3511	12
每股净资产	万元	2.09	2.05	1.12	2
每股收益（加权平均）	万元	0.27	0.23	0.20	17
每股收益（年末股本）	万元	0.27	0.17	0.20	59
每股红利	万元	0.22	0.08	—	175
股东权益比率	%	91.6	93.2	55.6	-2
净资产收益率	%	13.7	13.3	18.8	3

三、年度分配情况

经本公司董事会研究决定，建议 2004 年度的利润分配及分红方案如下：

1. 法定公积金 10%，公益金 10%，分红 80%。

2. 每 10 股送红股 2 股，派现金红利 0.70 元。分红资金不足部分由资本公积金转入。

以上方案尚需经股东大会表决通过，分红方案尚需报有关主管部门批准后生效。

四、业务回顾

1. 一年来经营业绩。2004 年，在公司全体员工的共同努力和全体股东的大力支持下，公司以市场为导向，根据市场要求，积极调整产品结构，开发新产品，落实货款催收责任，狠抓产品质量和公司内部各项基础管理工作，实现了经济效益的较大幅度增长，完成税后利润 2380 万元，达到盈利预测值的 100%。在 2004 年度中国 500 家最大工业企业及行业 50 家企业评比中，本公司位于“中国××制造业最佳经济效益企业”第×位，“中国××最大工业企业”第××位，“中国××最佳经济效益工业企业”第××位。公司产品在 2004 年国际中小企业新产品、新技术展览会上荣获金质奖。

产品的销量逐年上升，与去年相比，增幅最高达到 40%。不仅如此，全员劳动生产率（按工业增加值计）也比上年增长 25%；同时，各项产品质量稳定，公司未发生重大安全事故。

2. 实际经营与盈利预测对比，具体指标见下表。

实际经营与盈利预测对比

指　　标	单位	××××年完成额	××××年计划数	增减比率（%）
主营业务收入（不含税）	万元	5947	5641	5.4
主营业务利润	万元	1691	1850	-8.6
投资收益	万元	1113	946	17.6
利润总额	万元	2801	1796	0.2
上交所得税	万元	420	419	0.2
税后利润	万元	2380	2377	0.1
每股收益（加权平均）	元	0.27	0.27	0
每股收益（年末股本）	元	0.27	0.27	0

五、对前次募集资金的运用情况的说明

××××年×月我公司股票上市发行，实际募集资金包括另两家发起人（××国际信托投资公司、××国际贸易有限公司）共 9536 万元。公司在多方位、多渠道利用好募集资金的同时，还积极、认真、实事求是地按招股说明书确定项目开展工作，具体说明如下：

1. 投资 3500 万元用于扩大现有产品生产能力项目。至××××年底，实际投入 3296 万元，其中用于质检培训中心 41 万元。

2. 投资 622 万元兴建综合车间项目。自××××年底开始动工兴建，已投入资金 32 万元。

3. 兴建××车间项目。与台方合资建立“××有限公司”以扩大规模。

4. 缓建××大厦和地下停车场投资项目。经董事会研究决定，从宏观调控大局考虑，结合我公司实际情况，暂缓该项目的建设，将资金投入上述其他项目以获取效益。

六、股本变动情况

1. 股本结构

面值：每股 1 元

	股份类别	年初数（股）	占总股本（%）	年末数（股）	占总股本（%）
尚未流通股	1. 发起人股	56000000	70	61600000	70
	其中：				
	国家股	40000000	50	44000000	50
	境内法人股	16000000	20	17600000	20
	2. 募集法人股	4000000	5	4400000	5
	3. 内部职工股	2000000	2.5	18800	0.02
	合　计	2000000	77.5	66018800	75.02
已流通股	A 股	18000000	22.5	21981200	24.98
	已流通股份	18000000	22.5	22000000	24.98
股份总数		80000000	100	88000000	100

2. 前 10 名最大股东持股情况和比例

单　　位	持股数（万股）	占总股本（%）
1. ××公司	4400	50
2. ××国际信托投资公司	880	10
3. ××贸易有限公司	880	10
4. 中国××集团股份有限公司	165	1.875
5. ××保健食品有限公司	77	0.875
6. ××证券公司证券业务部	47.3	0.537
7. ××水泥厂	33	0.375
8. ××保健品事业有限公司	22	0.25
9. ××劳动服务公司	16.5	0.1875
10. ××民航经营开发公司	11	0.125

3. 董事、监事及高级管理人员变更情况及持股情况

公司第八次董事会决定，×××不再担任××实业股份有限公司董事，同意其辞去董事长职务；同时一致推选公司总经理××担任董事长，空缺董事由以后股东大会确认。

公司其他高级管理人员 2004 年度内无变更情况。本公司原 200 万职工内部股，经有关部门批准，除公司董事、监事及高级管理人员中 7 名持股者所持有的 1.88 万股外，其余的 198.12 万股已于××××年 7 月中旬上市交易。

七、重要事项

本报告期内公司无重大诉讼、仲裁事项

××××年×月×日本公司董事会制定了××××年度配股方案，每 10 股配 2.7 股，配股价暂定为 3 元，确切价格待实施配股方案时再视行情确定。本方案尚需股东大会表决，报政府有关部门审批，并经中国证券监督管理委员会复审后，方可实行。

八、业务展望

1. 继续抓紧完成以下投资项目

（1）新建质检培训大楼；

（2）新建综合车间；

（3）与台方合资生产××；

（4）根据××技术研究中心的实际情况，计划投资 150 万元资金，逐步

扩大规模。

2. 继续加强全面质量管理，进一步深入贯彻落实 GNP 认证工作，深入宣传贯彻 ISO 9000 系列标准。根据现代企业制度的要求强化公司管理，做好各项基础工作，做到向管理要效益。

3. 狠抓经营，进一步加强销售，调整产品结构，积极开拓市场，落实货款回笼。

4. 结合市场需求，多途径、全方位抓好新产品的研制开发以及老产品的技术和用途方面的研究工作；同时加强与×××地区的合作，开发利用××资源。

九、其他事项

1. 公司基本资料；（略）

2. 公司资料查询情况。（略）

十、经有关从事证券业务资格的会计师事务所审计的资产负债表、利润表和重要的财务报表附注说明

1. 审计报告；（略）

2. 资产负债表、利润及利润分配表、财务状况变动表见附表；（略）

3. 财务报表附注说明。包括主要会计政策、变化较大的资产和负债项目说明、经营业绩、主要税项。（略）

××实业股份有限公司董事会

××××年××月××日

财务评估报告

××××年，××工程总公司按照××××的宗旨，抓住改革开放步伐加快的有利时机，努力发挥企业的技术优势，积极拓展装修业务，形成了从建筑工程设计、施工到建筑材料用品配套供应“一条龙”服务的经济实体。全年为国内外客户装修了××项工程，取得了较好的经营业绩。建筑工程质量良好，使公司知名度和竞争力进一步提高，公司的盈利能力、营运能力和自我发展能力均有所增强。

一、盈利能力分析

××××年，公司的工程结算收入共达××万元，比上年的××万元增加了××%；实现利税××万元，比上年的××万元增加了××%。据此计

算，销售利税率达到××%，比上年的××%提高了××个百分点；资本金利润率达到××%，比上年的××%提高了××个百分点；资产报酬率达到××%，比上年的××%提高了××个百分点。

这表明，企业的盈利能力已比前两年有较大的提高，但与同行业中某些高效益的大型装饰工程企业相比，本公司仍未摆脱“低效益”的局面。

项　　目	××××年	××××年
（1）销售利税率（%） 利税总额（万元） 工程结算收入（万元）		
（2）资本金利税率（%）% 利润总额（万元）% 资本金总额（万元）%		
（3）资产报酬率（%） 利润总额（万元） 平均资产（万元）		
（4）资产净利率（%） 税后利润（万元） 资产总额（万元）		

二、营运能力分析××××年，公司通过提高机械化作业水平，加快施工进度，缩短工期，控制、压缩存货，减少资金占用和损失浪费，企业营运资本周转率和存货周转率都有一定的提高。

（一）营运资本周转率

公司本年的营运资本为××万元，比上年的××万元增加××%；营运资本周转率为××次，比上年的××次提高了××次。

项　　目	××××年	××××年
工程结算收入（万元）		
年初营运资本（万元）		
年末营运资本（万元）		

上年营运资本周转率=工程结算收入/（年初营运资本+年末营运资本）/2

（二）存货周转率

公司本年的存货周转率达到××次，比上年××次提高××次；存货周转天数已由上年的××天缩为××天，缩短××天。

项　　目	××××年	××××年
存货周转率（次）		
销货成本（万元）		
平均存货（万元）		

上年存货周转天数＝360/货周转率＝××天

本年存货周转天数＝××天

三、偿债能力分析

××××年，由于公司的盈利增多，负债减少，企业的偿债能力也有明显的变化。

（一）长期偿债能力

截至年末，公司的资产总额为××万元，比上年的××万元增加了××%；负债总额为××万元，比上年略有减少。按此计算，资产为负债的××倍，资产负债率已由上年的××%降至××%。这表明，公司的长期偿债能力较强，负债经营的程度也是不高的。

项　　目	××××年	××××年
资产负债率（%）		
负债总额（万元）		
资产总额（万元）		

（二）短期偿债能力

截至年末，公司的流动比率为X∶Y，速动比率为X∶Y，均比上年有较大的提高，并已达到正常的比值。

项　　目	××××年	××××年
（1）流动比率		
流动资产（万元）		
流动负债（万元）		
（2）速动比率		
速动资产（万元）		
流动负债（万元）		

资产评估机构统计表

	机构数		管理人员				工程技术人员				其他人员	评估人员总数	备注
	正式资格	临时资格	高级职称	中级职称	其他	合计	高级职称	中级职称	其他	合计			
年初数													
其中：会计师事务所													
审计师事务所													
专职评估机构													
其他机构													
本年增加数													
其中：会计师事务所													
审计师事务所													
专职评估机构													
其他机构													
本年减少数													
其中：会计师事务所													
审计师事务所													
专职评估机构													
其他机构													
年末数													
其中：会计师													
事务所													
审计师事务所													
专职评估机构													
其他机构													

资产评估情况统计表

评估项目类别	批准立项数	确认项目数	账面原值	账面净值	重置价值	评估值	增值率
拍卖、出售国有资产企业							
企业兼并							
联营							
股份经营							
中外合资合作							
破产清算							
结业清算							
租赁经营							
境外投资							
保险							
法律原因							
其他							
合计							

资产评估人员培训情况表

培训名称	起止时间	培训天数	培训人数	评估机构人员			评估管理机构人员			政府部门及企业人员			其他人员	承办单位
				高级职称	中级职称	其他	省级人员	城市	其他	处级以上	科技	其他		
合计														